당신도 부자가 될 수 있다
김코치 경매

행복하게 살고 싶고, 경제적으로 자유로워지길 원하며, 어쩌면 인생의 변화가 필요하신 모든 분들께 이 책이 '작은 씨앗'이 되길 진심으로 기원합니다. "아무것도 변하지 않을지라도 내가 변하면 모든 것이 변한다"는 말의 힘을 믿습니다.

김코치

《김코치 경매》 도서의 인세 수익금은 월드비전, 사랑의 도시락, 굿네이버스, 결손가정, 미혼모 지원 등 우리 사회 도움이 필요한 이웃들에게 전액 기부됨을 알려드립니다.

당신도 부자가 될 수 있다

김코치
경🏠매

김코치(김도윤) 지음

한국경제신문i

인생의 마지막 기회에서
시작한 경매

> 과감히 꿈꿔라!
> 만약 당신이 그것을 꿈꾼다면
> 당신은 그것을 할 수 있다.
> -월트 디즈니-

나는 왜 부자가 되고 싶은가

나는 부자가 되고 싶었다. 돈으로부터 자유로워지고 싶었다. 정말 간절하게 행복해지고 싶었다. 행복도 돈으로 살 수 있다고 믿었다. 돈이 인생의 전부는 아니지만 때로는 돈이 전부일 수도 있다고 믿었다. 지금도 마찬가지지만 어릴 때부터 돈의 소중함과 돈이 없는 서러움을 너무나 절실하게 느꼈기 때문이다. 더 솔직히 말하면 가난으로부터 멀리 도망치고 싶었다.

친한 동생이 한번은 "형은 왜 돈을 그렇게 많이 벌고 싶어?"라고 물은 적이 있다. 나는 "내 사랑하는 가족과 나 자신을 지키고 싶어. 더 이상 돈 때문에 쪼들리고 살고 싶지 않아. 그리고 솔직하게 돈이 있으면 지금보다 걱정 없이 좀 더 행복하게 살 수 있을 거 같아"라고 말했다. 맞다. 나는 하루하루 돈에 쫓겨 나의 소중한 인생을 보내고 싶지 않았다. 꼭 부자나 돈이 있어야 소중한 것을 지키는 것은 아니지만 내가 살고 있는 현실은 그렇지 않았다.

돈을 벌어도 월세, 대출금, 카드값을 내고 나면 손에 남는 돈은 정말 얼마 없었다. 말 그대로 숨만 쉬어도 돈이 저절로 나갔다. 이번 달도, 다음 달도 마찬가지였다. 지금까지 정말 많은 돈을 벌었지만, 그 많은 돈이 다 어디로 사라졌는지 모르겠다. 지나고 나니 너무 허무했다. 하루, 한 달 일에 치이고 돈에 쫓겨 살아가는 인생이 되고 싶지 않았다. 꼭 부사가 아니너라도 최소한 돈 때문에 가족들이나 소중한 사람들한 테 맛있는 밥 한번 못 사는 사람은 절대로 되지 말자고 다짐했다.

인생에 대한 꿈은 누구나 가지고 있다. 하지만 자신이 원하고 꿈꾸는 대로 인생을 살아가는 사람은 별로 없는 것 같다. 가장 큰 걸림돌은 현실이라고 생각했다. 무엇인가를 하고 싶고 도전하고 싶어도 현실의 벽 앞에서 타협해야만 하는 나 자신이 싫었다. 당장 이번 달, 다음 달 생활비는 어떻게 할 것인가? 대출금은? 이런 생각을 하면서 여전히 무거운 책임감을 어깨에 짊어지고 콩나물시루 같은 지하철을 타고 출근했다. 오른쪽 주머니에는 로또를 왼쪽 주머니에는 사직서를 가슴에 묻고…… 벗어나고 싶었다. 돈이라는 벼랑 끝에 서서 더 이상 불안해하지도 더 이상 울고 싶지도 않았다. 간절하게…… 그래서 나는 부자가 되기로 결심했다.

인생의 마지막 기회인 경매를 만나다

한때 자살 기도를 한 적이 있었다. 주식으로 5억 원이 넘는 돈을 모두 탕진하고 결혼하려던 여자도 떠나버리고 내게 남은 것은 아무것도 없었다. 오히려 빚과 대출을 갚지 못해 숨 막히는 하루하루를 보내고 있었다. 이렇게 살아서 뭐하나? 아무런 꿈도, 희망도 보이지 않았다. 그냥 어떻게 하면 편안하게 모든 것을 정리하고 죽을까, 그 고민만 했다. 하지만 내가 어떻게 해서 지금까지 이 돈을 모았는데…… 정말 억울했다. 먹고 싶은 거 안 먹고, 사고 싶은 거 아껴가며 정말 독하게 돈을 모았는데 무너지는 것은 정말 한순간이었다. '주식만 손대지 않았어도 이런 일이 일어나지 않았을 텐데'라며 뒤늦은 자책을 해봐도 남아 있는 것은 나에 대한 후회와 빚밖에 없었다.

하지만 도저히 이렇게 무너질 수가 없었다. 어떻게 해서든 다시 일어서야 했기 때문이다. 잃어버린 나를 다시 찾고 싶었다. 내 인생이 어쩌다 여기까지 왔는지는 모르지만 나의 인생을 이렇게 억울하게 끝낼 수는 없었다.

"그래, 어차피 망한 인생 여기서 더 내려갈 지하도 없다. 여기가 내 인생의 가장 깊은 지하 세계다. 그러니 앞으로 올라갈 일만 남았다. 세상 밖으로 걸어서 올라가든, 엘리베이터 타고 올라가든 다시 세상이라는 곳으로 올라가자. 그래! 보란 듯이 다시 시작하자, 난 할 수 있다"라고 속삭였다. 그리고는 독하게 다시 돈을 모으고 2,000만 원이라는 소중한 돈으로 부동산 경매라는 것을 시작하게 됐다.

당신도 경매로 부자가 될 수 있다

이 말이 거짓말 같은가? 아니다. 여기 살아있는 증거가 있다. 김코치가 그랬고 우리 주변에 부동산 경매로 부자가 된 사람들이 너무나도 많다. 우리가 경매에 관심이 없어 몰랐던 것뿐이다. 내가 처음에 경매를 배운다고 했을 때 한 동생이 "머리 아픈 경매 배워서 뭐하게? 빚 못 갚아 날린 거 사봤자 재수 없다"고 말했다. 그 동생은 5년 전이나 지금이나 돈에 허덕이고 쫓기면서 살아가고 그때 경매를 하지 못했던 것을 후회하며 나를 부러워한다. 그렇다. 남들은 처음에 경매를 왜 하느냐고 물어보지만 나중에 당신이 부자가 되고 나면 어떻게 경매를 했는지 물어볼 것이다.

당신도 경매로 충분히 부자가 될 수 있다고 자신 있게 말할 수 있다. 그러면 어떻게 해야 경매로 부자가 될 것인가? 지금부터 김코치가 알려주는 세 가지만 알고 있으면 여러분들도 반드시 부자가 될 수 있다.

첫째, 부자가 되기 위해 늦은 때란 없다. 이번 달도 다음 달도 그리고 내년에도 경매 물건은 매월 몇천 건씩 쏟아져 나온다. 내가 6년 전에 경매를 배울 때쯤 경매 강의를 들으러 가면 다양한 연령대의 사람들이 있었다. 나는 20~30대 젊은 사람들을 보면서 '나보다 어린 사람들도 열심히 배우는데 한 살이라도 많은 내가 더 열심히 해야지'라고 생각했다. 40~50대의 나보다 훨씬 나이 많으신 분들을 보면서 '저렇게 나이가 많으신 데도 열심히 하시는데 조금이라도 젊은 내가 더 열심히 해야지' 하면서 공부했다. 지금도 마찬가지다. 강의를 하러 가면 정말 다양한 연령층의 사람들이 경매를 배우려고 한다.

부자가 되기 위해 너무 늦거나 이른 것은 없다. 아무도 과거로 돌아가서 새로 시작할 수는 없지만 누구나 오늘부터 시작해서 앞으로 새로운 인생을 맞이할 수 있다. 늦었다거나 나이 때문에 여기서 포기하지 말고 '지금이 바로 당신이 시작할 때'다. 지금이 시작하기에, 변화하기에 가장 좋은 때다. 너무 늦거나 이미 끝난 시기란 없다. 우리에게 늦은 때란 절대 없다!

둘째, 기본부터 시작하자. 어떤 일을 처음에 시작하려고 할 때 무엇부터 해야 할지 도저히 감이 안 올 때가 있다. 나도 처음에 경매를 배울 때 그랬다. 경매 투자를 하면서 수많은 시행착오와 실수를 하면서 배웠지만 여러분들은 그러지 않았으면 좋겠다.

경매를 배우기 위해 제일 먼저 해야 할 것은 기본부터 시작하는 것이다. 기본이 잘 갖춰져 있으면 나중에 살을 붙이는 것은 금방이다. 기초가 튼튼하지 않은 건축물은 곧 무너지고 기본을 무시하면 나중에 커다란 문제가 생기듯이, 좋은 투자를 거두는 핵심도 바로 그 기본에 있기에 우선 경매라는 뼈대부터 충실하게 갖추길 바란다. 그래서 김코치가 초보자분들을 위해 기본에 충실한 내용을 이 책에 담았다. 우리는 부동산 자격증을 따려는 게 아니다. 투자에 필요한 것만 알아도 좋은 투자, 훌륭한 수익을 낼 수 있다. 험한 산을 오르기 위해서는 처음에 천천히 걸어야 한다.

마지막으로 자신을 믿어야 한다. 나 자신이 부자가 될 수 없다고 생각하면 절대로 될 수 없다. 결국, 이런 생각으로는 무엇을 하든 부자가 될 수가 없다. 경매는 지금부터 시작하면 된다. 공부도 기본부터 배우면 된다. 하지만 자신을 믿지 못하면 거기서부터 끝이다. 자기가 자기 자신을 믿지 않는데 누가 나를 믿어줄까? 자기가 자기 자신을 믿지 않는데 누가 나에게 기회를 줄까? 아무것도 없이 시작한 김코치도 성공했는데 여러분은 저보다 훨씬 더 빨리 부자가 될 수 있다. 여러분도 부자가 될 수 있다고 믿기 바란다.

경매 공부를 시작하는 데 이 세 가지만 기억하면 여러분들도 더 빨리 부자가 될 수 있다. 5년, 10년도 길다. 딱 3년만 경매에 미쳐봐라. 그러면 반드시 부자가 될 수 있다. 내가 경매에서 삶의 희망을 찾았듯이 여러분들도 부족하지만 나의 책에서 삶의 희망을 찾게 되기를 바란다. 이 책을 읽은 여러분들 또한 꼭 부자의 길로 들어서기를 진심으로 응원한다. 사람은 스스로 믿는 대로 된다. 이 책이 좋은 길잡이가 됐으면 좋겠다.

책 출판은 제가 지금까지 살아오면서 받은 인생의 감동과 기적 그리고 은혜를 나눌 수 있는 좋은 기회가 됐다. 이 책을 출간하기까지 많은 관심과 도움을 주신 한성주 대표님을 비롯한 여러 관계자분들께 감사의 마음을 전한다. 제 삶의 멘토이신 김창옥 교수님, 이지성 작가님, 가장 닮고 싶고 존경하는 송 사무장님, 조재팔 교수님, 이현민 대표님, 옥탑방보보스 님, 홍 소장님, 북극성주 님, 천지인 님, 서울휘 님, 지성 님, 만석꾼 님, 왕비 님, 텐인텐 가족분들 그리고 저에게 특별히 따뜻한 집이 돼준 제이라이프스쿨의 이민호 대표님과 김용배 선생님, 한초희 선생님, 강주현 선생님, 그 외 모든 학생분들, 끝으로 저를 여기까지 믿고 도와준 김민진 동생을 포함한 모든 분들께 진심으로 감사의 인사를 드린다.

김코치

CONTENTS

PART 02

김코치가
가르쳐주는
경매의
7단계 기술!

늘 명심하라!
성공하겠다는 너 자신의 결심이
다른 어떤 것보다 가장 중요하다는 것을!

- 에이브러햄 링컨 -

내가 변하지 않으면
아무것도 변하지 않는다

내 인생의 터닝포인트,
경매

아무도 과거로 돌아가서 새로 시작할 수는 없지만,
누구나 오늘 시작해서 새로운 결말을 만들 수 있다!

- 미상 -

고시원, 반지하 그리고
전망 좋은 집

부산 촌놈, 서울로 서울로!

대한민국이 4강 신화로 한창 뜨거웠던 2002년 월드컵! 그때 내 나이 스물셋으로 군 제대를 몇 달 남겨두지 않은 때였다. 제대할 때쯤 누구나 마찬가지겠지만 나 또한 군 제대 후에 무엇을 할까 고민이었다. 하지만 무엇을 할지 생각하면 머리만 아팠다. 남들은 대학교 복학을 준비하거나 취업을 준비했지만 나는 돌아갈 대학교가 없었기 때문이다. 그렇다고 기술이 있거나 특별히 무언가 잘하는 것도 없었다. 그래서 아무것도 가진 게 없던 내가 가난에서 벗어날 수 있는 유일한 길은 오직 돈이라고 생각했다. 우선 무조건 돈을 벌어야겠다는 생각이 들었다. 그렇게 군대를 제대하고 한 달 뒤에 무작정 부산에서 서울로 올라왔다. 부산역에서 서울로 올라오던 날 누나가 나에게 했던 말이 아직도 기억이 난다.

"도윤아, 네가 성공하고 싶고 잘되고 싶으면 가족 없다고 생각해. 그게 네 인생을 위해서도 좋아."

도와주지는 못할망정 정말 너무하다는 생각이 들었다.

'뭐? 가족이 없다고 생각하고 살라고? 어휴, 진짜 너무하네. 그게 서울 올라가는 동생한테 할 말인가?'

당시 나는 차라리 정말로 가족이 없었으면 좋겠다는 철없는 원망을 했다. 서울 올라가는 기차 안에서 두렵기도 하고 과연 내가 서울 가서 성공할 수 있을까, 걱정되기도 했지만 어쩌면 서울이라는 곳이 가난에서 벗어날 유일한 기회일지 모른다고 생각했다.

2평, 고시원에서 꿈을 키우다

20년 넘게 부산에서만 살아온 나는 서울에 아는 사람이라고는 아무도 없었다. 친척도 없고, 친구도 없었다. 그래서 서울에서의 나의 첫 번째 집은 2평 정도 되는 좁은 고시원이었다.

지금 고시원이야 시설도 좋고 깨끗한데 18년 전 고시원은 지금과 많이 달랐다. 화장실도 공용이고 샤워실도 공용이었다. 생활하는 데 크게 불편한 것은 없었지만 공동 샤워실을 사용한다는 게 조금 힘들었다. 샤워하러 갔는데 누군가 안에 있으면 기다려야만 했기 때문이다. 특히 아침에 출근할 때쯤이면 사람들이 한꺼번에 몰려서 샤워 한번 하는데 그야말로 전쟁이었다. 고시원은 팔을 벌리면 양쪽 벽이 손에 닿을 정도로 좁고, 한 사람이 겨우 누울 정도의 작은 크기밖에 안 됐다. 작은 침대, 옷걸이, 미니 냉장고 그게 전부였다. 거기에 조그마한 창문이 있는 방은 3만 원이 더 비쌌는데 그 3만 원이 아까워서 창문이 없는 방으로 선택했다. 나는 그 돈조차 아까웠다. 그 돈 몇만 원이 뭐길래…… 서울 올라올 때 가지고 온 돈이 100만 원이 전부였기 때문에 3만 원이라도 최대한 아껴 써야만 했다. 이렇게 나의 첫 서울 생활이 시작됐다.

하루 종일 일을 하고 녹초가 돼 고시원에 돌아오면 비록 편히 쉴 수 있는 방은 아니었지만 나의 꿈까지 좁은 고시원에 갇힌 것은 아니었다. 잠들기 전에 앞으로 살고 싶은 큰 집을 상상하며, 멋진 차를 타고 다니고, 부자인 나를 상상하면서 힘들었지만 그 좁은 고시원 생활을 견딜 수 있었다. 나중에 꼭 부자가 되겠다는 꿈을 꾸며…….

눈물 젖은 김밥을 먹으며

하루는 쉬는 날에 밥을 먹으러 김밥○국을 가게 됐다. 그때는 김밥 한 줄이 1,000원 하던 때였다. 메뉴 중 참치김밥이 먹고 싶었는데 한 줄에 2,000원이라는 가격을 보고 망설였다. 참치김밥 2줄이면 4,000원이라서 일반 김밥 2줄이랑 2,000원이나 차이가 났다. 그래서 잠깐 고민하다가 1,000원짜리 김밥 3줄을 포장해서 왔다. 고시원에 와서 김밥을 먹는데 나도 모르게 눈물이 핑 돌면서 1,000원이라는 김밥 값에 고민하던 나 자신이 너무나 불쌍하게 느껴졌다. 평소에는 그런 생각이 안 들었는데 그날따라 김밥을 먹는데 목이 메면서 이렇게까지 하면서 돈을 모아야 하나 신세한탄을 했다. 그깟 2,000원이 뭐라고…… 내가 그렇다고 평소에 사치하는 것도 아니고 몇만 원도 아닌 고작 몇천 원 가지고 이러는 나 자신이 한없이 가엽게 느껴졌다. 그러면서 '나중에 진짜 돈 많이 벌어서 맛있는 거 먹으면 되지, 괜찮아. 힘내'라고 나 스스로를 위로했다. 돈 2,000원이 뭐라고 눈물까지 흘려야 하는지……

반지하 그리고 전망 좋은 집

고시원에서 생활한 지 몇 개월 지났을 때, 500만 원이라는 돈을 모으게 됐다. 그때는 정말 밤낮없이 닥치는 대로 일을 했다. 전단지, 주유소, 배달, 서빙, 고깃집, 세차, 백화점 주차안내 등 매일 18시간 이상 일을 했다. 생각해보면 지금보다 오히려 더 치열하게 살았다. 4시간 이상 자는 것은 사치라고 생각했을 정도였으니 말이다.

그렇게 몇 달간 돈을 모아서 드디어 500만 원이라는 보증금으로 고시원보다 몇 배나 큰 반지하로 이사하게 됐다. 반지하로 이사하던 날, 내 집을 장만한 것만큼 행복했다. 보증금 500만 원에 월세가 30만 원이었는데 종일 햇빛이 거의 들어오지 않는 반지하였지만 나 혼자만의 샤워실이 있다는 것만으로도 부족함이 없었다.

반지하에서 살면서 1년 동안 정말 독하게 돈을 모았다. 모든 식사를 일하는 곳에서 해결하고, 안 사고, 안 쓰고, 안 먹으면서 돈을 모았다. 반지하에서 살아보니 몸은 불편한 것은 없었지만 화장실이나 벽지 등에 곰팡이가 자주 생기고 항상 습해서 침대에 누워있어도 눅눅하고 아무리 깨끗이 청소해도 개미나 바퀴벌레가 어디선가 나타났다. 결국, 나중에는 호흡기질환 때문에 고생을 많이 했다. 월세 계약 기간이 끝나가자 이사를 해야겠다고 생각했다. 하지만 1년 동안 모은 돈으로는 전세

느커녕 반전세도 힘들었다. 이사할 집을 알아보다가 반지하 근처에 옥탑방이 싸게 나온 것을 알게 됐다. 방은 조금 작았지만 옥상 전체를 나 혼자 사용할 수 있고 무엇보다 햇빛이 방 안으로 들어온다는 게 가장 마음에 들었다. 그래서 이번에는 옥탑방으로 이사를 가게 됐다.

옥상에서 밖을 볼 때면 동네가 한눈에 들어오고, 밤에 불 켜진 빌딩 숲들을 볼 때면 한마디로 '야간뷰'가 완전히 타워팰리스 로열층이었다. 나중에 부자가 되면 꼭 한강이 보이는 아파트로 이사해야겠다고 생각했다. 그렇게 나는 고시원에서 반지하 그리고 전망 좋은 옥탑방으로 이사를 하게 됐다. 돌이켜보면 그때는 지금보다 고생은 더 많이 했지만 참 행복했던 시절이었다. 비록 돈은 없었지만 하나씩 만들어 나가는 즐거움이 있었기 때문이다. 누구 하나 의지할 사람 없이 돈 벌겠다고 혼자 서울 올라와서 방 한 칸에 의지해 하루하루를 보냈지만 외롭고 힘든 생활을 버틸 수 있었던 것은 오로지 부자가 되겠다는 꿈 하나 때문이었다.

무너져버린 삶의 꿈과 희망

영업으로 연봉 1억 원을 달성하다

서른 살에 나는 우연히 영업을 하게 됐다. 그것도 주부들이 대부분인 카드영업을 말이다. 카드영업을 하게 된 특별한 이유는 없었지만 열심히 하는 만큼 보상이 따르는 직업이 좋았다. 처음에는 영업을 해본 적이 없어서 무척이나 힘들었지만 목표를 정하고 열심히 하니 6개월 후부터는 카드영업으로 한 달에 1,000만 원 이상을 벌게 됐다. 흔히 말하는 억대 연봉을 받게 된 것이다. 처음부터 영업을 잘했던 것은 아니었다. 영업을 잘하기 위해서 수많은 시행착오와 고객들에게 거절과 무시를 당하곤 했었다. 하지만 그럴 때마다 다시 마음을 가다듬고 포기하지 않은 이유는 돈을 모아야 한다는 절박함이 있었기 때문이다. '이것도 못하면서 내가 무슨 부자가 되겠어? 조금만 더 힘내자. 지금 힘든 것은 아무것도 아니다. 여기서 그만두면 안 돼. 나는 성공할 수 있어'라고 나 자신에게 말하며 힘들고 그만두고 싶을 때마다 스스로를 위로하며 열정을 이어 나갔다. 그렇게 몇 년간 카드영업을 하면서 정말 많은 돈을 벌었다. 카드회사를 그만둘 때쯤에는 부자는 아니더라도 돈 때문에 크게 어려움을 겪지는 않았다.

주식으로 깡통 차다

그때는 내가 한창 주식에 푹 빠져 있던 때였다. 영업이 점점 어려워지자 다니던 회사를 그만두고 주식 투자를 본격적으로 시작하기로 결정했다. 하지만 투자에 대한 공부도 제대로 하지 않고 책 몇 권 읽고 전업투자자가 된다는 것은 정말 어리석은 행동이었다. 주식으로 큰돈을 벌고 부자가 됐다는 책만 읽고 '나도 주식으로 성공할 수 있다'는 착각을 한 것이었다. 그렇게 몇 권의 책과 허황한 꿈만으로 주식 투자를 시작했다.

처음에는 내가 투자한 주식 종목이 그때마다 올라서 금방이라도 부자가 되는 줄 알았다. 하지만 1년도 못 돼서 그동안 모아놓은 모든 돈을 날려버렸다. 그것도 모자라서 차도 팔고 현금서비스, 카드론 등 내가 받을 수 있는 모든 대출을 받아서 다시 원금을 만회하겠다는 생각으로 주식으로 재투자를 했다. 그러나 그것 역시 몇 달 만에 모두 탕진했다. 원금을 빨리 회복하겠다는 조급함 때문에 더 올바른 투자를 할 수가 없었다. '어떻게 이럴 수가 있지?' 도저히 믿을 수가 없었다. 주식으로 깡통 찼다는 말의 주인공이 내가 될지 전혀 상상을 못 했다.

나는 그때 투자를 한 것이 아니라 투기를 한 것이었다. 주식으로 더 빨리 돈을 벌고 싶다는 욕심과 무작정 오를 거라는 막연한 기대에 투자에 대한 원칙도 없이 주식을 하루에도 몇십 번씩 사고팔고 했다. 내가 주식으로 그 많은 돈을 날려버린 것은 결코 운이 없어서가 아닌 올바른 투자라는 것을 몰랐기 때문이었다. 그때는 죽을 만큼 힘들었지만 뒤돌아보면 항상 잃는 것만 있는 것은 아닌 거 같다. 잃은 게 있으면 얻는 것도 있었다. 이런 뼈아픈 경험 때문에 나중에 내가 부동산 투자를 할 때 좀 더 신중하고 성공적인 투자를 할 수 있었다.

이렇게 살아서 뭐하나

주식으로 깡통을 찬 이후 나는 점점 폐인이 돼갔다. 사기라도 당했으면 원망할 사람이라도 있었을 텐데 순전히 모두 나의 잘못된 선택과 책임으로 일어난 일이었다. 실패자라는 생각에 우울증에 빠졌고, 집에만 틀어박혀 주식을 선택한 나 자신에 대한 원망과 후회로 하루하루를 보냈다. 더 이상 살아갈 아무런 희망도, 다시 시작할 자신마저 없었다. 결국에는 이렇게 살아서 뭐하나 극단적인 선택을 하게 됐다.

'어떻게 하면 편안하게 죽을 수 있을까?' 지하철을 타려고 기다리는데 갑자기 '죽고 싶다'는 충동이 생겼다. '어떻게 할까? 그냥 여기서 마무리할까? 이제 끝인가? 흠, 그래. 여기서 마무리하자. 이렇게 살아서 뭐하나. 돈도 없고 의지할 데도 없고 앞으로 아무런 희망도 안 보이고……' 눈에서 눈물이 나기 시작했다. 그렇게 몇 대의 지하철을 보내고 있는데 저 멀리 역무원이 나를 주시하면서 내 근처로 오는 것이 보였다. 지하철을 타지 않고 멍하니 앉아있는 나를 보면서 내가 꼭 자살

할 사람처럼 보였나 보다. 순간 어떻게 할까 고민이 됐다.

'여기서 그냥 빨리 전동차에 뛰어들까? 어떡하지? 에휴, 아니다. 죽더라도 혼자 죽어야지, 다른 사람 피해 줘서 뭐하나.'

그래서 그냥 집으로 돌아가게 됐다. 그 후로도 몇 번 죽을 생각까지 했지만 그때마다 이렇게 죽는다는 게 너무 억울하고 나 자신이 원망스러웠다.

간절한 기도, 마지막 기회

마지막으로 제발 한 번만 도와주세요

카드사에서 같이 일했던 친한 동생한테 연락이 왔다. 일요일인데 집에만 있지 말고 같이 교회나 가자고 했다. 나는 살면서 한 번도 교회를 가본 적이 없었다. '그래, 집에 있으면 뭐하나. 교회 가서 원망이라도 실컷 하고 와야지'라는 생각이었다. 어쩌면 마음속 깊은 곳에서는 지푸라기라도 잡고 싶은 심정이었는지 모르겠다. 나에게 마지막 기회를 달라고 말이다.

그런데 목사님 설교가 끝나고 기도를 하는데 나도 모르게 갑자기 눈물이 계속 흘러내렸다. 그동안의 설움과 억울함 그리고 마음에 복받친 것들이 한꺼번에 몰려온 것이었다. 그렇게 5분 넘게 펑펑 울었다. 살면서 그때처럼 서럽게 울어본 적이 없을 정도로 울음이 그치지 않았다. 기도하면서 하나님께 원망의 화살을 돌렸다.

"하나님, 제가 지금까지 살아오면서 도대체 무엇을 잘못했습니까? 저에게 왜 이렇게 큰 시련을 주십니까? 제가 사기라도 쳤습니까? 사람을 다치게라도 했습니까? 저에게 도대체 왜 이러십니까? 진짜 너무하십니다. 제가 지금까지 어떻게 살아왔는지 아시지 않습니까?"

이렇게 기도하면서 참아왔던 눈물이 터져 나왔다. 잠시 후 울면서 다음과 같은 기도를 했다.

"하나님, 마지막으로 제발 한 번만 도와주세요. 여기서 이렇게 절대로 끝낼 순 없습니다. 제가 여기까지 어떻게 올라왔는데 여기서 이렇게 무너질 수는 없습니다. 이렇게 끝내기엔 너무 억울합니다. 제발 마지막으로 한 번만 기회를 주세요. 다시 일어설 힘과 용기를 주세요. 도와주세요!"

이렇게 간절하게 기도했다. 조금 마음이 진정되니 옆에 앉았던 동생이 "괜찮다"고 앞으로 다시 시작하면 될 거라면서 나의 어깨를 두드려주었다. 꼭 하나님이 나의 아픈 마음을 치료해주는 것 같이…… 난 그날부터 교회를 다니기 시작했다. 그때부터 믿음을 갖기 시작해서 지금까지 한 주도 빠지지 않고 매주 열심히 교회를 다니고 있다. 내가 지금 책을 쓰고 있는 것도 모두 하나님의 은혜라고 생각한다.

힘들어? 이것도 못 버텨? 여기서 포기할 거야?

그날 집에 돌아와서 앞으로 어떻게 할지 생각했다. '정말 이대로 그냥 죽을 것인가?' 너무 답답해서 밤늦게 집 근처 한강공원으로 갔다. 맥주 한 캔을 마시면서 가만히 저 멀리 흐르는 한강을 쳐다보는데 또 눈물이

핑 돌았다. 원망과 후회가 뒤섞인 눈물이…… 도대체 내가 무엇을 잘못했기에 이런 시련이 닥친 건지, 단지 나는 부자가 되고 싶었을 뿐인데 나에게 왜? 왜? 정말 원망스러웠다.

또 한 번 그렇게 울고 나니 힘들었던 지난 일들이 흑백영화처럼 하나둘씩 기억이 나기 시작했다. 어릴 때의 나, 서울에 처음 올라왔을 때, 열심히 돈을 모을 때, 영업하면서 있었던 일 그리고 최근의 주식 투자까지…… 처음에는 "왜 내 인생은 제대로 되는 일이 없지? 내 인생은 왜 이 모양일까?" 원망 섞인 말을 했다. 그러면서 잠시 후 나 자신에게 묻기 시작했다. "도윤아, 이게 힘들어? 이것도 못 버텨? 여기서 포기할 거야?"

내 인생을 바꾸기 위해 지금 무엇을 해야 하는가?

"내가 지금 왜 이렇게 됐을까? 무엇이 잘못됐을까?"

나 자신에게 몇 번이나 되물었다. 정신을 차리고 보니 그동안 잠시 잊고 있었던 인생의 목표와 꿈이 다시 기억나기 시작했다. 나는 이제 서른세 살이다. 여기서 이렇게 포기할 수는 없다. 어떻게 내가 여기까지 올라왔는데, 그 힘든 모든 것을 이겨내고 버텨 왔는데, 이렇게 쉽게 포기할 수는 없다.

'어떻게 하면 이 위기를 벗어날 수 있을까?' 이런 생각이 들기 시작하면서 하나씩 머릿속으로 정리되기 시작했다. 그러면서 다시 한 번 마지막으로 해보자는 생각이 들었다.

'그래! 이제부터가 내 인생에 후반전이 시작될 것이다. 지금까지 실수한 것을 거울삼아 더 큰 부자가 되자. 다시 한 번 하늘을 날아보자. 나는 할 수 있다. 나는 반드시 할 수 있다. 여기서 절대로 포기하지 말자. 앞으로 어떤 일이 있어도 흔들리지 말고 힘든 순간이 와도 좌절하지 말자. 지금 이 순간을 잊지 말자. 나는 앞으로 더 큰 부자가 될 수 있다.'

이런 생각이 들기 시작하더니 희망과 꿈이 생기기 시작했다. 역시 사람이 꿈과 목표가 있으니 바로 무엇을 해야 할지 생각이 났다. '그래! 한번 해보자! 어차피 이렇게 죽나 저렇게 죽나 마찬가지인데 한번 해보고 죽자!' 그동안 안 좋았던 지난 모든 기억들을 정리하고 한강에서 성공하겠다는 마음가짐을 가지고 바로 집으로 돌아왔다. 그리곤 집에 오자마자 책상 앞에 앉았다.

'내 인생을 바꾸기 위해 나는 지금 무엇을 해야 하는가?'라는 질문을 하기 시작했다. 그리고는 지금 당장 해야 할 것과 이루고 싶은 꿈을 하나씩 정리하기 시작했다.

경매와의 첫 만남

관심이 없으면 보이지도 않는다

다시 일어서야겠다는 결심을 하고 나서 돈을 모으기 위해서는 내가 잘하는 것부터 시작하자고 생각했다. 그래야 빨리 빚과 대출금을 갚고 목돈을 만들 수 있었기 때문이다. 그래서 카드영업을 다시 시작했다. 카드영업을 다시 한다는 게 솔직히 처음에는 자존심이 상했지만 이것 저것 따져가면서 일할 상황이 아니었다. 카드영업이라도 할 수 있다는 것만으로도 다행이라고 생각했다. 내가 빨리 돈을 모을 수 있는 유일한 직업이었기 때문이다. 몇 달 동안 정말 독하게 카드영업을 하면서 주식 투자로 생긴 빚이랑 대출금을 갚아 나갔다.

그러면서도 어떻게 하면 돈을 더 빨리 굴릴 수 있을까 알아봤다. 나는 그때까지만 해도 부동산에는 전혀 관심이 없었다. 부동산 투자는 돈이 많거나 부자들만 하는 줄 알았기 때문이다. 그러다 우연히 인터넷에서 부동산 재테크 카페 몇 곳에 가입하게 됐다.

불과 몇 년 전만 하더라도 부동산 투자나 경매 관련 강의를 하는 곳이 별로 없었던 것 같았는데 완전히 정보의 바다였다. 그전까지 부동산에 전혀 관심이 없었으니 좋은 정보가 있어도 보이지가 않았던 것이다. 완전히 흥분되기 시작했다. 어쩌면 내 인생의 터닝포인트가 될 중요한 보물을 발견한 것 같은 느낌이 들었다.

간절하면 나아갈 방향을 찾게 된다

여러 재테크 카페에 가입하고 부동산 성공담이나 투자 경험들을 읽어보니 부동산 투자라 해서 반드시 큰돈이 필요한 것은 아니었다. 소액으로도 충분히 투자 가능한 부동산이 많다는 것을 알게 됐다. 난 정말 멍청했다. 처음부터 주식 투자가 아닌 부동산 투자를 했었어야 했는데 며칠 동안 정말 후회를 많이 했다.

부동산 투자에도 여러 가지가 있지만 경매 투자를 그때 처음으로 자세히 알게 됐다. 막연히 경매라고 하면 TV 드라마에서 보던 빨간 딱지나 집이 망해서 쫓겨나가는 상황만 생각했는데 이게 돈이 될 수 있다는 것을 미처 몰랐다.

사람이 간절히 원하면 앞으로 무엇을 해야 하고 나아갈 방향을 알게 되는 것처럼 어쩌면 경매가 어두운 창문 틈으로 들어온 작은 햇빛일 수도 있다고 생각했다.

'나는 왜 이제야 경매를 알았을까?'

내 인생의 터닝포인트, 경매

"그래! 바로 이거다! 드디어 다시 일어설 기회를 찾았다!"

순간 가슴이 뛰기 시작했다. 인터넷 카페에서 매일매일 실전 경험담을 읽으면서 점점 더 확신이 들었다. 드디어 내 인생을 구원해줄 로또를 만난 것이라고 믿었다. 경매에 대해 점점 알게 되면서부터 원하던 꿈을 벌써 다 이룬 사람처럼 흥분됐다. 그날 밤 너무 흥분돼서 잠을 잘 수가 없었다. 드디어 한 줄기 희망의 빛이 생기기 시작하고 앞으로 무엇을 해야 할지 분명한 목표가 생기게 됐다. 내가 가진 돈은 비록 1,000만 원도 안 됐지만, 앞으로 부자가 될 수 있다는 방법을 찾았다는 것만으로도 희망과 열정이 피어오르기 시작했다.

그 후로 종잣돈을 모으기 위해서 낮에는 독하게 영업을 하고 퇴근 후에는 밤늦게까지 열심히 경매 책을 보며 공부를 했다. 나는 이렇게 내 인생의 터닝포인트가 돼준 경매를 시작하게 됐다.

CHAPTER

02

당신이 경매를 해야만
하는 이유

아무것도 하지 않으면
아무것도 변화시킬 수 없다!

- 미상 -

월급만으로는
부자가 될 수 없다

청소년 장래희망 임대업자, 꿈은 건물주

요즘 대한민국에서 최고의 직업을 물으면 부동산 임대업자를 꼽는다. 며칠 전 뉴스에서 이런 기사를 본 적이 있다. 청소년의 장래희망 중 1위가 '연예인', 2위가 '임대업자', 3위가 '공무원'이라는 조사가 나왔다. 거기다 초등학생의 꿈은 '건물주'라는 의견도 나왔다고 한다. 건물주나 임대업자가 되고 싶은 이유가 안정적이고 높은 소득이 보장되기 때문이라고 한다. 10년 전만 하더라도 교사나 공무원, 전문직이 주로 장래희망이었는데 시대가 많이 바뀌긴 했나 보다.

2016년 국세청이 조사한 한국 사회에서 최근 개인사업자들이 가장 많이 몰린 사업이 바로 '부동산 임대업'이라는 결과가 나왔다. 부동산 임대업은 5년 전보다 개인사업자가 28.1% 늘어나서 도·소매업(9.6%)

과 서비스업(17.2%)을 크게 앞질렀다. 그것뿐만 아니라 부동산 임대업이 수익성 측면에서 다른 모든 개인사업 중에서 단연 최고였다. 대한민국에서 왜 부동산 임대업을 최고의 직업으로 꼽고 청소년들이나 사람들이 건물주를 꿈꾸는지 그 이유를 알 수 있었다.

나도 부동산 임대사업을 하고 있지만 임대사업만큼 안전한 고소득은 없다고 생각한다. 처음에 경매로 집이나 상가를 조금이라도 싸게 낙찰받아서 살 때부터 한 번 수익을 남기고, 두 번째로 매월 월세를 받으면서 대출이자를 주고도 수익을 남기고 마지막으로 부동산을 팔 때 시세차익으로 또 더 큰 수익을 남기기 때문이다. 정말 수익률 측면에서 최고의 사업이 아닌가!

〈사업체당 매출액 및 영업이익 증감률〉

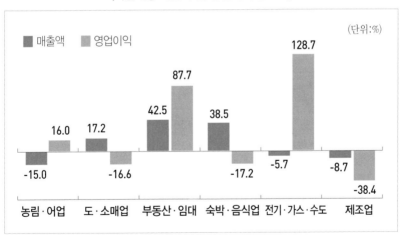

자료 : 통계청, 2015년 기준 경제 총조사 확정 결과

한국서 개인사업자 1위는 '부동산 임대업자'……
수익률도 최고

국세청이 매년 12월에 발표하는 '국세통계연보'에 따르면, 부동산 임대업자(법인 제외)는 2013년부터 도·소매업자를 제치고 개인사업자 1위에 오른 뒤 줄곧 수위 자리를 지키고 있다. 법인이 아닌 개인사업자가 가장 많이 몰려있는 3대 업종을 보면, 부동산 임대업은 5년 전보다 개인사업자가 28.1% 늘어나 도·소매업(9.6%)과 서비스업(17.2%)을 크게 앞질렀다. 이는 부동산 임대업자가 한국 사회에서 최고의 직업이라는 걸 보여주는 단적인 증거다.

사람들이 너도나도 부동산 임대업자가 되려고 하는 이유는 다름 아닌 부동산 임대업이 성장성과 수익성 측면에서 산업 최고이기 때문이다. 순수한 부동산 임대업의 사업체당 매출액은 5년 새 37.9% 증가했다. 반면 제조업과 농림·어업은 이 기간 사업체당 매출액이 각각 8.7%와 15.0%씩 감소했다.

매출액에서 영업비용을 차감한 영업이익 신장률도 부동산 임대업이 산업 최고를 기록했다. 수익성을 보여주는 영업이익률도 부동산 임대업이 산업 최고 수준이다. 부동산 임대업의 영업이익률은 2015년 11.0%를 기록, 두 자릿수대로 올라섰다. 순수한 부동산 임대업만의 영업이익률은 11.2%로 나타났다.

통계청의 조사 결과를 통해, 한국 사회에서 사람들이 왜 부동산 임대업을 최고의 매력적인 산업으로 여기고 너도나도 건물주를 꿈꾸는지 그 이유를 분명히 알 수 있다.　　　　　(2017.07.02. 머니투데이)

내 집 장만하는 데 10년이나 걸린다?

한번은 부산에 사는 친한 동생이 나에게 심각하게 고민을 털어놓은 적이 있다. 결혼을 준비 중이었는데 집 장만 때문에 스트레스를 엄청 받았던 모양이다. 이야기를 들어보니 그 동생은 집에서 도와줄 형편이 못 돼 혼자서 모든 것을 준비해야만 했다. 그나마 5년 동안 직장 다니면서 모아놓은 돈이 있었는데 그 돈 가지고 원하는 집을 사기에는 턱없이 부족했다. 신부는 집을 사고 싶어 하는 눈치인데 그 동생은 돈이 부족해서 전세로 들어가고 싶다는 거였다. 하지만 그것도 전세자금대출을 받아야만 했다.

"형! 요즘 지방도 집값이 진짜 많이 올라서 집 사는 게 힘든데 서울은 도대체 어떻게 집을 장만하고 결혼을 해요? 정말 신기해요."

"응, 사실 부모가 안 도와주면 집 사기 정말 힘들어. 그래서 경기도나 외곽지역에서 살지. 출퇴근 왕복 2~3시간씩 걸려. 그래서 요즘 집 때문에 결혼을 늦추거나 포기하는 사람들도 많아. 집만 해결돼도 결혼하기 그나마 수월할 텐데 말이야."

동생의 한숨 소리만 계속 들려왔다.

최근 뉴스에서 서울에서 집을 장만하는 데 평균 10년이 걸린다고 한다. 더 충격적인 사실은 10년간 소비를 거의 하지 않고 돈을 모아야 집을 장만할 수 있는 것으로 나타났다. 이러니 집 때문에 결혼을 포기한다는 말이 나올법하다. 하지만 앞으로는 과거 10~20년에 비해서 더욱 집 장만하기가 힘들어질 것이다. 왜냐하면 월급으로는 오르는 집값을 더욱 더 따라잡기가 힘들기 때문이다. 거기다 생활비랑 주거비는 모두 오르는데 내 월급은 항상 제자리걸음인 것 같은 착각마저 들기 때문이다.

월급만으로는 부자가 될 수 없다

나는 20대 후반 처음 직장을 다니면서 재테크에도 관심이 많았다. 적은 월급이었지만 어떻게든 재테크를 해서 단돈 만 원이라도 수익을 원했다. 그때는 재테크 서적에 푹 빠져있던 시기였다. 재테크 관련 읽었던 책 중에 보도 섀퍼의 《돈》이라는 책이 있는데 거기에 이런 이야기가 나온다.

"만약 당신이 오늘도 열심히 직장을 다니면서 월급을 받고 있거나, 휴일도 없이 매월 장사를 하는 사람이라면 이 한마디만 하고 싶다. '그래서 지금까지 얼마를 모았습니까? 그리고 은퇴할 나이가 되거나 5년, 10년 뒤에는 돈으로부터 자유를 누릴 수 있나요? 아마 그때도 돈 때문에 걱정하고 있을 겁니다.'"

나는 이 구절을 읽으면서 가슴을 송곳으로 찌르는 느낌과 두려움이 생기기 시작했다. 솔직히 몇 년 동안 열심히 일하면서 월급을 받았지만 모아놓은 돈도 별로 없었다. 월급은 받았는데 그 많은 돈이 어디로 사라졌는지 모르겠다. 거기다 5년이나 10년 뒤에 돈으로부터 자유로울 자신이 없었기 때문이다. 그리고 그때까지 일을 계속할 수 있을지도 의문이었다. '만약 중간에 무슨 일이 생겨 회사를 그만두게 되면 어떡하지? 장사했다가 혹시 망하면 어떡하지?'

내가 한 달에 받는 월급은 250만 원인데 1년에 3,000만 원. 단순히 계산하면 1년에 1,500만 원 정도는 모을 수 있다. 3년 일하면 5,000만 원 정도 모을 수 있다. 하지만 현실은 1년에 1,000만 원 모으기도 굉장히 힘들다. 안 먹고, 안 사고 정말로 숨만 쉬어도 한 달에 나가는 고정 지출비용이 적지 않기 때문이다.

생각해보니 이렇게 일해서는 부자는커녕 다람쥐가 쳇바퀴를 계속 도는 것처럼 반복된 인생을 살 거 같았다. 돈을 모으려고 일하러 가는 게 아니라 다음 달 카드값, 대출금을 갚기 위해 출근을 하는 것이었다. 더 이상 월급만으로는 부자가 되거나 돈으로부터 자유로워질 수가 없다는 것을 알게 됐다. 회사에서 열심히 일한다고 부자가 되는 것도 아니었다. 월급으로는 한계가 있었다. 이렇게 살아서는 내 인생은 답이 없어 보였다. 그럼 앞으로 어떻게 해야 하지?

경매가 끝물이냐고?

내가 6년 전에 경매를 처음 시작할 때부터 들었던 소리가 있다.

"이제 경매는 먹을 게 없어. 남는 게 하나도 없어. 경매도 이제 끝났어."

그런데 10년 전에도 이와 비슷한 말을 했다고 한다. 하지만 5년 전이나 10년 전이나 경매 법정은 사람들로 가득 찼다. 지금은 어떤가? 지금도 경매 법정은 발 디딜 틈도 없이 많은 사람들로 가득 찬다. 지금 경매를 시작하는 사람들은 이제 더 이상 경매가 돈벌이가 안 된다고 생각할 수도 있다. 하지만 이 생각은 3년 후에도 똑같을 것이다. 경매가 끝물이냐고? 절대 아니다. 끝물이라는 말은 5년 전이나 현재나 그리고 3년 후에도 그 말을 할 것이다. 이 말은 단지 경매를 하지 못하거나 하기 싫은 변명일 뿐이다. 다음 기사를 보면 알 수 있다.

부동산 침체 속 최다 최고 물건 신기록 속출
2012년 경매시장 결산

수도권 아파트 물건 수 3만 4,000여 건 역대 최다
여전히 증가세 내년엔 한층 더 증가 예상

수도권에서 올해 경매 진행된 아파트 건수는 총 3만 4,576건으로 역대 최다치로 집계됐다. 주택시장 침체로 매수세가 얼어붙었고 경기침체로 가계대출상환 능력이 악화돼 경매로 나오는 물건이 증가하고 있다. 9월 수도권 아파트 경매 물건은 월별 최고치인 3,300건을 넘겼고 11월 3,400건을 다시 갱신했다. 지금 경매 대기 중인 것을 감안하면 내년에도 수도권 아파트 경매 물건은 늘어날 것으로 보인다.

〈연도별 수도권 아파트 통계〉

기간	2001년	2002년	2003년	2004년	2005년	2006년	2007년	2008년	2009년	2010년	2011년	2012년
물건(건)	23,061	13,249	15,589	28,198	34,068	28,769	16,384	17,921	27,677	28,147	31,513	34,576
낙찰가율(%)	82.8	94.4	88.4	87.5	83.1	91	92.3	84.5	83.7	79.6	80.5	74.3

자료 : 지지옥션

2017년 11월 102.8%, 10월보다 2.6%P↑ 서울 경매 낙찰가율 '역대 최고'

29일 법원 경매정보 업체인 지지옥션에 따르면 지난 28일까지 서울 아파트 경매 낙찰가율은 102.8%를 기록했다. 이 회사가 경매 통계를 집계하기 시작한 2001년 이후 가장 높은 수치다. 지난 5월과 10월 각각 기록한 101.5%, 100.2%보다도 높은 수준이다.

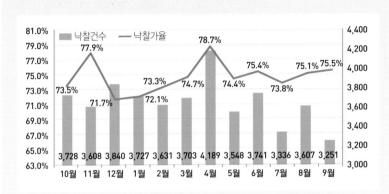

자료 : 지지옥션

'마트 대신 경매장 간다' 주부도 직장인도 도전! 인기 치솟는 부동산 경매

부동산 경매시장이 뜨겁다. 주부들 사이에서는 "마트보다 경매장을 자주 찾는다"는 말이 나올 정도로 부동산 경매에 관심이 높다. 경매 물건은 감소하는데 경매 참가자가 부쩍 증가해 감정가 대비 낙찰가율도 올라가는 추세다. 경매는 흔히 '벌레 먹은 사과'에 비유한다. 썩은 사과는 아니다. 벌레 먹은 사과는 상품성은 떨어지지만 흠집만 도려내면 먹는 데는 아무런 지장이 없다…… 경매로 나온 부동산의 최초 가격은 감정가격에서 출발하기 때문에 시세보다 싼값에 구입할 수 있는 장점이 있다. 부동산 경매에 전문가는 물론 주부, 직장인 등이 대거 참여하는 이유다.

(서울신문, 류찬희 선임기자)

2012년과 2017년을 비교해도 달라진 것은 별로 없다. 예전이나 지금이나 경매는 훌륭한 재테크 수단이다. 돈이 보이는 곳에 사람들이 모여들기 마련이다. 아마 3년 후에도 이와 비슷한 기사를 접할 것이다. 그러니 경매가 끝물이니, 남는 게 없다니 하는 말은 안 하길 바란다. 오히려 앞으로는 경매가 더욱더 활발해지고 좋은 재테크 수단이 될 것이다. 그러니 경매를 지금부터 시작해도 절대로 늦지 않다.

신의 직장에 입사하다

은퇴 없는 나만의 평생직장을 가져라

예전만 하더라도 정년퇴임이라는 말이 있었는데 요즘에는 이런 개념
이 완전히 사라진 지 오래다. 정규직이 아니면 언제 회사에서 잘릴지
모르는 불안한 고용상태다. 공무원을 제외한 다른 직장들은 평생직장
이라는 개념도 사라지고, 60세까지 일을 할 수 있다는 보장도 없다. 심
각한 고용불안에 접어든 상황이다.

하지만 이럴 때일수록 여러분은 은퇴 없는 나만의 든든한 평생직장
을 가져야 한다. 다음 달에 회사가 어려워져 퇴사한다고 하더라도 나만
의 다른 평생직장이 있다면 어떠한 상황에서도 흔들림이 없다. 그렇다
고 지금 당장 회사를 그만두라는 것이 절대 아니다. 지금부터 차근차근
준비하라는 말이다.

의사나 변호사처럼 전문직을 선호하는 이유는 다른 직업에 비해서

좀 더 안정적이고 고용불안에서 벗어났기 때문이다. 본인만 원하면 안정적으로 평생 일할 수 있기 때문이다. 경매도 마찬가지다. 만약 여러분이 경매를 평생 직업으로 생각해서 준비한다면 이보다 더 좋은 안정적인 직장은 없다. 오히려 경매를 해서 더 빨리 은퇴하고 싶을 것이다. 경매는 정년퇴임이란 것이 없다. 20세부터 시작해도 되고(실제로 내가 아는 분 중에 나이가 22세인데 부자가 되겠다고 경매를 시작한 분이 있다. 지금도 열심히 투자 중이다) 50세가 넘었는데도 경매를 꾸준히 하시는 분들도 계신다. 요즘에는 오히려 여성분들이 더 경매에 관심이 많다. 강의장에 가보면 주부들이 더 경매에 열을 올리고 공부를 한다. 여러분들이 경매를 한번 배워두면 5년이고 10년이고 평생 써먹을 수 있다. 그리고 다른 사람한테 빼앗기지도 않는 자기만의 투자기술이다. 언제 회사에서 해고될지 불안하지도 않다. 결론적으로 이야기하면 직장이 불안할수록 평생 은퇴 없는 부동산 경매라는 직업을 가졌으면 한다.

당신의 노후 준비는 안녕하신가?

여러분은 '어떻게 노후 준비를 하고 계신가요? 지금 당장 먹고살기도 바쁜데 10년, 20년 뒤를 어떻게 준비하냐고요?' 맞는 말이다. 나도 과거에 그렇게 생각했기 때문이다. 그리고 다른 분들도 비슷하게 생각할 수도 있다. 하지만 우리는 은퇴를 하고 나서도 최소 20~30년 정도를 더 살아야 한다. 앞으로 20년 이상을 그동안 벌어놓은 돈으로 생활해야 한다는 말이다. 어쩌면 은퇴 후에도 먹고 살기 위해 일해야만 하는 상황에 내몰린 셈이다. 노후 준비가 완벽히 돼있는 사람은 상관이 없겠지만 과연 그런 사람들이 몇 명이나 될까? 은퇴하더라도 노후 준비가 돼있지 않은 경우가 대부분이다.

'60대 이상 45.7% 노후 준비 없어 실버 대란 위험', '서러운 노년, 한국 66세 이상 노인빈곤율 ○ECD 최고' 등의 기사는 어렵지 않게 접할 수 있다. 또한 성인 34.6%가 노후 준비를 안 한다는 통계도 있다. 뉴스에서는 대한민국의 성인 3명 중 1명이 노후 대비를 전혀 못 하고 있다고 한다. 노후 준비를 하는 2명도 국민연금이 주된 방법이라고 하니 과연 국민연금만으로 노후를 잘 준비할 수 있을지 의문이 든다. 거기다 60대 이상은 2명 중 1명만 노후 준비가 돼있다고 하니 더욱더 심각한 상황이다.

그러면 여러분의 노후 준비는 어떻게 되고 있는가? 혹시 내가 3명 중 1명에 포함되지는 않은가? 다음 그래프를 보면 더욱더 심각하다는 것을 알 수 있다.

〈고령자의 인구 비중 전망〉

2040년이 되면 노인 비율이 30%가 넘는다. 3명 중 1명이 65세 이상이라고 한다. 아시겠지만 지금 우리나라는 고령화가 다른 나라에 비해서 빨리 진행되고 있다. 초고령화 사회에 진입한 것이다. 거기다 저출산

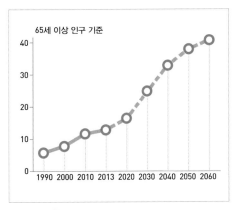

자료 : 통계청

으로 인해 노인 인구는 증가하는 데 반해, 이들 노인을 부양해야 할 노동력 인구가 감소해 연금지출액이 연금수입액을 초과해 연금고갈이 초래될 수도 있다. 국민연금만으로는 노후 준비가 힘들 수도 있다는 말이다. 그러니 아직 준비가 안 됐다면 지금부터라도 노후 준비를 꼭 해야만 한다. 노후는 생각보다 멀리 있지 않다. 지나간 세월을 되돌아보라. 5년, 10년은 정말 눈 깜짝하고 지나갔다.

신의 직장이라고 들어본 적이 있는가?

정년퇴임 100세 보장, 출퇴근 자유, 매월 해외여행 가능, 거기다 월급 1,000만 원 이상. 정말 꿈같은 이야기일 수도 있다. 이런 직장을 다니고 있으면 얼마나 행복할까? 하지만 결코 꿈같은 이야기가 아니다.

내가 정말 존경하는 분 중에 60세가 넘은 나이인데도 아직도 왕성하게 일을 하시는 분이 계신다. 일주일에 하루, 이틀만 일하고 그것도 하루 3~4시간만 일을 할 뿐이다. 그야말로 일을 즐기면서 하시는 분이다. 그렇다고 월급이 쥐꼬리만 한 것도 아니고 한 달에 1,000만 원 이상 벌어 가신다. 거기다가 임대수입 또한 어마어마하다. 나머지 시간은 골프, 낚시, 해외여행, 맛집을 다니며 정말 인생을 즐기고 사신다. 거짓말 같지만 사실이다. 이분이 처음부터 일주일에 하루, 이틀만 일하면서 한 달에 1,000만 원 이상씩 벌었는가? 내가 아는 한 절대 아니다. 그러면 이분이 특별한 능력을 가지고 있거나 머리가 좋아서 이렇게 돈을 버는 걸까? 그것은 더더욱 아니다. 그냥 여러분과 같은 정말 평범한 분이다.

이분이 이렇게 많은 돈을 벌고 지금처럼 계속 일을 할 수 있었던 것은 15년 전에 '경매'라는 것을 처음 알게 돼 이분만의 전문 분야를 공부했기 때문이다. 그거 하나 배워 그때부터 지금까지 계속 일을 하고 계신다. 전문 분야라고 하면 의사나 변호사처럼 엄청 어려워 보이지만 한글만 읽을 수 있는 정도의 사람이라면 누구나 공부할 수 있다.

내가 말한 그분은 '한 번 배워 평생 써먹는 부동산 경매'를 공부해서 말 그대로 평생직장을 가지게 됐다. 남들은 직장이나 노후를 걱정할 시기에 일하고 싶을 때 일하고, 쉬고 싶을 때 쉬면서 앞으로 몇십 년은 더 삶을 즐길 수 있다. 지금도 굳이 일할 필요도 없다.

부러운가? 절대 부러워하지 말라. 여러분도 충분히 가능하다. 앞에서 말했지만 특별한 능력이 있어서가 아닌 경매라는 것을 알았다는 것만으로도 여러분도 부자의 길로 들어설 기회를 잡은 것이다.

자신만의 무기를 가져라

3년, 5년 후가 아니라 오늘 당장 은퇴해도 상관없는 자신만의 평생 무기를 가지고 있다면 어떨까? 자신만의 평생 무기가 무엇이든지 상관없다. 한번 배워서 평생 써먹을 수 있는 것이라면 더 좋다. 난 그것이 바로 '경매'라고 생각한다. 나는 재테크에 관심 있는 모든 직장인에게 주식보다는 경매를 추천한다. 그리고 부자가 되고 싶고 지금 현실에서 벗어나고 싶다면 무조건 '경매'를 추천한다. 경매는 한번 배워두면 절대 당신을 배신하지 않는다. 당신이 먼저 경매에게 작별인사를 하지 않으면 결코 경매가 당신을 먼저 버리지 않는다.

내가 경매를 잘해서가 아니다. 내가 경매로 돈을 벌어서가 절대 아니다. 내 말이 의심스러우면 딱 한 번만이라도 실전 경매 투자를 해보기를 바란다. 내가 아무리 100번 경매가 좋다고 이야기를 해도 본인이 직접 한 번 투자해서 수익을 얻는 것이 100번의 말보다 낫다.

경매 투자에도 여러 가지가 있다. 빌라, 아파트. 단독주택 같은 주택 투자가 있고, 상가, 건물처럼 수익형 부동산, 토지, 공장, 자동차도 있다. 이외에도 유치권[1], 법정지상권[2] 등 특수 물건도 많은 투자 대상이 된다. 경매 중에서 본인이 제일 자신 있는 한 분야를 택해서 꾸준히 투자하기를 바란다. 처음부터 너무 많은 것을 하려고 욕심부리지 말고 하나씩 경험을 쌓으면서 자기에게 맞는 투자를 하면 된다. 어떤 분은 빌라, 아파트가 본인에게 맞는다는 분도 계시고, 어떤 분은 상가가 본인 적성에 맞는다고 하신 분도 계신다. 정답은 없다. 본인에게 맞는 투자 방법을 찾으면 된다. 그러면 아마 그게 자신만의 무기가 되지 않을까 싶다. 그리고 그 무기를 갖기 위해 경매 공부를 하는 당신에게 처음에는 왜 쓸데없이 그런 것을 공부하냐고 말했던 사람들이, 여러분이 그 무기를 가졌을 때는 어떻게 했냐고 물어볼 날이 반드시 올 것이다.

---

1. 타인의 부동산을 점유하는 자가 그 부동산에 생긴 채권을 변제받을 때까지 그 부동산을 점유할 수 있는 권리를 말한다. 유치권의 가장 대표적인 예가 공사대금이다. 건물을 지은 건축업자가 건물 소유자에게 공사대금을 전액 받지 못할 경우 공사대금 전액을 받을 때까지 건물을 점유해 유치권을 주장할 수 있다. 경매에서 특수 물건에 속한다.

2. 토지 소유자와 건물 소유자가 동일인 소유였다가 건물 소유자와 토지 소유자가 달라질 경우 건물이 철거되지 않고 토지를 사용할 수 있는 권리. 법정지상권이 성립하려면 여러 가지 조건들이 따로 있다. 경매에서 특수 물건에 속한다.

내 손에 쥔 주사위를 던져라

바빠서 경매할 시간이 없어요

직장인이나 주부일수록 더욱더 경매에 관심을 가져야 한다. 하지만 현실은 정반대다. 그들이 자주 하는 말이 있다.

"저도 퇴근 후에 공부하고 싶어요. 하지만 회사 일 때문에 바쁘고 피곤해서 못하겠어요."

"애 보고 집안일 하다 보면 하루가 다 가요. 시간이 없어요."

이렇게 말할 수도 있다. 하지만 이것은 자기변명일 뿐이다. 그러면 평생 아무것도 못 하고 그 자리에서 맴돌 뿐이다. 정말 바쁘다는 것은 핑계고 관심이 없기 때문이다. 본인이 관심이 있고 열정만 있다면 시간을 어떻게든 쪼개서라도 배울 것이다. 지금 만약 여러분이 절박하다면 잠자는 시간을 줄이든 수단과 방법을 가리지 않고 경매 공부를 할 것이 틀림없다. 어쩌면 여러분 말대로 정말 하루 종일 바빠서 경매를 배울 시간이 없다고 할 수도 있겠지만 다시 한 번 지난 한 달 동안 본인이 시간을 어떻게 보냈는지 생각해보길 바란다.

'과연 낭비하고 있는 시간은 없는가?'

평일 저녁반 경매 강의를 하면 직장인들이 50% 이상이다. 낮에는 주부들이 거의 70%다. 그분들도 한가해서 공부하러 온 것이 아니다. 부자가 되겠다는 열정 하나만으로 피곤한 몸을 이끌고 온 것이다. 주부들도 마찬가지다. 평일에 시간 내기가 힘들다면 주말에도 충분히 경매수업을 듣고 현장 조사를 할 수 있다. 오히려 바쁜 사람일수록 더 열정적으로 산다. 출근 전에 영어 학원을 다니고, 퇴근 후에 꾸준한 운동과 자기계발을 한다. 배움에는 때가 있다. 그때가 더 늦어지기 전에 지금부터 바로 시작하길 바란다.

내 손에 쥔 주사위를 던져라

세상에서 가장 안타까운 사람은 무엇인가를 모르는 사람이 아니다. 무엇인가를 알면서도 그것을 할까 말까 계속 고민만 하는 사람이다. 쉽게 말해 손에 주사위만 계속 만지작거리고 주사위를 던지지 않는 사람이다. 그리고 또 정작 본인은 하지 않으면서 옆에서 조언이나 훈수는 정말 잘 둔다. 나도 예전에 그랬다. 무엇인가를 시작하려고 할 때 항상 고민하고 100% 확신이 들지 않으면 시작하지를 않았다. 그래서 손해 본 게 많다. 남들은 벌써 저만치 앞서가는데 나는 계속 무엇을 해야 할지 망설이고 고민만 했기 때문이다.

"무언가를 간절히 원하는 게 있는가?"

"무엇인가 배우고 도전하고 싶은 게 있는가?"

"지금 현 상황에서 벗어나고 싶은가?"

그 무엇인가가 대단히 클 필요도 없다. 아주 작은 사소한 것이라도 상관없다. 중요한 것은 언제까지 주저하고 망설이냐는 것이다. 여러분 만의 주사위를 던졌으면 좋겠다. 문을 열어야 그다음으로 갈 수 있는 기회가 찾아온다. 그 문이 두려워 망설이고 있다면 예전의 나처럼 안타 까운 상황을 맞이할 것이다. 여러분은 나와 같은 후회를 하지 말았으 면 좋겠다. 그 문을 여는 사람만이 새로운 것을 경험할 수 있고 본인이 원하는 것을 가질 수 있다. 주사위 2개 던져 합이 12가 나오든 2가 나 오든 그것은 우선 주사위를 던진 다음 고민할 일이다. 주사위도 던지지 않았는데 처음부터 미리 겁먹고 포기할 필요가 없다. 정말 여러분이 원 하는 삶을 살고 싶다면 그게 어떤 삶이 됐든 상관없다. 여러분만의 주 사위를 꼭 던지기를 바란다.

경매를 아는 것과 실천하는 것

당신은 이미 경매에 대해서 알고 있거나 경매 관련 책을 읽었을지도 모른다. 그리고 어쩌면 열심히 수업을 듣고 있는지도 모른다. 내가 운 영하는 스터디 모임에서 누구보다 열심히 공부하는 분이 계셨다. 직장 생활을 하면서도 퇴근 후에도 꾸준히 공부하고 토요일이면 열정적으로 스터디에 참여해서 그동안 궁금했던 것들을 물어보곤 했다. 권리분석 도 잘하고 현장 조사도 잘한다.

하지만 아무리 좋은 물건이 있어도 입찰을 하지 않는 것이다. 그분이 입찰하지 않는 것을 보곤 안타까워서 몇 개의 물건을 추천해줘도 도무지 입찰을 하지 않았다. '지금은 때가 아니다, 아직 공부가 덜 됐다, 돈이 없다, 확신이 없다, 명도가 힘들 것 같다' 등 여러 가지 이유를 든다. 이분은 결국 입찰 한 건도 안 하고 공부만 하다가 스터디를 그만두게 됐다. 언제까지 책만 보고 공부만 할 것인가? 우리는 자격증을 따는 게 아닌 투자를 해야 한다. 입찰하면서 공부해도 늦지 않다. 완벽한 준비라는 것은 절대 없다.

이와는 반대로 스터디 모임을 한 지 2주도 안 됐는데도 입찰해서 낙찰받아 온 분이 계신다. 정말 초보로 그냥 기본적인 선순위, 후순위만 알고 계신 40대 주부다. 복잡한 권리분석은 하지도 못한다. 처음에 물건을 낙찰받았다고 하길래 그런가 보다 했는데 또 몇 주 지나서 낙찰 소식이 들려온다. 정말 아는 것이라고는 기본적인 권리분석밖에 없는 분이었는데 말이다.

그 후 잔금 납부, 명도, 내용증명, 집수리까지 일일이 물어가면서 하나씩 해결해가는 모습에 주위 사람들도 대단하다고 치켜세웠지만 정작 본인은 무식해서 용감하다고 할 뿐이다. 이분은 그 후에도 계속 빌라, 아파트 경매만을 해서 많은 수익을 남겼다. 요즘에는 토지 투자를 주로 하는데 오히려 이러한 행동에 내가 더 배울 때가 많다.

어떤가? 꼭 완벽해야만 시작해야 하는 것은 아니다. 경매를 아는 것도 중요하지만 실천하는 게 더 중요하다. 맨날 공부만 하고 입찰을 하지 않으면 아무런 소용이 없다. 투자하면서 배우고, 배우면서 투자하는 것은 경매에 있어 아주 좋은 방법이다. 처음부터 모든 것을 알고 시작할 수는 없다. 그렇다고 아무것도 모르는 상태에서 시작하라는 말이 아니다. 최소한 기본은 알고 투자하길 바란다. 여자분 말처럼 '가끔은 무식한 용기가 필요할 때'가 있다.

열정에도 순서가 있다

부동산 경매로 몇천만 원, 몇억 원을 벌었다는 기사를 보게 되면 '그래! 나도 이제부터 경매를 해야지. 이 지긋지긋한 월급쟁이로는 더 이상 희망이 없어! 저 사람도 했는데 나라고 못 할까?' 생각한다. 처음에는 무엇을 하든 열정이 커서 열심히 배우고 따라 한다. 하지만 몇 달 못가서 지치거나 이런저런 핑계를 대면서 경매 투자를 그만하게 된다. 어쩌면 당신은 예전에 경매를 했을 수도 있다. 그런데 지금은 왜 안 하고 있는가?

모든 일에는 순서가 있다. 모든 일에 열정만 있다고 되는 게 아니다. 열정에도 순서가 있다. 나도 이런 실수를 한 적이 있다. 경매가 돈이 된다는 것을 알고 지인 2명한테 돈도 안 받고 열정적으로 가르쳐준 적이 있다. 난 열심히 준비하고 열정적으로 강의했지만 2번 강의를 듣더니 모두 그만두었다. 난 그때 큰 충격과 마음의 상처를 받았다. 너무 가르치겠다는 열정만 앞선 나머지 마음만 앞선 것이다. 오히려 이러한 경험이 나한테는 나중에 큰 약이 됐다.

당신의 경매도 마찬가지다. 경매를 처음 배울 때는 열정적으로 열심히 배우지만 어느 순간 그 열정은 사라지고 만다. 왜 그럴까? 그 열정이 오래 지속되기 위해서는 해야 할 순서가 있다. 중간에 포기하는 이유는 열정은 있는데 순서가 잘못됐기 때문이다. 순간적인 열정보다 더 중요한 것은 지속 가능한 열정이다. 명심하라. 경매는 100m 단거리가 아니다. 꾸준한 열정만이 경매에서 큰돈을 벌게 해준다.

경매, 절대 어렵지 않다

경매에 대한 편견을 버려라

내가 처음에 부동산 경매를 시작한다고 했을 때 한 동료는 경매로 나온 집은 재수가 없는데 그런 걸 왜 하냐며 핀잔을 준 적이 있다. 정말 요즘 말로 '1'도 모르는 소리다. 그런 생각을 갖고 있다는 것 자체가 편견에 빠진 것이다. 옛날 분들이야 그런 편견을 갖고 있을 수도 있지만 요즘은 경매야말로 정말 훌륭한 재테크 수단이다. 경매로 낙찰받아도 계약할 때 임차인들은 경매로 낙찰받았다는 것을 신경 쓰지도 않는다. 중요한 것은 가격이지 경매로 산 집에 들어와서 산다는 것에 전혀 거부감을 느끼지 않는다. 경매로 받아서 재수 없다는 이런 편견이 있다면 지금 당장 버리기 바란다.

그리고 어려운 사람들을 내쫓는 게 아니냐고 생각하는 경우가 있다. 경매는 남을 괴롭히는 일이 아니다. 법원에서 경매배당금으로 집주인

의 빚을 대신 갚아주고 임차인에게 보증금을 돌려주고 복잡한 권리관
계도 깨끗하게 정리된다. 만약 경매에 대한 부정적인 생각이 있다면 지
금부터라도 벗어나길 바란다.

경매 공부를 어렵게 생각하는 이유

처음 경매를 시작하다 보면 생소한 법률용어 때문에 어렵게 느껴질
수 있다. 나도 처음에는 이게 도대체 무슨 뜻인가 이해 못 할 때도 많았
다. 유치권, 법정지상권, 선순위 등 인터넷을 찾아봐도 이해가 잘 안 되
고 다음 날이면 또 잊어버리곤 했다. 거기다가 경매 용어와 판례들까지
공부해야 할 게 많았다. 나는 무슨 뜻인지 이해가 잘 안 될 때는 끝까지
찾아보고 넘어갔는데 그래서 그런지 공부 진도가 잘 안 나가고 경매가
어렵게 느껴졌다.

지금 생각해보니 난 너무 깊이 있는 공부를 하고 있었던 것이다. 처음
부터 그럴 필요가 전혀 없었는데 말이다. 투자를 하다 보면 알겠지만 단
순하고 쉽게 접근 가능한 물건들이 80% 이상이다. 정말 기본적인 권리
분석만 할 줄 알아도 웬만한 물건의 80% 이상을 혼자 입찰할 수 있다.

처음에 경매를 모른다는 이유로 너무 겁을 먹었다. 그래서 완벽하게
준비하려고 했던 게 나의 실수였다. 오히려 같이 공부했던 분들 중에
경매 시작한 지 한 달도 안 되신 주부들이 더 용감했다. 이런 분들이 낙
찰도 잘 받고 수익률도 좋다. 이거 재고 저거 재고 하다 보면 아무것도
못 한다. 오히려 일반 물건들이 더 안전하고 투자금 회수도 빠르다.

경매 공부는 절대 어렵지 않다. 기초적인 지식만 알아도 투자가 가능하다. 쉬운 것부터 시작하면 된다. 그리고 모르는 것은 절대 창피한 것이 아니다. 당연한 것이다.

점유자를 내보내는 게 보통 일인가?

경매를 시작하거나 투자를 하고 있는 분들 중에 가장 어려움을 겪는 부분이 아마 명도(점유자를 내보내는 것)가 아닐까 생각이 든다. 명도에는 권리분석처럼 딱 정해진 답이 없기 때문이다. 나 또한 처음에는 명도가 가장 어려울 것이라는 편견을 갖고 있었다. 점유자를 만나러 갔는데 무서운 사람들이나 나이 많은 분이 살고 있다면 명도가 힘들지는 않을지 미리 걱정됐다. 하지만 이것 또한 명도를 몇 번 하다 보니 노하우가 생겨서 지금은 오히려 명도를 쉽게 한다.

그리고 우리에겐 '강제집행'이라는 최후의 수단이 있지 않은가? 뒤에 나오는 '명도' 편에서 자세히 설명하겠다. 처음부터 명도에 대한 걱정부터 하지 말자. 사람과 사람이 하는 일인데 안 되는 것은 아무것도 없다. 몇 번의 협의만 잘하면 몇백, 몇천의 수익이 나에게 돌아오는데 그걸 마다할 이유가 없다. 그리고 직접 만나기가 꺼려진다면 굳이 만나지 않고도 몇 번의 통화나 문자로도 충분히 해결되는 경우도 많다. 구더기 무서워 장 못 담그는 것과 같다. 두려워할 필요도 피할 이유도 전혀 없다. 명도는 낙찰받은 다음에 고민해도 늦지 않다. 낙찰도 안 받았는데 처음부터 걱정할 필요가 전혀 없다.

경매 못 하는 아홉 가지 이유보다 해야만 하는 한 가지 이유

내 주위에 경매를 그렇게 많이 추천하고 돈이 된다고 이야기를 해도 안 하는 분들이 계신다. 이 말을 한 지가 벌써 몇 년이다. '지금은 돈이 없다, 공부할 시간이 없다, 나중에 하려고, 공부가 어려워서 못 하겠다, 골치 아프게 그런 걸 괜히 왜 하냐고 남편이 반대한다, 명도가 어려울 것 같다' 등등 몇 년 전이나 지금이나 똑같은 말을 하면서 경매에 별로 관심이 없다. 이 핑계 저 핑계 대면서 계속 미룰 뿐이다. 그런데 항상 돈은 벌고 싶다고 하소연한다. 여러분들도 혹시 이와 비슷한 이유를 갖고 있지는 않은가?

그럼 도대체 언제 돈이 생기고 공부할 시간이 생기나…… 무엇인가를 하려고 하면 못하는 이유도 수십 개 만들 수 있다. 하지만 해야 하는 이유도 수십 개 만들 수 있다. 비록 당신이 무엇인가를 해야 하는 이유가 한 가지뿐이라고 하더라도 그 한 가지가 하지 못하는 아홉 가지보다 훨씬 더 중요한 경우도 있다. 망설이고 고민하는 순간 벌써 기회는 점점 사라진다. 경매를 해야만 하는 가장 중요한 이유 하나만 있어도 당신은 경매를 시작하기에 충분하다.

CHAPTER
03

앞서가는 방법의 비밀은,
지금 바로 시작하는 것이다

진짜 위기가 뭔지 아세요?

위기인데도 위기인 것을 모르는 게

진짜 위기입니다.

하지만 그것보다 더 큰 위기는 뭔지 아십니까?

위기인 것을 알면서도 아무것도 하지 않는 것이

더 큰 위기입니다.

- 유재석 -

공부하다 날 새겠다

처음부터 욕심부리지 말자

나는 처음에 경매 공부를 시작할 때 무엇부터 시작해야 할지 몰랐다. 그래서 우선은 기본 책 2~3권을 사서 읽어보기로 했다. 처음에 책을 잘못 골라서 초보자가 봐야 하는 책이 아닌 소위 말해 중수나 고수가 공부하는 400~500페이지짜리로 공부를 시작했다. 너무 처음부터 깊이 있게 공부하다 보니 법 공부 하는 것처럼 무슨 말인지 몰라서 한참을 헤맸다. 초보자가 보기에 이해하기 쉽고 흥미 있는 책을 골랐어야 했는데 후회가 됐다.

그러다가 쉬운 경매 책을 몇 권 사서 다시 공부하기 시작했다. 완전히 ABCD 같은 기초를 공부하는 느낌이었지만 처음보다 훨씬 이해하기가 쉽고 재밌었다. 그래도 혼자서 공부하기에는 어려워서 인터넷으로 알아보다가 카페에서 진행하는 '경매 강의'도 듣게 됐다. 처음에는 강의에서 설명하는 말들이 무슨 뜻인지 도무지 이해가 안 될 때도 있었다. 하지만 한 달 정도 책과 같이 공부하면서 복습을 하니 많은 도움이 됐다.

처음부터 너무 어려운 책으로 공부하면 경매에 대한 흥미가 떨어질 수도 있다. 여러분들은 그러지 않았으면 좋겠다. 경매는 단기전이 아니다. 조급해하지 않아도 된다. 경매 공부는 절대 어렵지 않다. 처음부터 욕심만 부리지 말자. 기초 없이 이룬 공부는 단계를 오르는 게 아니라, 나중에 다시 바닥으로 돌아오게 된다.

언제까지 공부만 할 거야?

나는 완벽주의에 가깝다. 어느 정도가 아니라 확실하지 않으면 행동을 잘 하지 않는다. 공부도 마찬가지였다. 무엇인가를 시작하기 전에 그 일에 대해서 100% 알고 나서 다음 행동으로 옮겼다. 하나라도 잘 모르는 게 있으면 불안해서 넘어가지 못하고 알 때까지 계속 알아봤다. 확신이 들어야 시작할 수 있었다.

그런데 이런 나의 성격 때문에 경매할 때 처음에는 많은 애를 먹었다. 몇 달 내내 이론공부만 열심히 했기 때문이다. 남들은 1~2주 수업만 듣고도 바로 입찰하는 분들도 있었는데 나는 도저히 불안해서 경매에 대해서 확실히 더 알 때까지 입찰조차 하지 않았다. 봤던 책을 여러 번 보고 경매 공부만 몇 달을 했다. 그러는 도중에 같이 수업 들었던 분들한테서 낙찰[3]소식과 패찰[4] 소식을 계속 듣게 됐다.

"이번에 ○○동 아파트 입찰[5]했는데 15명이 들어와서 2등 했어요, 아까워 죽겠어!"

"지난주에 빌라 낙찰받아서 이제는 대출이랑 명도[6] 준비해야 돼요."

"와, 진짜 잘됐네요. 축하해요!"

"도윤 씨는 낙찰받거나 요즘 관심 있어 하는 물건[7] 있어요?"

"아니요, 저는 아직 공부가 부족해서 좀 더 배우고 하려고요."

'아니, 저렇게 벌써 입찰해도 되나? 그러다 낙찰 잘못 받으면 큰일 날 텐데……' 이런 소심한 생각을 하면서 공부만 몇 달 했다. 지금 생각해 보면 내가 어리석고 그분들이 정말 현명하다고 생각한다. 공부는 정말 기본만 알면 되고 또 투자하면서 더 깊이 있게 공부하면 되기 때문에 처음부터 죽자고 이론 공부만 해서는 평생 투자를 하지도 못하고 중간에 그만두게 된다. 만약 이론 공부만 하다가는 처음 나처럼 좋은 물건 다 놓칠 수도 있다.

그렇게 몇 달 공부하다가 언제까지 이렇게 공부만 해야 하는지 의문

---

3. 경매 입찰에서 입찰가격을 써낸 사람 중 가장 높은 금액을 적어 낸 사람에게 낙찰의 지위를 부여하는 것(=최고가 매수신고인).

4. 경매 입찰에서 1등을 제외한 나머지 사람(떨어진 사람).

5. 법원에 가서 경매에 나온 물건을 낙찰받기 위해서 경매에 참여하는 것.

6. 낙찰자가 해당 부동산의 점유자(집주인, 임차인)에게 퇴거를 요구하는 것.

7. 경매가 진행되는 것에는 아파트, 오피스텔, 빌라, 단독주택, 상가, 토지, 자동차 등이 있는데 이 모든 것을 통틀어 '물건'이라고 부른다.

이 들었다. 남들은 벌써 몇 번 입찰해서 떨어지기도 하고 낙찰받기도 하는데 난 뭘 하고 있나 이런 생각이 들기 시작했다. 입찰을 해야 책에서 보던 법원 구경이라도 갈 것이 아닌가?

'그래! 더 이상 안 되겠다! 언제까지 공부만 하고 있을 순 없지. 나도 법원 구경이나 가보자!'

첫판부터 세 번 연속으로 당첨!

지나간 것은 후회해도 소용없다

'자, 어디 보자. 내가 입찰할 수 있는 물건이 어디 있나?'

그때 낮에는 열심히 종잣돈을 모으기 위해서 카드영업을 하고 있을 때였다. 일 마치고 집에 돌아오면 하루 종일 영업한다고 걸어 다녀서 피곤했지만 경매 공부와 물건 검색을 게을리할 수가 없었다. 경매가 나에게 마지막 희망이라고 생각했기 때문이었다.

'내가 가진 돈이 총 얼마지?'

계산해보니 통장에 총 2,000만 원 정도가 있었다.

'1, 2년 전만 하더라도 몇억이나 있었는데 2,000이 뭐냐. 2,000이…… 한심하다, 한심해. 처음부터 주식 투자하지 말고 경매했어야 했는데 진짜 아깝다. 주식을 하는 게 아니었는데. 다른 사람들은 몇억짜리 아파트 투자한다는데……'

물건 검색할 때마다 비싸고 좋아 보이는 아파트만 눈에 들어왔다.

'그래, 어쩔 수 없지. 이제 처음 시작이니 나중에 돈 벌면 비싸고 좋은 물건 하면 되지. 그래도 지금 2,000만 원이라도 있는 게 어디야! 우선 입찰 연습이나 한번 해보자. 2,000만 원 가지고 처음부터 무슨 대박을 꿈꾸는 것도 아니고 하다 보면 나도 더 비싼 물건 할 수 있겠지. 내가 가진 돈으로 투자할 수 있는 게 빌라가 제일 적당할 거 같아. 빌라부터 시작하자.'

첫 투자 물건을 드디어 발견했다

그렇게 며칠 동안 물건 검색을 하다가 신당동에 빌라 한 건물이 통째로 나온 것을 발견했다. 건물 주인이 대출을 갚지 못해 문제가 생겨 건물 전체가 경매로 넘어간 경우였다. 총 12개 호수로 돼있는데 일괄매각[8]이 아닌 개별매각[9]으로 진행됐다. 건물도 지어진 지 3년도 안 된 신축이고 엘리베이터도 있고 특히 2호선 신당역에서 걸어서 5~10분밖에 걸리지 않아 지하철로도 출퇴근이 편하다고 생각했다. 나는 물건을 선택할 때 교통을 최우선으로 생각한다. 교통이 편리해야 매도나 임대를 놓을 때 계약이 빨리 되기 때문이다.

---

8. 한 경매 사건에 매각하는 부동산이 2개 이상이라고 하더라도 하나의 건물로 취급해 매각을 진행. 즉 여러 부동산을 하나의 사건으로 묶어서 진행하는 것이다.

9. 한 경매 사건에 2개 이상의 부동산이 있을 경우 각각 따로 매각하는 방식이다. 개별매각은 사건번호와 별도로 물건번호도 따로 정해진다. 이때 입찰표에는 자기가 입찰하려는 물건번호를 지정해 꼭 기재해야 하며, 물건번호를 쓰지 않으면 입찰이 무효가 된다.

나름 조건에 맞는 괜찮은 물건이었다. 감정가[10]도 호수별로 한 물건당 1억 원 정도라서 대출을 이용하면 내가 가진 돈으로 한 개 정도는 투자가 가능했다. 인터넷으로 로드맵도 보고 나름 손품을 팔았지만, 첫 입찰이라 엄청 꼼꼼하게 알아봤다. 하지만 인터넷으로만 검색하다 보니 건물의 상태나 주변 환경을 알 수가 없었다. 더욱이 아파트가 아닌 빌라라서 정확한 시세파악이 어려웠다. 한 건물에 부동산 물건이 총 12개인데 어느 호수에 투자해야 할지 물건이 많아서 그것도 고민이었다. 12개 모두 비슷한 감정가에 층수만 다르고 같은 평수였다.

'아직 입찰일까지는 시간적 여유가 있으니 우선 건물이나 주변 환경 좀 살펴보고 분석 좀 더 한 다음 결정하자.'

그래서 다음날 바로 임장[11]을 가기로 했다.

첫 현장답사, 제발 배운 대로만 하자

첫 현장 조사라 무척이나 설렜다. 한 개라도 놓칠 수 있으니 무엇을 조사해야 할지 전날에 꼼꼼히 모두 체크했다. 제발 그동안 배운 대로만 조사하자.

'제일 먼저 지하철역에서 걸어서 얼마나 시간이 걸리는지 알아보고, 건물의 상태를 알아보고 주변 환경이나 주위가 시끄럽지는 않은지 살펴본 다음 마지막으로 부동산에 들러 시세를 알아보자.'

---

10. 경매가 진행되는 부동산에 대해 법원에서 감정한 가격. 경매의 첫 시작 가격이 된다. 그런데 감정가는 보통 6개월 전의 가격이기 때문에 경매 진행 동안 현시세의 가격 변동이 있을 수 있다.

11. 현장에 가서 분석하는 것(현장답사).

집 내부도 보고 싶었지만 12개 모두 볼 수도 없고, 아직 어느 물건에 투자해야 할지 결정도 못 한 상태였다. 지하철역에서 걸어서 집까지는 정말로 10분밖에 걸리지 않았다.

'그래, 이 정도면 지하철역이랑 정말 가깝네. 다음은 건물 상태 좀 자세히 보자.'

역시 지은 지 몇 년 안 된 건물이라 건물 외벽은 깨끗했다. 하지만 따로 건물을 관리하는 사람이 없는지 건물 1층에 쓰레기가 그대로 방치돼있었다. 1층 출입구가 도어락으로 잠겨있어 건물 안에 들어갈 수가 없었다.

'건물 내부를 한번 보고 싶은데 어떻게 하지?'

그래서 1층 출입구에서 아무 호수나 벨을 눌렀다.

"누구세요?"

"엘리베이터 점검하러 왔어요. 문 좀 열어주세요!"

1층 출입문이 열리고 건물 안으로 들어갈 수 있었다. 만약 현관문이 도어락으로 잠겨있다면 그냥 돌아가지 말고 나처럼 방법을 강구해서 꼭 건물 안으로 들어가 보길 바란다. 7층까지 엘리베이터를 타고 올라가서 1층까지 걸어 내려오면서 외관상 어떤지 자세히 살펴봤다. 호수별 출입문도 새것이고 전체적으로 건물 내부도 깨끗했다.

'흠, 이 정도면 상당히 깨끗한데. 외관상 하자도 없어 보이고. 이제 주변을 좀 돌아보고 마지막으로 부동산 중개업소에 들러 시세를 알아보자.'

부동산에 들러 시세를 확인해야 하는데 사장님께 뭐라고 이야기를 해야 할지 걱정이었다. 책에서 배운 대로 잘 말해야 되는데, 처음 하는 시세 조사라 떨리는 마음으로 부동산 중개업소 문을 열고 들어갔다.

"안녕하세요?"

"어떻게 오셨어요?"

"사장님, 사실 집 구하러 온 것은 아니고 경매 투자자인데 근처에 경매 물건이 나와서 시세 좀 알아보러 왔어요."

"○○동 빌라 때문에 오셨죠?"

'헉, 어떻게 알았지? 벌써 몇 명이 왔다 갔나 보다.'

"전세는 7,000만 원, 월세는 1,000만 원에 50~60만 원이에요."

귀찮은 듯이 통명스럽게 이야기를 한다.

"사장님, 사람들이 이것 때문에 많이 왔다 갔나 봐요?"

"말도 마요. 오는 손님마다 다 이것만 물어봐서 아주 귀찮아 죽겠어. 일을 못 하겠어."

더 이상 물어보기 미안해서 감사하다고 말하고 나왔다.

'나만 관심 있는 게 아니었네. 역시 보는 눈은 비슷하구나. 경쟁이 좀 심하겠네.'

다른 몇 군데 부동산을 더 둘러보고 시세 조사를 하면서 점점 확신이 들기 시작했다.

'그래, 이번 물건 무조건 입찰하자!'

경매 사건번호, 물건번호가 무엇인가?

사건번호란 해당 경매 사건에 부여된 번호를 말한다. 사람의 주민등록번호랑 비슷하다.

예 2017 타경 3594 (2)
        ①   ②   ③   ④

① 2017 : 경매가 접수된 연도다.

② 타경 : 타경은 부동산 경매 사건을 뜻하는 구분기호다. 부동산 인도명령을 신청할 땐 '타기', 부동산 가압류 사건에는 '카단' 등이 쓰인다. 경매 사건에 가장 많이 보는 게 '타경'이다.

③ 3594 : 해당 부동산에 접수된 사건번호다.

④ (2) : 개별 물건번호다. 여러 개의 부동산이 동시에 진행될 때 각각 물건별로 번호가 부여된다. 물건번호는 사건번호 뒤 괄호( ) 안에 넣어 표시한다. 자기가 입찰하려는 물건번호를 지정해 꼭 기재해야 하며, 물건번호를 쓰지 않으면 입찰이 무효가 된다. 단 물건이 하나일 때는 생략해도 상관없다.

즉, 사건번호를 말하라고 하면 '17타경3594' 이렇게 이야기하면 된다. 2개 이상의 개별 물건이 있는 경우는 개별 물건번호까지 이야기해야 한다. 한번 부여된 사건번호는 평생 없어지지 않는다. 입찰표 작성할 때 조심해야 할 게 물건번호가 2개 이상일 경우 물건번호를 꼭 적어야 한다. 사건번호만 적고 물건번호를 적지 않아서 낙찰이 됐지만 무효처리가 된 경우도 많다.

이제 어느 물건에 입찰하지?

그날 집으로 돌아오자마자 현장 조사한 것을 바탕으로 12개의 모든 물건에 대해서 권리분석[12]을 했다. 분석하면 할수록 괜찮은 물건이란 생각이 들어서 12개 물건 중 한 개 정도는 꼭 낙찰받고 싶단 생각이 들었다. 하지만 내가 낙찰받고 싶다고 마음대로 되나? 낙찰가격은 신만이 안다고 하는데…….

해당 물건에 입찰하려면 입찰보증금이 필요한데 감정가는 1억 원이었지만 한 번 유찰[13]됐던 물건이라서 감정가에서 20% 할인된 8,000만 원부터 입찰가격을 시작하게 된다. 그러면 나는 감정가의 10%인 800만 원의 입찰보증금이 필요했다. 한 개 정도는 받고 싶은 욕심에 어떻게 할까 고민하다가 3개의 물건에 입찰하기로 결정했다. 한 개만 입찰해서 낙찰된다는 보장이 없기 때문에 만약 떨어지면 아쉬울 것 같았다.

'설마 3개 입찰했는데 3개 모두 낙찰되지는 않겠지. 3개 중 한 개만 낙찰되면 좋고 만약 모두 패찰하더라도 첫 입찰이니 그냥 법원 구경했다고 생각하면 되지.'

입찰가를 얼마 적어야 하지?

3개의 물건에 입찰하기로 결정하고 도대체 얼마의 금액을 적어야 할지 고민이 됐다. 무턱대고 높은 금액을 적을 수가 없었다. 그랬다가 혹

---

12. 해당 부동산을 낙찰받은 후 인수하는 것과 소멸하는 것 그리고 임차인 등의 권리가 무엇인지 분석하고 확인하는 것이다. 경매의 가장 기본이 되는 원리다(뒤에 자세히 설명).

13. 아무도 입찰을 하지 않음.

시 3개 모두 낙찰되면 잔금 납부가 큰일이었기 때문이다. 그때나 지금이나 입찰가격이 제일 고민이었다.

'에잇, 첫 입찰인데 욕심부리지 말자.'

고민 끝에 최저가에서 모두 30만 원씩만 더 적기로 했다.

'최저가 근처로 적었는데 설마 낙찰되겠어. 3개 중 제발 한 개만 낙찰되라.'

드디어 첫 경매 법정에 가다

첫 입찰이라 설레기도 하고 그동안 책으로만 공부했지 처음으로 법원에 입찰하러 간다고 생각하니 전날 밤에 잠이 오지 않았다.

'제발 한 개라도 낙찰됐으면 좋겠다.'

입찰보증금을 준비해야 했기 때문에 아침 일찍 출발했다. 첫 입찰인데 늦어서 허둥대다가 실수라도 하면 정말 큰일이다. 3개의 물건에 입찰하기 때문에 3장의 수표로 입찰보증금을 준비하고 해당 물건지가 진행되는 서울중앙지방법원으로 갔다. 어느 법정에서 경매가 진행되는지 몰라 안내 데스크에 물어서 경매 법정으로 찾아갔다. '오늘 입찰표 작성 실수만 하지 말자.' 계속 이 생각뿐이었다.

법원에 도착하니 여기저기서 경매정보지를 나눠주고 있었다. 책이나 인터넷으로만 보던 장면을 직접 눈으로 보니 또 다른 느낌이 들면서 뭔가 확신이 들었다.

'흠, 이렇게 사람들이 많은 걸 보니 잘 만하면 정말 돈이 되겠구나!'

입찰표를 작성하고 입찰 봉투에 넣기까지 몇 번이나 확인했다. 3개의 물건에 입찰하기 때문에 혹시 입찰서류가 서로 바뀌지는 않았는지, 입찰표 작성을 잘못하거나 혹시 입찰가격에 '0'을 하나 더 쓴 건 아닌지 꼼꼼히 확인 후 입찰 봉투를 입찰함에 넣고 접수번호를 받은 다음 떨리는 마음으로 자리에 앉아 기다렸다. 법정에는 앉을 자리가 없을 정도로 많은 사람들로 꽉 차있었다. 입찰 마감 시간이 끝나고 개찰이 시작됐다. 물건번호가 하나씩 불리고 최고가 매수신고인[14]이 발표되기 시작했다. 드디어 내가 입찰한 사건번호가 불리기 시작했다. 떨리는 순간이었다. 떨어져도 걱정, 낙찰돼도 걱정이었다.

---

14. 낙찰차

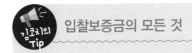

입찰보증금의 모든 것

입찰하려면 최저매각가격의 10%(간혹 20~30%의 특별매각 조건이 붙기도 한다)의 입찰보증금이 필요하다. 입찰자가 낙찰을 받으면 입찰보증금을 법원에서 보관하며 낙찰자는 보증금을 뺀 나머지 금액을 잔금 납부를 한다. 낙찰을 받지 못하면 바로 입찰보증금을 돌려준다.

그러면 얼마의 보증금을 준비해야 할까? 다음에 잘 설명돼있다.

입찰보증금은 최저매각가격의 10%다.

예1 빌라가 1억 원에 감정평가 돼 법원에서 처음에 최저매각가격을 1억 원으로 결정해 첫 매각을 진행한다. 그러면 최저매각가격의 10%인 1,000만 원을 보증금으로 준비해야 한다.

예2 그런데 한 번 유찰되면 다음 매각기일에 1억에서 20% 저감된 8,000만 원부터 최저매각가격이 시작된다. 이때 입찰에 참여할 때 입찰보증금은 800만 원만 제출하면 된다(보통 1번 유찰될 때마다 최저매각가격이 20~30%씩 내려간다).

간혹 현금으로 보증금을 준비해서 입찰표에는 800만 원을 적고 만약 801만 원을 제출하더라도 아무런 상관이 없다. 보증금을 제외한 나머지는 돌려준다. 하지만 800만 원을 적고 보증금으로 799만 원을 제출하면 낙찰되더라도 무효가 된다. 보증금은 10원이라도 부족하면 무효처리가 된다. 그래서 수표 한 장으로 입찰보증금을 준비하는 게 좋다.

간혹 입찰보증금이 최저매각가격의 10%가 아닌 경우도 있다. 누군가 낙찰을 받았는데 잔금 납부를 하지 않았을 때 다음에 경매가 다시 진행되는 경우. 최저매각가격의 20~30%를 입찰보증금으로 준비해야 한다. '매각물건명세서'에 '특별매각 조건'이라고 기록돼있다.

최고가 매수신고인 김도윤! 김도윤! 또 김도윤?

"사건번호 12타경12345 물건번호 3번, 입찰하신 분 앞으로 나오세요."

떨리는 마음으로 집행관 앞으로 나가는데 나 혼자만 앞으로 나갔다.

'뭐지? 왜 아무도 안 나오지? 설마?'

"12타경12345 물건번호 3번 입찰자는 단독입찰입니다."

물건번호 3번 입찰자 중 내 이름만 호명된 것이다. 단독입찰이라고? 그럼 내가 낙찰인데, 최저금액보다 30만 원만 더 적었는데 내가 단독입찰이라니. 첫 낙찰을 받고도 느낌이 이상했다. 낙찰의 기쁨보다는 내가 무엇을 잘못 분석했는지 불안한 마음이 들었다.

'권리분석을 잘못했나? 물건이 별로 안 좋나? 왜 단독입찰이지?'

단독입찰이라서 그때부터 첫 낙찰의 기쁨보다 여러 가지 걱정이 되기 시작했다. 빨리 집에 가서 물건분석을 다시 하고 싶은 생각밖에 안 들었다.

잠시 후 집행관이 입찰표 확인을 끝내고 "12타경12345, 물건번호 3번, 최고가 매수신고인은 삼성동에서 오신 김도윤 씨입니다"라고 말했다. 처음으로 입찰했는데 바로 그날 첫 낙찰을 받았다. 집행관한테 신분증을 보여주고 최고가매수신고서 작성을 하는데도 정신이 없었다.

'내가 진짜 낙찰받은 건가?'

이번에는 물건번호 5번을 부르며 2명의 이름이 호명됐는데 그때까지 최고가 매수신고인을 작성한다고 정신이 없어서 내 이름이 호명된지도 몰랐다.

"사건번호 12타경12345 물건번호 5번 최고가 매수신고인은 삼성동에서 오신 김도윤 씨입니다."

'내가 또 낙찰이라고? 이건 뭐지? 잘못 들었나? 내가 또 낙찰이라고?' 이번에도 최저가보다 30만 원 더 적었는데 2등이랑 25만 원 차이로 내가 1등을 했다. 입에서 욕이 튀어나왔다.

"젠장!"

그래도 이번에는 단독입찰이 아니라 누군가 다른 1명이 같이 입찰해서 다행이라고 생각했다. 만약 이번에도 단독입찰이었으면 정말 물건에 문제가 있다고 생각했을 것이다. 대출이랑 명도는 나중 문제고 한번에 2개를 낙찰받으니 정신이 없었다. 안 그래도 첫 번째 물건 때문에 신경 쓰여 빨리 집에 가서 확인하고 싶었는데 또 낙찰이라니…… 운이 억세게 좋은 건지 나쁜 건지…… 그때는 내가 총 3개의 물건에 입찰했는지도 잊어버릴 정도였다. 또다시 집행관 옆에서 최고가매수신고서를 작성하고 있는데 이번에는 해당 물건 중 물건번호 10번을 부르며 2명의 입찰자를 호명했다.

'아, 또 2명밖에 입찰을 안 했어? 이렇게 사람들이 많은데 도대체 어느 물건에 투자한 거야? 왜 내 물건에 입찰을 안 해. 그건 그렇고 제발 상대방이 나보다 금액을 높게 적어야 하는데…….'

이번에도 최저가보다 30만 원 더 높게 적었는데 점점 불안해지기 시작했다. '설마 또 내가 낙찰은 아니겠지. 제발 낙찰되지 마라. 또 낙찰되면 진짜 큰일이다. 떨어져라. 떨어져라. 제발 떨어져라. 이번에도 낙찰되면 진짜 망한다.' 이렇게 주문을 외우고 있었다. 경매하면서 떨어지라고 기도하는 사람은 진짜 나밖에 없었을 것이다.

"사건번호 12타경12345 물건번호 10번 최고가 매수신고인은 삼성동에서 오신 김도윤 씨입니다."

내 이름이 또 최고가 매수신고인으로 호명됐다.

'빌어먹을, 망했다. 아, 뭐지? 또 내가 낙찰이라고?'

정말 머리를 쥐어뜯고 싶었다. 다들 여기저기서 웅성거리는 소리가 들렸다. 이번 물건은 2등이랑 20만 원 차이로 이겼다.

'낙찰받으려면 좀 높게 쓰지, 최저가보다 10만 원이 뭐냐? 어휴, 진짜!'

2등 한 사람이 정말 원망스러웠다. 내가 낙찰받은 물건을 2등 한 사람한테 주고 싶은 심정이었다 낙찰가는 '신'만이 알 수 있다고 책에서 본 거 같은데 어떻게 이런 일이 생기지? 생전 처음 입찰했는데 그것도 3개의 물건에 입찰했는데 3개 모두 낙찰을 받았으니 황당해서 말이 안 나왔다. 일타쌍피가 아니라 쓰리피였다. 억세게 운이 좋은 건지……. 3번째 물건을 낙찰받은 순간 눈앞이 캄캄했다. 이제는 낙찰이고 뭐고 남은 잔금이랑 명도가 걱정되기 시작했다.

'아! 산 넘어 산이로구나. 골치 아프게 왜 3개나 낙찰받아 가지고 돈도 없어 죽겠는데…….'

세 번째 물건에 대한 최고가신고서를 작성하고 나오는데 대출중개하시는 분들이 몰려와 낙찰 축하한다면서 대출명함을 여기저기서 나눠줬다. 책에서 대출명함 다 챙겨 오라고 해서 대출명함을 모두 챙기고 내 연락처도 드리고 법원 밖으로 빠져나왔다.

'이제 어떡하지?'

무려 한꺼번에 3개나 낙찰받았으니 이제 어떻게 할지 걱정이 됐다. 낙찰받은 집으로 바로 찾아갈까 생각도 했지만 우선 집에 가서 좀 쉬고 싶었다. 한꺼번에 배 터지게 3개를 낙찰받았으니 앞으로 계획을 세워야 했기 때문이다. 낙찰 때문인지 1시가 넘었는데도 배고픈 줄을 몰랐다.

낙찰받으면 비로소
보이는 것들

개별 경매의 함정에 빠지다

집에 와서 생각해보니 정말 신기했다.

'어떻게 이런 일이 생기지? 첫 입찰에 3개나 낙찰받고……'

우선 권리분석을 다시 했다. 단독입찰인 물건이 조금 찜찜했기 때문이다.

'왜 첫 번째 물건은 아무도 입찰을 안 했을까?'

조금 불안해지기 시작했다. 그런데 아무리 다시 확인해도 별다른 문제가 보이지 않았다.

'그런데, 이게 뭐지?'

낙찰 전에는 안 보이다가 낙찰받으면 비로소 보이는 것들이 하나씩 눈에 들어오기 시작했다. 12개 모든 물건이 낙찰된 게 아니었다. 물건 개수가 총 12개인데 일괄매각이 아니라 개별매각이라서 다른 나머지 개별 물건이 모두 낙찰돼야만 배당일이 잡히고 모든 절차가 마무리된다. 내가 낙찰받은 부동산을 잔금 납부를 하더라도 다른 모든 물건들이 낙찰받고 잔금 납부가 끝날 때까지 배당기일을 계속 기다려야만 했다. 즉 12개의 물건 중 어느 한 개라도 낙찰이 안 되면 마지막 한 개가 낙찰될 때까지 계속 기다려야만 한다. 12개의 물건이 모두 낙찰이 안 되면 배당기일이 안 잡힌다. 그러면 내가 낙찰을 받고 잔금을 납부해도 배당기일[15]이 안 잡혀 세입자가 배당[16]을 못 받으니 이사를 못 나가고 명도도 못 하고 난 잔금을 모두 내고도 아무것도 할 수가 없다. 거기다가 대출이자까지 계속 내야 한다. 이러한 상황을 전혀 생각 못 했다. 나는 그날 12개의 물건이 모두 낙찰될 줄 알았는데 12개의 물건 중 6개만 낙찰됐고, 그중 3개가 내가 낙찰받은 물건이었다.

9월에 낙찰받고 한 달 안에 잔금을 납부했는데 다른 나머지 부동산이 모두 낙찰되기만을 기다려야 했다. 역시나 다른 물건들 때문에 대금 납부를 11월 7일에 했는데도 배당종결은 다음 연도 3월에 종결됐다. 보통 대금 납부 후 한 달 안에 배당일이 잡히는데 무려 낙찰받고 배당일까지 6개월이라는 긴 시간이 걸렸다. 그동안 명도

구분	입찰기일	최저매각가격	결과
1차	2013-08-14	118,000,000원	유찰
2차	2013-09-25	94,400,000원	
낙찰 : 94,810,000원 (80.35%)			
(입찰2명, 낙찰:김○○ / 차순위금액 94,570,000원)			
매각결정기일 : 2013.10.02 - 매각허가결정			
대금지급기한 : 2013.11.08			
대금납부 2013.11.07 / 배당기일 2014.03.06			
배당종결 2014.03.06			

▶ 배당까지 6개월.

15. 채권자나 임차인 등 돈 받을 사람들에게 배당을 실시하기로 한 날짜.

16. 경매 낙찰자가 잔금을 모두 납부하면 그 돈으로 채권자 또는 임차인 등 돈 받을 사람들에게 나눠주는 절차.

도 제대로 못 하고 목돈도 묶이고 대출이자만 계속 나가고 있는 상황이었다.

근로복지공단 압류를 못 보면 어떡해!

No	접수	권리종류	권리자	채권금액	비고	소멸여부
		■ 등기부현황 (채권액합계 : 520,000,000원)				
1	2010.05.19	소유권보존	나봉식			
2	2010.08.27	❶ 근저당	새서울신협	520,000,000원	말소기준등기	소멸
3	2012.09.05	압류	근로복지공단			소멸
4	2012.09.07	소유권이전(상속)	나성아외2		나성아,나성국,나용호 각 지분1/3	
5	2012.09.24	임의경매	새서울신협	청구금액: 520,000,000원	2012타경27323	소멸

권리분석을 계속하고 있는데 이상한 게 갑자기 하나 눈에 띄었다. 말소기준[17] 뒤에 오는 압류는 소멸한다고 배웠는데 그러면 1번 근저당[18] 뒤에 있는 압류는 당연히 말소[19]돼야 한다. 거기다가 유료 경매 사이트에서도 '소멸'이라고 나와 있었다. 그래서 별로 신경을 쓰지 않았다. 당연히 말소기준인 1번 근저당 뒤에 있으니 압류도 소멸되겠지. 그렇게 넘어갔다. 그런데 다시 보니 압류는 압류인데 근로복지공단의 압류였다. 어째 느낌이 싸늘하다.

'아뿔싸! 진짜 큰일 났다!'

순간 앞이 캄캄했다. 하늘이 노랗게 보였단 말을 그때 실감했다. 책에서 몇 번이나 봤는데 왜 이걸 놓쳤는지 이해가 되지 않았다. 완전히

---

17. 부동산에 있는 많은 권리 중 인수와 소멸의 기준이 되는 권리.

18. 금융기관에서 부동산을 담보로 대출해주고 등기부에 등기한다(저당 : 부동산을 담보로 빌린 대출. 저당은 담보금액만 등기하지만 근저당은 미래의 연체이자까지 포함한 금액을 등기한다).

19. 없어진다(=소멸).

헛공부했단 생각이 들었다.

'아, 왜 입찰하기 전에 이것을 못 봤지?'

근로복지공단 압류도 단순한 압류로 생각했던 것이다. 압류금액도 얼마인지 알 수가 없었다. 압류 중에서 근로복지공단 압류[20], 당해세[21]는 배당순위 관계없이 먼저 배당을 받은 다음에 채권자에게 배당이 이뤄진다. 근로복지공단의 압류금액에 따라 잘못하면 대항력이 있는 세입자 미배당보증금까지 내가 인수할 수도 있었다. 진짜 꼼꼼히 분석했는데도 이런 일이 발생하니 정말 내가 한심스러웠다. 그때부터 식은땀이 나기 시작했다.

'왜 그걸 못 봤을까? 왜, 왜, 왜…… 진짜 헛공부했네.'

명도랑 잔금 납부가 문제가 아니었다. 잘못하면 근로복지공단 압류금액에 따라서 임차인의 미배당보증금을 내가 모두 인수하고 물어주게 생겼다.

지옥 같은 일주일이 지나고

낙찰자가 해당 사건의 정보가 있는 '사건기록부'를 열람하려면 매각 결정이 내려진 다음에 볼 수가 있다. 사건기록부에는 일반인들은 볼 수

---

20. 근로복지공단은 근로자들의 체불된 임금을 대신 지불하고 압류로 먼저 배당을 받는다(최종 3월분의 임금, 최종 3년간의 퇴직금). 이럴 경우 임차인, 채권자보다 근로복지공단의 압류가 우선 배당되므로 그 금액만큼 임차인은 배당을 받지 못할 경우 낙찰자가 그 금액을 인수하게 된다.

21. 물건에 입찰할 경우. 유의해야 할 것이 바로 '당해세'다. 당해 재산에 대해 부과되는 세금이다. 즉 해당 부동산에 부과된 세금이다. 당해세로는 국세와 지방세가 있다.

없는 해당 물건에 관련된 모든 정보가 있기 때문에 입찰 전에 많은 사람들이 열람하고 싶어 하지만 이해관계인[22]이 아니면 열람할 수 없다. 매각결정이 떨어진 그때부터 낙찰자는 이해관계인이 돼 '사건기록부'를 열람할 수가 있다. 낙찰받고 매각결정까지는 보통 일주일이 걸린다. 나는 매각결정이 떨어질 때까지 정말 지옥에서 사는 느낌이었다.

'혹시 임금체불 금액이 많아서 미배당금액이 발생하면 어떡하지? 임차인이 못 받은 금액을 내가 인수해야 하는데…… 그러면 정말 큰일인데.'

그걸 못 본 내가 정말 후회가 됐다. 일주일 동안 밤에 잠이 오지 않았다. 드디어 일주일이 지나서 법원에서 매각결정이 떨어지고 다음 날 바로 아침 일찍 법원으로 갔다.

영원히 경매계를 떠날 뻔했네

"어떻게 오셨어요?"

"경매 사건기록부 열람하러 왔는데요? 어디로 가면 되죠?"

"여기 말고 민사집행과로 가세요."

점점 긴장되기 시작했다. 민사집행과라고 경매를 담당하는 부서가 따로 있는데 거기서 경매 서류 열람이 가능했다. 민사집행과에 가서 사건기록 열람하러 왔다고 했다. 신청서와 신분증을 제출하니 사건번호를 물어본다.

---

22. 경매 물건에 대해 관계있는 소유자, 채무자, 공유자, 임차인, 등기부에 기입된 권리자 등을 말한다.

"12타경12345 물건번호 3번요."

계장님이 두꺼운 서류철을 갖고 오신다. 심장이 빨리 뛰기 시작했다.

'제발, 제발 근로복지공단 압류금액이 적어야 하는데……'

자리에 앉아 사건기록부를 하나씩 검토하다가 드디어 근로복지공단에서 제출한 서류가 나왔다. 이제부터 압류 채권금액에 따라 내 모든 게 달려있었다. 근로복지공단 채권금액이 크면 입찰보증금을 포기하거나 아니면 어떡해서든 매각불허가신청[23]을 받아내야 했다. 금액에 따라서 앞으로의 방향이 결정될 순간이었다.

이윽고 근로복지공단 금액을 확인하는 순간 내 몸에 있던 모든 힘이 빠져나가는 느낌이었다.

'휴, 진짜 하늘이 도왔다. 이 정도면 아무런 문제가 없겠어.'

근로복지공단에서 제출한 채권금액은 몇백만 원밖에 안 되는 소액이었다. 정말 다행이었다. 이것 때문에 일주일 동안 밤잠을 설쳤는데 금액을 확인하고 나니 안도의 한숨이 새어 나왔다. 법원을 나오면서 얼마나 기뻤는지 모르겠다. 혹시 잘못됐으면 최악의 경우까지 생각해야 했기 때문이다.

'이제 명도하러 가야지!'

---

23. 낙찰받은 물건에 대해서 절차상 문제 또는 심각한 하자가 발생했을 때 허가를 불허해달라는 불허가신청을 하는 것이다.

임차인 vs 낙찰자

컨설팅 업체 직원으로 위장취업하다

총 3개의 물건에 임차인이 모두 살고 있었다. 그러면 총 3건의 명도를 진행해야 한다. 3건 중 2개의 물건은 전입신고[24]와 확정일자[25]가 말소기준보다 빨라서 전액 전세보증금을 돌려받기 때문에 크게 임차인의 저항이 없을 거라고 예상했다. 하지만 나머지 한 곳은 전입신고와 확정일자가 말소기준보다 늦어 전세보증금 전액을 못 받고 주택 임대차보호법[26]

---

24. 한 세대에 속하는 자의 전부 또는 그 일부가 거주지를 이동할 때 주소지 변경 및 등록을 위한 전입 사실을 새로운 거주지 관할 기관에 신고하는 일.

25. 확정일자란 법원 또는 동사무소 등에서 주택 임대차계약을 체결한 날짜를 확인해주기 위해 임대차계약서 여백에 그 날짜가 찍힌 도장을 찍어주는데 이때 그 날짜를 의미한다.

26. 주택 임대와 임차에 있어 국민의 주거생활 안정을 보장해주기 위한 목적으로 만들어진 특별법.

에 의해서 최우선변제금[27]만 받을 수 있는 상황이었다. 이렇게 2개의 경우로 나눠졌다.

그래서 두 가지의 명도 방법을 준비했다. 하나는 전액 보증금을 받는 세입자의 전략과 전세보증금 중 일부만 받는 세입자 전략을 각각 준비했다. 우선 가짜로 명함을 급히 만들었다. 괜히 낙찰자라고 하면 시비를 걸거나 대화 도중에 이사 금액 때문에 서로 얼굴 붉히고 싸울 수도 있을 거 같았다. 그래서 부동산 컨설팅 회사라는 명함을 하나 만들어 내가 낙찰자가 아닌 컨설팅 회사 직원이라고 제3자인 척해서 작전을 짰다. 이렇게 하면 욕은 가상의 회사가 먹게 되고 이사비 관련해서 무리한 이야기가 나올 때마다 시간을 벌 수 있기 때문이다.

명도도 처음이라 엄청 떨렸다. 책이나 카페에서 명도 경험을 들어보니 좋게 마무리된 경우도 있었지만 고생한 이야기들이 많았다. 내가 과연 잘할 수 있을까 걱정됐지만 어차피 해야 할 일이면 빨리 부딪혀 보자고 생각했다. 임차인을 만나러 가기 전에 준비를 많이 했다. 입찰자의 위치가 아닌 낙찰자로 다시 그 집을 방문하니 기분이 묘했다. 벌써 내 집을 가진 듯했다. 이번에도 1층 출입문이 잠겨있어 아무 호수나 누르고 엘리베이터 점검하러 나왔다고 했다. 역시나 낮이라 그런지 세 집 모두 아무도 없어 문에 명함을 붙여놓고 연락을 달라고 했다.

---

27. 임대차보호법에 의해 살고 있던 주택이 경매나 공매가 진행돼 보증금의 일정 금액 이하인 임차인이 보증금 중 일정액을 다른 권리들(근저당권자, 가압류권자)보다 우선 배당받게 되는 보증금이다. 지역과 금액에 따라 변제금이 다르다.

▶ 명도할 때 사용했던 명함.

한 건물에 3개의 물건이 있으니 3곳을 안 돌아다녀도 돼서 그건 편했다. 그날 밤에 모르는 번호로 연락이 왔다. 느낌상 낙찰받은 임차인 중한 명일 거 같았다.

"여보세요?"

"안녕하세요. 여기 ○○동 202호 세입자인데 명함 보고 연락드려요."

"아, 네."

"이거 컨설팅 회사에서 받으신 건가요?"

"네, 회사에서 진행해 제가 처리하게 됐습니다."

"그럼 앞으로 이제 어떻게 되나요?"

"자세한 것은 만나서 이야기하시죠. 이사 관련 이야기도 해야 하고 의논할 게 많네요. 혹시 언제 시간 되세요?"

"낮에는 일을 해서 이번 주 주말에 가능합니다."

"그러면 토요일에 제가 방문할게요."

"네, 알겠습니다."

임차인과 첫 통화라 긴장됐지만 컨설팅 회사 직원이라고 잘 이야기하면서 넘어갔다. 이렇게 나머지 2곳도 모두 연락이 돼 세입자와 첫 만남을 갖게 됐다.

임차인과의 첫 만남

혼자 가는 게 조금 걱정됐지만 설마 무슨 일이 생기지는 않겠지? 전날에 명도 멘트나 여러 가지 경우의 수를 미리 연습하고 갔다. 세입자가 비록 전액 배당을 받지만 어떻게 나올지 알 수가 없었다. 한 번에 3곳을 방문해야 했기 때문에 더욱더 준비를 철저히 했다. 혹시 세입자가 부동산 경매에 대해서 나보다 더 많이 알 수도 있고, 내가 세입자보다 정보나 지식이 없으면 기 싸움에서 밀릴 수도 있기 때문이다.

'나는 낙찰자가 아니라 컨설팅 회사 직원이다.'

우선 명도가 제일 쉬울 거 같은 집부터 약속을 잡았다. 첫 번째 집은 대항력[28]은 있지만 전액 배당받는 임차인이었다. 첫 명도라 정말 떨렸다. 난 혼자인데 혹시 여러 명을 상대해야 하는 건 아닌지 긴장됐다. 집 앞에서 심호흡을 한 번 하고 첫 번째 집에 방문했다.

"띵동!"

"누구세요?"

"안녕하세요! 오늘 1시에 만나기로 한 사람입니다. 부동산 컨설팅 업체에서 왔어요."

"아, 네, 들어오세요."

다행히 30대 초반의 여자 혼자 살고 있었다. 처음으로 집 내부를 볼 수가 있었다. 신축 건물이라서 내부도 깔끔하고 집도 깨끗하게 사용했다. 보증금 전액을 배당받는 줄 아는지 집도 잘 보여주고 상당히 우호적으

---

28. 임차인이 대항요건(주택인도+전입신고)을 갖추고 있으면 제3자에게 자신의 임대차관계를 주장할 수 있는 권리. 권리분석에서 대항력의 조건이 제일 중요하다. 즉 그 집에서 임자보증금 전액을 반환받을 때까지 계속 살 수 있는 권리다.

로 이야기가 진행됐다.

"컨설팅 업체에서 받았나 봐요?"

"네, 저희 회사에서 받았습니다. 전 그냥 나머지 일 처리만 하는 거고요."

"예, 그러면 앞으로 어떻게 진행되나요?"

"전세보증금 전액 다 받으시니깐 배당일에 배당받으시면 되세요. 그리고 이사는 언제쯤 예상하고 계시나요? 지금 당장은 아니지만 천천히 알아보셔야죠?"

"그래야죠. 그런데 보증금을 받아야 이사 나갈 수 있어서 그전에는 나가기 힘들어요."

"아, 네. 다른 궁금한 거 있으세요?"

"혹시 이사비 같은 것은 없나요? 알아보니깐 다른 집들은 이사비 받고 나간다고 하던데요?"

"솔직히 말씀드리겠습니다. 보증금을 전액 다 받고 손해본 거 아무것도 없이 이사 나가는데 거기다가 이사비까지 받고 나가는 게 어디 있습니까? 301호는 4,000만 원이나 못 받고 쫓겨나게 생겼는데 이사비라는 것도 보증금을 못 받는 억울한 사람한테 주라고 있는 겁니다. 그리고 저희 회사에서는 보증금 전액 다 받는 세입자한테는 이사비용이라는 것은 거의 없습니다."

"아, 그래요? 알겠습니다. 생각해보니 보증금이라도 다 받으니 다행이네요. 그러면 언제쯤 배당일이 잡히나요? 그래야 집을 알아보죠."

"최소 3달 이상 걸리니 그때까지 천천히 알아보세요. 다시 제가 중간에 연락드리겠습니다."

첫 번째 집은 이렇게 마무리가 잘됐다. 역시나 이사비를 달라고 할 줄 알고 미리 준비하고 갔었는데 보증금을 다 받아서 그런지 순순히 수긍했다. 명도비용도 전혀 안 들고 운이 좋았다. 처음에 컨설팅 업체 직원인 척 말을 하는데 속으로는 얼마나 긴장을 했던지 들킬까 봐 조마조마했다.

<blockquote>

"컨설팅 업체에서 나왔습니다."   »

지금까지 명도를 거의 이런 식으로 진행했다. 회사에서 낙찰을 받는데 왜 명의는 개인 이름이냐는 질문은 거의 받은 적이 없다. 점유자는 별로 신경도 안 쓰고 '컨설팅 업체에서 받았나 보다'라고 생각할 뿐이었다. 이제 앞으로 어떻게 되는지만 신경 쓸 뿐이다.

</blockquote>

이제 두 번째 집을 방문할 차례다. 첫 번째 집이 잘 풀리니 더욱더 자신감이 생겼다. 두 번째 집도 전액 배당받는 임차인이었는데 여기는 오히려 이야기가 더 잘됐다. 직장인 남자 혼자 살고 있었는데 자기는 이사비용 얼마 되지도 않는 거 필요 없고 배당금만 전액 나오면 바로 이사 나갈 테니 신경 쓰지 말고 배당금 날짜만 말해달라고 했다. 지금 사는 집이 정떨어져서 하루라도 빨리 이사 나가고 싶다고 했다. 집이 경매 들어가서 보증금을 전액 못 받을까 봐 불안한지 오히려 나보고 부탁까지 했다. 두 번째 집은 첫 번째 집보다 더 쉽게 마무리가 됐다. 생각보다 너무 일이 잘 풀렸다.

'휴, 괜히 겁먹었네. 명도도 별거 아니군. 말만 잘하면 되네! 그런데 책이나 카페에서 명도 경험담을 보면 이렇게 쉽게 명도가 안 되던데……'

다른 사람들 이야기 들어보면 정말 재미나는 이야기도 많고 완전 막무가내인 임차인을 만나 엄청 고생한 이야기도 많았는데 나는 너무나도 쉽게 명도가 이루어졌다. 이것도 복인가 보다. 하지만 그 이후 수십 개의 명도를 진행하면서 웃고 울고 했던 참 재미난 일들이 많았다.

절대 당황하지 마라

이제 마지막으로 한 집이 남았다. 전세보증금 6,000만 원 중 최우선 변제금만 받는 임차인이었다. 근저당보다 후순위라 보증금 전액을 못 받는 임차인이다. 조금 전 상황과는 완전히 달랐다. 나에게 어떻게 나올지 몰라 조금 전과는 다르게 조금 긴장이 됐다. 대부분 이런 집들은 본인이 손해 본 돈을 조금이라도 보상받기 위해서 낙찰자에게 버티거나 무리하게 이사비를 요구하는 경우가 많다.

"띵동!"

"누구세요?

"오늘 3시에 만나기로 한 사람입니다. 부동산 컨설팅 업체에서 왔어요. 잠시 들어가도 될까요?"

문을 열어주는데 20대로 보이는 여자 혼자 살고 있었다. 속으로 다행이라고 생각했다.

"네, 들어오세요."

"집을 깨끗하게 쓰셨네요. 방 인테리어도 예쁘게 하셨고요."

"네, 디자인 관련 일을 해서 조금 신경을 썼어요."

명함을 건네니 유심히 명함을 쳐다본다. 혹시 내가 낙찰자인 줄 아는 거 아닌가?

"컨설팅 업체에서 받으셨나 봐요? 직원이세요?"

"네, 저희 회사에서 받았는데 요즘 컨설팅 업체 많잖아요. 전 그냥 뒤처리만 하는 직원입니다."

내가 낙찰자인지 모르는 눈치다.

"전 앞으로 어떻게 되나요?"

"혹시 보증금 전액 못 받는 거 알고 계시나요?"

"네, 이야기 들었어요. 알아봤더니 최우선변제금만 받을 수 있다고 하더라고요. 그럼 대충 금액이 얼마 정도 되나요?"

"저희 회사에서 확인한 걸로는 정확하지는 않지만 대충 2,500만 원 정도 받을 수 있어요."

"그럼 3,500만 원 정도를 못 받네요."

"네, 대충 그렇습니다."

젊은 여자인데 경매에 대해서는 잘 모르는 것 같았다. 이 집에 이사 오게 된 사연도 이야기하고 집주인에 대해서도 조금 아는 눈치였다. 순간 조금 불쌍하단 생각이 들었다. 돈도 집에서 반 정도 보태준 거라고 하는데 자기는 근저당이나 등기부등본 같은 거 잘 볼 줄 모른다고 했다. 이야기를 해보니 이사비를 더 받기 위해서 버티거나 날 적대시하지는 않았다.

"그럼 저는 이제 어떻게 하면 되죠?"

조금 안돼 보였지만 어쩔 수가 없었다. 마음 같아서는 이사비도 많이 주고 싶었지만 나도 지금 누굴 케어하고 사정 봐줄 형편이 아니었다.

"배당기일이 잡히려면 앞으로 3달 정도 걸리는데 그사이 이사 나갈 집을 알아보셔야 해요. 배당금을 받으려면 명도확인서[29]라는 게 필요한데 명도확인서라는 게 말 그대로 이사 나간 것을 확인하면 주는 겁니다. 우선 이사 나갈 집부터 천천히 생각해보세요."

"혹시 재계약은 안 하시나요? 여기 출근하기도 교통이 편하고 가능하다면 월세로 계약하고 싶어요."

예상하지 못한 질문이다. 순간 당황했다. 여기서 말 잘못하면 큰일인데. 어떻게 말하지?

"아, 그러시면 제가 회사에 보고하고 다시 연락드릴게요. 제가 혼자 어떻게 결정할 수 있는 게 아니라서요. 월세로 계약하실 건가요?"

"네, 보증금은 2,000만 원 정도로 해서 계약하고 싶어요."

"알겠습니다. 제가 회사에 물어봐서 며칠 내로 다시 연락드릴게요."

당황하지 않고 순간 잘 넘겼다. 금액만 맞으면 바로 계약해도 상관없었는데 당장 결정하기보다는 천천히 생각하기로 했다. 역시 제3자를 내세워서 진행하니 그 자리에서 바로 결정을 안 해도 되고 무리한 요구에도 답할 시간을 벌 수 있었다. 그런데 그녀를 다시 보니 거의 울 것같은 눈빛이었다. 하긴 이사 잘못해서 3,500만 원을 못 받게 됐으니 오죽 힘들까? 나였다면 진짜 미칠 것 같다는 생각이 들었다. 나보고 회사에 이야기를 잘 부탁한다고 하는데 내 마음이 짠했다. 이렇게 마음 약해서 앞으로 명도를 제대로 할 수 있겠나 싶다. 그녀와 마지막으로 인사를 하고 이렇게 세 집 모두 임차인들과 이야기가 마무리됐다.

---

29. 명도확인서는 임차인이 배당금을 수령하기 위해서 낙찰자에게 임차 부동산을 명도했다는 사실을 입증하기 위한 것이다. 명도확인서에는 낙찰자의 도장 날인이 필요하며 인감증명도 함께 첨부돼야 한다.

대출 vs 낙찰자

잔금 마련은 이제 또 어떻게 하지?

임차인들과 이야기도 잘되고 이제 잔금 납부를 어떻게 할지 고민이었다. 배 터지게 3개나 낙찰받아서 잔금을 어떻게 처리한담…… 돈도 없어 죽겠는데 하나만 낙찰받았으면 이런 걱정도 하지 않을 텐데. 이러다가 혹시 미납이라도 하게 되면 진짜 큰일 나는데…….

"흠…… 어쩔 수 없지. 우선 배운 대로 차근차근 하나씩 풀어보자!"

그날 법원에서 받은 대출명함을 모두 정리했더니 20개 정도가 됐다. 얼마 정도 경락잔금대출[30]이 나오고 잔금이 얼마 필요한지 알아야 해서 문자를 보내기로 했다.

"안녕하세요. 사장님, 대출 관련 문의드립니다. 12타경12345 물건번

---

30. 법원 경매나 공매로 낙찰받은 부동산에 대해 부족한 잔금을 대출해주는 것.

호 3, 5, 10번 총 3개입니다. 대출 가능금액, 대출이율, 중도상환수수료 이렇게 부탁드립니다. 이율은 조금 비싸도 되는데 대출 최대한 많이 나오는 것으로 알아봐주세요. 통화가 어려우니 문자로 부탁드립니다."

문자로 연락받으면 다른 대출이랑 비교하기에 편했다. 지금은 대출이자가 저금리라서 3% 정도지만 5~6년 전만 하더라도 대출이율이 5~6% 정도였다. 취등록세도 지금은 다주택자도 1.1%지만 당시만 하더라도 다주택자는 4.4% 하던 시기였다.

3개 동시에 대출이 안 된다고요?

대출 가능 문자를 받으면서 금리 비교를 했다.

'음, 여긴 대출이자가 낮은데 대출금액이 작네. 여긴 또 중도상환수수료가 높고…… 같은 은행인데도 이렇게 다르니 최대한 대출 많이 나오는 곳으로 알아봐야겠다.'

그런데 이상하게도 거의 모든 은행이 3개 동시는 힘들고 2개는 한 군데서 하고 나머지 한 개는 다른 은행에서 진행해야 한다고 한다. 대출중개 하시는 분들도 3개 동시에 처리한 적이 별로 없어서 더 알아본다고 했다. 2곳에서 대출을 받아도 되지만 한 은행에서 대출받는 게 편하고 혹시나 다른 한 군데서 대출이 안 된다고 할 수도 있었다. 3개 동시에 대출이 가능하다는 연락을 받고 은행에 가더라도 신용이나 여러 이유로 대출이 2개까지만 가능하다고 했다. 시간은 계속 가는데 엉뚱한 곳에서 문제가 생겼다. 잔금 납부 기간이 얼마 남지 않은 상황이라서 점점 초조해지기 시작했다. 할 수 없이 우선 2개의 물건부터 대출 진행을 하기로 했다. 만약 이렇게 미루다 잔금 미납이라도 하면 큰 일이었다.

90%까지 대출 가능하다고요?

어느 대출 중개인한테 ○○새마을금고에서 3개 동시에 대출 진행이 가능하다고 연락이 왔다. 거기다가 낙찰금액의 90%를 대출해준다니 정말 파격적인 조건이었다. 안 그래도 돈이 모자라서 걱정이었는데 만약 90%를 대출해주면 더 이상 내 돈이 들지 않았다. 취등록세만 납부하면 됐다. 하지만 취등록세도 3개 모두 계산하니 1,000만 원이 넘어가서 무시 못 하는 금액이었다(이때는 다주택자 취등록세가 4.4%였음). 거기다가 대출 조건이 좋을수록 법무비를 좀 더 높게 받았다.

'어쩔 수 없지. 급한 사람이 손 내밀 수밖에……'

다음날 바로 ○○새마을금고로 갔다. 진행을 하고 있는데 이번에는 신용등급이 문제였다. 해당 은행에서는 나이스와 KCB, 2곳에서 신용 조회를 하는데 2곳 중 낮은 등급으로 신용을 평가했다. 나이스는 5등급이지만 KCB는 7등급이 나와서 이렇게 되면 등급이 낮아서 3개 모두 대출이 힘들다고 했다. 잔금 납부 기한도 며칠 안 남았는데 정말 큰일이었다. 그렇다고 대출 없이는 절대로 잔금 납부가 안 되는 상황이었다. 우선 3개의 물건 중 2개만 처리하고 한 개는 다른 은행을 알아보려고 했는데 대출이 90%까지 나와서 조건이 너무 아까웠다.

"대리님, 그러면 어떻게 하면 3개 모두 대출이 가능할까요?"

"우선 신용등급을 5등급으로 올리고 다시 오세요. 현금서비스나 카드론, 신용대출 같은 거 있으면 빨리 갚으세요."

"네, 알겠습니다."

나는 당장 신용등급을 5등급으로 올려야만 했다.

끝까지 포기하지 않으면 방법은 있다

집에 와서 신용조회를 해보니 신용대출이랑 정리 못 한 카드론 때문에 신용등급이 낮게 나왔던 것이다. 금액을 모두 더해보니 그것도 1,500만 원 정도가 됐다. 1,500만 원을 어디서 구하지…… 지금 월급 받은 거까지 합하면 1,000만 원도 없는데, 진짜 산 넘어 산이었다. 지금 내가 가진 돈으로 신용대출이랑 카드론을 갚을 수도 없었지만 갚고 나면 나머지 잔금을 낼 돈이 없었다. 정말 울고 싶은 심정이었다.

여기서 이렇게 포기해야 하나? 하나를 그냥 포기할까? 너무 아까운데…… 다른 곳을 알아봐도 돈이 모자랄 수 있었다. 잔금일까지 시간이 이제 10일 정도밖에 남지 않았다. 다음 월급을 받으려면 아직 멀었고 어떻게 하지…… 그때 교회 같이 다니던 동생이 생각났다. 우선 이야기라도 해보고 안 되면 다른 방법을 찾기로 했다. 동생한테 경매 받은 거랑 잔금 사정 이야기를 했더니 다행히 1,000만 원을 빌려준다는 것이다. 지금도 그 일을 정말 고맙게 생각한다. 그 동생이 안 빌려줬으면 포기하려고 했기 때문이다.

3개월 안에 꼭 갚는다고 하고선 그 동생한테 돈을 빌렸다. 다음날 바로 빌린 돈으로 신용대출과 카드론을 상환했다. 대출을 갚는다고 그날 신용등급이 바로 올라가는 것이 아니라 며칠 기다려야만 했다. 빨리 신용점수가 올라가기만을 기도했다. 그사이 다른 은행 몇 곳도 알아봤지만 결과는 비슷했다. 그리고 90%까지 대출해주는 곳이 전혀 없었다. 괜히 신용조회해서 신용점수 떨어질까 봐 겁이 나 더 이상 알아보지도 못했다.

3일 정도가 지나니 신용등급이 나이스는 4등급 KCB는 6등급이 나왔다. 같은 신용이라도 신용정보회사에 따라 평가 기준이 달라서 등급이 다르게 나왔다. '할 만큼 했는데 이제 어떡하지?' 잔금 납부일이 일주일밖에 안 남았기 때문에 시간이 정말 없었다. 어쩔 수 없이 다시 한 번 더 ○○새마을금고를 방문하기로 했다. 여기서 안 되면 2개의 물건만이라도 진행할 생각이었다.

대출 진행을 하는데 전에 대출 담당하시는 분이 신용등급 올랐느냐고 하면서 반갑게 맞아줬다. 그래서 등급은 4등급인데 하며 말끝을 흘렸다. 곧이어 신용조회를 하는데 나를 다시 보더니 애매하다는 것이다. 나의 간절한 눈빛을 보았는지 잠시 기다리라고 하고선 부장님을 데리고 와서 이야기를 하더니 잠시 후에 부장님이 나에게 물었다.

"5등급까지만 3개 동시에 대출이 가능한데 대출이자 안 밀리고 잘 갚을 수 있습니까?"

"네, 당연하죠. 절대 이자 안 밀리고 잘 갚을 수 있습니다. 이번 한 번만 도와주세요."

조금 고민하는 눈치였다. 난 그 순간 정말 간절했다. 이게 안 되면 보증금을 날릴 것 같았기 때문이었다.

"알겠습니다. 그럼 진행하세요! 이자 밀리면 안 됩니다."

"네, 네. 당연하죠. 감사합니다. 감사합니다, 부장님."

부장님께 계속 감사하다고 인사하면서 꼭 이자 안 밀리고 잘 갚겠다고 했다. 진행하라는 말을 듣고 얼마나 고마웠던지 눈물이 날 거 같았다. 이후에도 그 새마을금고를 몇 번 이용했는데 부장님에게 여러 번 큰 도움을 받았다. 역시 사람이 간절히 원하면 안 되는 게 없는가 보다. 대출이 안 나올까 봐 정말 조마조마했는데 대출도 해결했고 이제는 취득록세랑 법무비만 준비하면 됐다.

혹시나 만약 대출 때문에 고생하거나 대출 진행이 잘 안 될 때는 포기하지 말고 끝까지 알아보길 바란다. 예전에 같이 투자했던 분 중에 유치권에 법정지상권까지 있어서 대출이 안 나올 줄 알았는데 계속 알아보다 보니 대출이 진행돼 투자금이 거의 안 들어간 경우도 있었다. 대출이라는 것이 수십 개의 은행 중 한 군데서만 진행되면 되기 때문에 같은 은행일지라도 지역에 따라 모두 조건이 다르니 끝까지 자세히 알아봤으면 좋겠다. 대출은 본인이 알아보는 만큼 좋은 조건이 나온다. 나도 끝까지 포기하지 않고 여러 은행을 알아본 덕분에 무려 90% 대출 나오는 곳을 알게 됐다.

나도 이제 월세 받는 임대인

세금도 카드가 가능하다고?

다음날 법무사에서 대출승인이 됐으니 나머지 잔금을 준비하라고 연락이 왔다. 90% 대출승인이 나서 법원에 입찰보증금 10%도 냈으니 잔금날에 내가 낼 돈은 취등록세와 법무비만 납부하면 됐다. 하지만 그때는 다주택자 취등록세가 4.4%라서 3개의 물건을 합하니 무려 1,000만 원 정도의 돈이 필요했다. 거기다가 법무비 수수료도 조금 비싸게 나왔다. 신용등급 때문에 대출금 갚는다고 돈을 써버렸기 때문에 낼 돈이 모자랐다. 또 어디서 모자라는 돈을 구할지 걱정이 됐다.

무슨 하나의 산을 간신히 넘기면 또 그다음 산이 기다리고 있으니 정말로 산 넘어 산이었다. 돈을 빌렸던 동생한테 다시 돈을 빌릴 수는 없었다. 그러다 어느 카페 후기에서 취등록세도 카드로 납부가 가능하다는 것을 본 기억이 났다. 그래서 혹시 몰라서 법무사한테 전화해서 취등록세 납부가 카드로 가능하냐고 물어봤더니 가능하긴 한데 조금 귀찮아하는 거 같았다. 그래서 솔직하게 지금 세금 낼 돈이 모자라서 부탁한다고 말했더니 알겠다고 해서 법무사비만 현금으로 하고 취등록세는 카드납부로 진행하게 됐다. 세금을 카드납부로 진행하니 법무비만 준비하면 됐기 때문에 훨씬 부담이 적었다. 그래서 잔금 납부기한을 하루 남겨두고 나머지 잔금을 모두 무사히 납부했다.

3건의 낙찰 때문에 책에서 배우지 못한 정말 많은 것들을 배우게 됐다. 마지막 잔금까지 이렇게 고생할 줄 미처 몰랐다. 그렇게 잔금 납부도 무사히 마치고 이제 명도만 남았다.

착한 점유자 만나는 것도 복이다

그 후 모든 해당 부동산 배당일이 잡힐 때까지 무려 6개월이라는 시간이 걸렸다. 이것도 잘 알아보고 투자하기를 바란다. 나처럼 작은 실수 때문에 낙찰받고 5개월이나 돈이 묶이거나 내 돈으로 이자를 낼 수도 있기 때문이다. 물론 수익률이 좋고 어느 정도 기간을 예상했다면 상관없지만 말이다.

명도할 곳 중 전액 보증금을 받는 두 곳은 아무런 저항 없이 순조롭게 이사 준비를 하고 있었다. 나보고 빨리 이사 나가고 싶은데 언제 배당받냐고 아우성이었다. 이런 착한 점유자만 있으면 명도할 맛도 날 텐데 그나마 운이 좋았던 것 같다. 이제 나머지 최우선변제금만 받을 수 있는 여자와 어떻게 할지 고민이었다. 여자에게 물어보니 재계약을 계속 원한다고 했다. 그런데 지금 당장 보증금이 없어서 배당일에 배당을 받고 그날 계약하면 안 되냐고 한다. 그 대신 다음 달부터 월세를 내겠다고 했다. 나도 그때는 상황이 별로 안 좋았지만 그 여자가 더 안돼 보였다.

"아니요, 괜찮습니다. 그냥 배당일까지 무상거주하시면서 배당일에 새로 계약하시죠. 회사에는 제가 잘 이야기하겠습니다."

지금은 이렇게 할 생각이 별로 없지만 이때가 첫 낙찰이라 나도 한창 순수하게 경험하던 시기였다. 그 여자는 그렇게 해도 되냐면서 계속 고맙다면서 어쩔 줄 몰라 했다. 명도를 하다 보면 정말 다양한 사람들을 만날 수 있다. 그럴 때마다 똑같은 기준이 아니라 그 상황에 맞게 대처하는 게 제일 좋은 것 같다. 10개를 명도하면 정말 다양한 점유자와 만나는 경우가 많다. 그렇다고 명도 때문에 골치 아플 거라고 미리 걱정할 필요도 없다. 모두 사람과 사람 사이에 하는 일이라 의외로 쉽게 풀리는 명도도 많기 때문이다. 명도도 하면 할수록 계속 실력이 쌓인다.

이사 전에 명도확인서를 요구할 경우

보통 잔금을 납부한 후 한 달 뒤면 배당기일이 잡히는데 이번에는 잔금 납부 후 무려 4개월이 지나서 드디어 배당기일이 잡혔다. 배당기일이 잡혔다고 점유자들에게 이야기하자 모두 왜 이렇게 배당일이 늦어졌냐면서 기다렸다는 듯이 물어보는 것이다. 간단히 배당일이 늦어진 이유를 설명하고 언제 이사를 갈 건지 물어보았다. 그러면서 점유자들이 이사 가기 전에 명도확인서를 요구했다. 점유자가 배당을 받기 위해서는 '명도확인서'가 필요한데 명도확인서는 낙찰자의 무기 중 하나다.

어떻게 할까 고민하다가 점유자들이 배당을 받아야 그 돈으로 이사 갈 수 있다고 해서 그러면 새로 이사할 집 계약서를 보여주면 점유자들에게 명도확인서를 먼저 주겠다고 했다. 그리고 '이행합의서'를 한 장 써 달라고 했다.

두 곳은 직접 만나서 이사할 계약서를 확인하고 '이행합의서' 작성 후 명도확인서를 먼저 주었다. 재계약할 점유자도 어떻게 할지 물어보았다. 그런데 재계약하기로 한 점유자도 아는 언니랑 같이 살기로 했다면서 이사를 가면 안 되냐고 물어보는 것이었다. 나한테 약속을 못 지켜 미안해하는 눈치였다. 그래서 그럼 그렇게 하라고 하고 언제 이사 가냐고 물어보니 배당금 받고 그 주에 바로 이사를 간다고 했다. 그 여자한 테도 '이행합의서'만 작성하고 명도확인서를 건네주었다.

여러분들은 점유자가 배당일 전에 무턱대고 명도확인서를 요구하면 절대로 바로 주면 안 된다. 최소한 '이행합의서'라도 쓰고 명도확인서를 줘야 한다. 간혹 먼저 명도확인서를 준 다음 이사를 안 가고 배 째라는 식으로 나오는 경우도 있기 때문이다. 앞에 점유자들은 모두 중간에 계속 이야기가 잘됐고 또 이사 갈 집 계약서까지 본 상태였기 때문에 미리 '명도확인서'와 '인감증명서'를 줬다.

배당기일에 모두 배당받고 정말로 며칠 내로 세 집 모두 이사를 가버 렸다. 전액 보증금을 못 받는 점유자에게는 조금 미안해서 이사 나가는 날 이사비용으로 30만 원을 줬다. 그 여자는 5개월이나 월세 없이 살았 는데 이런 것도 주냐면서 고맙다고 하는데 나까지 기분이 좋았다. 금액 을 떠나서 이런 말을 들으면 하나도 아깝지 않고 오히려 더 많이 못 줘서 미안한데 무리한 이사비를 요구하는 점유자에게는 10만 원도 아깝게 느껴진다.

아무튼 명도가 이렇게만 쉬우면 얼마나 좋을까. 하지만 어디 이런 착한 점유자만 있나. 나중에 완전 진상인 점유자를 만나서 그동안의 몇 배의 고생을 한 적도 있다. 웬만하면 강제집행[31]까지 가기 전에 대부분 해결하는데 강제집행하는 날까지 경찰이 오고 서로 피를 부르는 싸움을 한 적도 있다.

계약도 집주인 하기 나름이다

세 군데의 집이 비슷하게 이사를 나가자 이제는 빨리 계약을 해야 했다. 낙찰받고 명도까지 무려 6개월이라는 시간이 걸렸기 때문에 손해가 컸다. 월세보다는 반전세를 놓고 싶었다. 왜냐하면 10만 원의 임대 수입보다는 1,000만 원의 투자금이 더 필요했기 때문이다. 당시는 '직○', '다○' 같은 게 전혀 없었다. 그래서 부동산 중개업소에 방을 모두 내놓았더니 대부분 전세를 원했다. 전세로 계약하려면 받은 전세금으로 대출금을 모두 갚아야 계약 가능했기 때문에 그렇게 되면 남는 돈이 거의 없었다. 중개업소에서 월세 같은 경우는 보증금 500만 원이나 1,000만 원 정도로 이야기했다.

하지만 나는 다음에 투자할 목돈이 필요했다. 그러다 인터넷 직거래 카페인 '피터팬'이라는 곳에 방을 내놓았다. 인터넷은 많은 사람들이 보

---

31. 점유자가 집을 비워주지 않아서 법원이 강제 권력으로 집을 비우게 하는 제도.

기 때문에 최대한 예쁜 사진을 올려야 한다. 임차인이 이사 나간 후 청소한 사진을 올리려고 하다 전에 살았던 점유자가 인테리어를 잘 꾸미고 살아서 방문할 때 찍었던 사진이 기억났다. 그 사진을 대표 사진으로 인터넷에 올리니 문의가 정말 많이 들어와서 세 곳 모두 그 카페를 통해서 계약했다.

모두 보증금 2,500만 원에 월세 계약을 하게 됐다. 이렇게 빨리 계약할 수 있었던 것은 지하철역도 걸어서 5~10분 정도밖에 안 걸리고 2호선 신당역이라서 주변 수요도 많고 신축 건물이라서 세입자들이 좋아했다. 월세보증금을 2,500만 원으로 모두 계약하게 된 이유는 그때 주택임대차보호법에 의해서 최우선변제금액이 서울은 2,500만 원이었기 때문이다. 그러면 집이 경매로 넘어가도 임차인들은 2,500만 원까지 보증금을 보호받을 수 있다. 그리고 임차인들이 젊은 사람들이었는데 최우선변제금액을 설명하고 이야기했더니 크게 신경 쓰지 않았다. 인터넷에 올리자마자 한 달도 안 돼 모든 계약이 이뤄졌다.

▶ 세입자를 구하기 위해 인터넷에 올린 사진.

이렇게 세 건 모두 좋은 계약을 하게 돼 다음에 투자할 수 있는 종잣돈을 마련하게 됐다. 세 건 모두 대출이 90%까지 나온 덕분에 실투자금은 총 3,000만 원 정도였지만 모두 반전세로 계약을 해서 8,000만 원 정도의 투자금이 다시 생기게 된 것이다.

이 돈은 내가 다시 일어설 수 있는 인생의 터닝포인트가 됐다. 나도 처음에 3,000만 원도 안 되는 돈으로 부동산 경매에 뛰어들었다. 초보인 내가 첫 입찰부터 예상치 않게 3건의 부동산을 동시에 낙찰받아서 후회도 많이 하고 잔금 납부까지 많은 어려움이 있었지만 하나씩 풀어나가다 보니 모든 게 해결됐다. 그리고 난 이 세 건의 부동산 때문에 이후 많은 기회를 얻게 됐다. 내가 그때 만약 돈을 못 구해서 잔금을 포기했더라면 좋은 기회도 없었을지 모른다. 그리고 첫 경매를 통해서 뭐든지 할 수 있다는 자신감과 나도 부자가 될 수 있다는 확신이 생기기 시작했다.

나는 지금도 계속 경매를 하고 있다. 그리고 앞으로도 경매를 꾸준히 할 것이다. 경매만큼 매력적인 투자와 직업이 없다. 여러분들도 지금보다 더 나은 삶을 원한다면 꼭 경매하기를 추천한다. 어쩌면 경매가 여러분에게 현재 인생에서 새로운 인생으로 갈 희망이 될 수 있을지도 모르기 때문이다.

CHAPTER

04

김코치의 웃고 우는
살아있는 경매 스토리

힘내! 인생은 한순간에 바뀌기도 하는 거니깐!

- 〈신데렐라〉 중 -

무서워서 입찰 못 하겠어요

한 번 성공하자 자신감이 붙기 시작했다

'이제 어느 지역에 투자하지?'

첫 낙찰 이후 이제는 자신감이 생겨 어느 지역에 투자할지 알아보기 시작했다. 그러다 감정가에서 50%나 저감된 성남의 빌라가 눈에 띄었다. 그때 강남이랑 출퇴근이 가까운 성남을 눈여겨보고 있었기 때문이다. '이건 뭐길래 아직 낙찰이 안 됐지?' 호기심이 발동하기 시작했다. 싸게만 낙찰받으면 바로 매도하거나 세를 놓아도 괜찮겠단 생각이 들었다.

다음날 바로 임장을 가서 부동산에 들러 시세 조사까지 마쳤다. 시세 조사를 하면서 이 지역이 재개발 예정구역이란 호재도 알게 됐다. 그런데 지하철을 타려면 마을버스를 한 번 더 타야 했다. 난 교통을 중요하게 생각했는데 재개발예정지란 말에 고민이 됐다.

'그래! 입찰하자!'

그런데 물건이 총 3개였다. 채무자가 3채의 집을 소유하고 있었는데 빚을 못 갚아서 3채 모두 경매로 나왔다. 마음에 드는 물건은 왜 한꺼번에 나오는 거야? 어떻게 하지? 세 개 중 한 개는 받고 싶은데 한 개의 물건에 입찰해서 떨어지면 안 되는데…… 혹시 3개 모두 입찰했다가 지난번처럼 또 3개 다 낙찰받으면 큰일이었다. 그럼 이번에는 2개의 물건 입찰해서 1개만 낙찰받으면 좋고, 2개다 떨어지면 어쩔 수 없지. 설마 최저가에서 조금 더 높여 쓰는데 또 이번에도 두 개다 낙찰되겠어? 그래서 3개의 물건 중 마음에 드는 물건 두 개를 선정해서 입찰하러 갔다.

김도윤! 김도윤! 또 2개 동시 낙찰?

항상 느끼는 거지만 집행관이 입찰 봉투를 개봉하고 낙찰자를 부를 때만큼 설레고 긴장되는 순간이 없다. 집행관의 말 한마디에 승자와 패자가 결정되기 때문이다. 수많은 사람들과 경쟁해서 1등 할 때의 그 기분은 말로 표현할 수가 없다. 하지만 아깝게 떨어지면 그것처럼 허무한 것이 없다.

"13타경1234번 물건번호 1번 단독입찰입니다. 최고가 매수신고인은 김도윤 씨입니다."

단독입찰이라고? 뭐지? 최저가보다 100만 원 더 적었는데. 권리분석을 잘못했나? 1억 4,000만 원짜리 빌라를 7,000만 원에 낙찰받았다. 또 걱정되기 시작했다. 낙찰받으면 기분이 좋아야 하는데…… 그것도 반값에 낙찰을 받았는데 왜 이리 찜찜하지? 설마 두 번째 물건도 내가 단독입찰 아니겠지?

"13타경1234번 물건번호 2번 단독입찰입니다. 최고가 매수신고인은 김도윤 씨입니다."

내가 단독입찰이라고? 최저가보다 300만 원 더 적었는데? 1억 2,000만 원짜리 빌라를 6,400만 원에 낙찰받았다. '또 왜 두 개 모두 낙찰받은 거야. 그것도 단독으로 두 개씩이나!' 진짜 미치고 환장할 노릇이었다. 남들은 한 개 낙찰받는 것도 힘들다고 하는데 난 무슨 낙찰 귀신에 씌었나. 입찰할 때마다 모두 낙찰을 받으니 앞으로 무서워서 입찰하겠나.

더 재미있는 사실은 내가 입찰 안 한 3번째 물건은 무려 4명이 입찰해서 낙찰됐다. 내 물건이나 입찰 좀 하지. 3개 중 2개가 단독인데 모두 내가 낙찰받고, 나머지 한 개의 물건에는 4명이나 입찰하고…… 내가 비싸게 받은 것도 아니고 감정가의 50% 근처에서 받았으니 싸게 받았는데 경매라는 것을 알다가도 모르겠다.

싸게 받으면 배부르게 먹는다

물건을 낙찰받으면 2등 가격은 신경 쓰지 않는다. 내가 낙찰받았다는 것이 중요하지 2등과의 입찰가격 차이는 전혀 중요하지 않다. 때로는 10만 원 차이로 떨어지기도 하고 2등이랑 1억 원 차이로 낙찰받기도 한다. 중요한 것은 내가 생각하는 출구전략이다. 매도할 거면 얼마에 팔 것이며 임대를 놓을 거면 어떻게 할 것인지를 미리 입찰 전에 준비해야 한다.

출구전략 없이 그냥 낙찰받으면, 2등과의 금액 차이가 많이 나면 스트레스를 받게 된다. 그뿐만 아니라 미리 전략을 세워두면 최악의 상황에서도 대처할 수 있다. 나도 처음에는 2등과 금액 차이가 많이 나면 신경이 쓰였던 것이 사실이다. 우스갯소리로 '2,000만 원 차이면 아반떼 한 대를 사는데…… 4,000만 원이면 그랜저 한 대 살 수 있는데'라며 아쉬워하곤 했다. 하지만 경매를 계속하다 보니 2등과의 가격 차이가 중요하지 않다는 것을 깨닫게 됐다. 나의 매도전략과 낙찰이 중요하지 나머지는 전혀 신경 쓸 필요가 없었다.

이번 물건 모두 단독 낙찰이지만 감정가보다 50% 내려간 가격에 싸게 낙찰받아서 모두 임대를 줬다. 매도할까 생각했는데 재개발이 예정돼있단 소식에 몇 년 동안 보유하게 됐다. 그리고 시세보다 싸게 받았기 때문에 나중에 매도하게 되면 그만큼 남는 것도 많았다. 두 채 모두 대출을 받고 내가 투자한 금액이 전혀 없었다. 왜냐하면 임대를 놓고 보증금을 받으니 무피투자[32]가 아니라 오히려 집을 사고도 돈이 남는 플러스 투자가 됐다. 거기다 월세까지 들어오니 완전 남는 장사였다. 내 돈 전혀 안 들이고 집을 두 채나 사고, 거기다가 이자를 주고도 남는 월세까지 매달 들어오니 이만한 개인사업이 없다고 생각했다.

---

32. 무피투자란 세입자의 보증금, 대출 등을 활용해 자기자금을 들이지 않고 부동산을 취득하는 방법.

아버지는 택시 운전사

아버지 뭐 하시는 분이니?

"띵동! 띵동!"

역시 아무도 없네. 명함이나 문에 붙이고 가야겠다. 그런데 잠시 후 "누구세요?"라는 여자 목소리가 들렸다.

"이 집 낙찰받은 사람인데 부동산 컨설팅 업체에서 나왔어요."

"잠시만요."

중학생 또래로 보이는 여학생이 문을 열어주었다.

"어떻게 오셨어요?"

"부모님 만나러 왔는데 엄마나 아빠 아무도 안 계시니?"

"네, 동생만 있고 아버지는 일 가셨어요."

"그래? 그럼 엄마는 어디 가셨어?"

"엄마는 같이 안 살아요. 아빠랑 동생이랑만 살아요."

"아, 그래?"

"그런데 무슨 일이세요?"

그 말을 듣는데 아이에게 더 이상 물을 수가 없었다.

"응, 집주인이 이 집을 부동산에 내놓았는데 혹시 집 구경 좀 할 수 있을까? 집 상태를 봐야 어떤지 알 수 있거든."

"네, 그럼 들어오셔서 보세요."

집을 대충 둘러보면서 아이에게 물었다.

"아버지는 혹시 무슨 일 하시니?"

"저희 아버지는 택시 운전하세요."

"그래? 너 엄청 똑똑하고 착하게 생겼네. 아버지 오시면 이 명함 드리고 꼭 연락 달라고 말해야 한다."

"네, 알겠어요."

나오면서 아이에게 동생이랑 맛있는 거 사 먹으라고 3만 원을 주고 나왔다. 내가 왜 그랬는지는 모르겠다.

우리 아버지는 택시 운전사

여학생에게 아버지의 직업을 물었는데 택시 운전사라고 말했을 때 사실 약간 마음이 무거웠다. 거기다가 어머니도 안 계시고 동생이랑 살고 있다고 하니 마음이 더 불편했다. 그래서 맛있는 거 사 먹으라면서 용돈을 줬는지 모르겠다. 우리 아버지도 택시 운전을 하신다. 지금은 그만두셨지만 몇 년 전까지만 하더라도 아버지의 직업은 택시 운전기사였다. 그래서 조금은 택시 기사님들의 고충을 이해한다.

택시 운전을 하고 집으로 돌아올 때면 아버지는 '하루 종일 운전해서 허리가 아프네, 오늘은 얼마 못 벌었네' 하시며 요즘 경기가 안 좋아 돈벌이가 시원치 않다면서 이야기를 하시곤 했다. 만약 아버지의 택시 수입이 없었다면 어떻게 우리 집 생계를 유지했을지 모르겠다. 아마 그래서일까? 혹시 명도를 진행하게 되면 최대한 맞춰주고 싶었다.

어디까지 가세요? 태워드릴 테니 타세요

다음날에 모르는 번호로 연락이 왔다. 왠지 어제 방문했던 택시기사님이 아닐까 생각이 들었다.

"여보세요?"

"김도윤 씨 되시죠?"

"네, 맞는데요. 누구세요?"

"여기 ○○동 세입자인데요. 딸아이에게 명함 주고 가셨죠. 그래서 연락드려요."

"아, 네, 맞습니다. 이번에 그 집 낙찰받은 컨설팅 회사 직원입니다."

"네, 그런데 이 집 앞으로 어떻게 하실 건가요? 혹시 집을 팔 거예요? 아니면 세를 주실 거예요?"

"그것은 아직 회사랑 정확하게 협의가 안 됐어요. 근데 왜 그러시죠?"

"혹시 세 놓을 거면 저랑 재계약이 가능할까요?"

"아, 네…… 그건 회사에 이야기해봐야 합니다. 그런데 월세예요? 전세를 원하세요?"

"지금 가진 돈은 없고 법원에서 배당금이란 거 받으면 3,000만 원 정도라는데 보증금 3,000으로 해서 반전세가 가능할까요?"

"흠, 보증금 3,000이라…… 알겠습니다. 그런데 월세는 얼마 정도 생각하세요?"

"지금 월세가 30만 원인데 혹시 사정 좀 봐줘서 5만 원만 올려서 35만 원으로 가능할까요?"

"네? 35만 원으로요?"

"네, 부탁 좀 드릴게요. 회사에 잘 좀 이야기해주세요. 월세를 더 올리고 싶지만 택시를 하다 보니 요즘 손님이 없어 힘드네요."

"우선 알겠습니다. 회사에 물어보고 다시 연락드릴게요."

전화를 끊고 나서 고민이 됐다. 원래는 보증금 1,000만 원에 월세를 줄 계획이었다.

'어떻게 하지? 한 달 대출이자가 32만 원인데 35만 원 월세를 받으면 3만 원밖에 남는 게 없는데.'

부동산에서는 1,000에 55~60만 원 정도까지는 월세가 가능하다고 했다. 며칠 동안 계속 고민이 됐다. 만약 재계약을 해서 보증금 3,000만 원을 받아도 손해는 아니었다. 완전히 무피투자였다. 단지 월세를 35만 원 받으면 은행대출이자를 빼고 나면 남는 게 없을 뿐이었다.

'그래, 그냥 이번에 좋은 일 한번 하자. 내가 손해도 아니고 보증금 3,000만 원 받으면 그 돈으로 다른 거 낙찰받으면 되지.'

다음날 세입자에게 바로 전화를 걸었다.

"안녕하세요, 사장님. 컨설팅 회사 직원입니다."

"네, 안녕하세요. 지금 운전 중이라 나중에 다시 연락드릴게요."

"아, 네. 알겠습니다. 천천히 전화 주세요."

30분 후 택시기사님한테 전화가 왔다.

"여보세요."

"아깐 택시 운전 중이라 손님이 있어 전화를 못 받았어요. 그런데 무슨 일이세요?"

"아, 네. 회사에서 재계약하라고 연락이 왔네요. 보증금도 3,000만 원으로 하고 월세도 35만 원에 2년 계약하라고 합니다."

"정말요?"

"네, 방금 연락받았습니다. 대신 이행합의서 한 장 써야 될 거 같은데요. 아직 배당금 나오려면 한 달 정도 남았고 나중에 서로 말이 달리질지 모르잖아요."

"그거야 당연히 써드려야죠. 아이고 고맙습니다. 전 절대로 딴소리 안 합니다."

"그럼 쉬는 날에 합의서 쓰러 제가 집으로 갈게요."

"알겠습니다. 그럼 그때 뵙겠습니다. 감사합니다, 감사합니다, 선생님."

며칠 뒤에 이행합의서 작성을 하러 찾아갔다. 처음에 명함을 받고 쫓겨나는 것은 아닌지 걱정을 많이 했다고 한다. 그리고 솔직히 재계약할지 몰랐다고 했다. 집값이 많이 올라서 어디로 이사를 가야 할지 걱정이었다면서 요즘 몸도 아프고 택시 운전이 예전처럼 잘 안 돼 손님이 없다며 힘들다고 한다.

합의서 작성을 끝내고 가려는데 나보고 차를 갖고 왔냐고 물어본다. 그래서 저녁에 술 약속이 있어 차를 두고 왔다고 했더니 지하철역까지 바래다주겠다면서 붙잡았다. 여기서 지하철역까지 걸어서 10분이면 간다고 괜찮다고 해도 막무가내다. 택시는 이럴 때 타라고 있는 거라면서 무임승차하라며 농담까지 하셨다. 그렇게 나는 그분의 택시를 타고 지하철역까지 가게 됐다.

"사장님, 사실 저희 아버지도 택시 운전하시는데 요즘 많이 힘들다고 하시네요. 운전하실 때 조심히 하시고 허리 안 아프게 가끔 운동이나 스트레칭하시면서 하세요. 아이들도 이쁘고 똑똑하던데 좋겠어요. 항상 힘 내시고요!"

나는 아직도 그 기억을 잊지 못한다. 자꾸 고맙다면서 나에게 인사를 하는데 괜히 내 마음이 따뜻해지고 재계약을 잘했단 생각이 들었다. 이렇게 기분 좋게 하나의 명도를 처리하게 됐다. 명도를 할 때 꼭 법이나 물리적인 해법이 아닌 인간적으로도 충분히 해결이 가능한 게 많다. 그리고 이 집은 나중에 많은 수익까지 안겨줬다. 좋은 일을 하면 복을 받나 보다. 너무 감정이나 이성에 치우치지 말고 조금 손해를 보더라도 얼마든지 다른 물건으로 돈을 벌 수 있기 때문에 조금만 이해하고 양보하면 오히려 더 큰 이익으로 돌아온다는 것을 자신 있게 말할 수 있다.

하나밖에 없는 아들이
원수야, 원수!

난 아무것도 몰라. 아들한테 물어봐

'과연 이번에는 또 어떤 점유자를 만나서 협상하게 될까?'

언제나 낙찰을 받고 처음으로 점유자를 만나러 갈 때면 항상 긴장된다.

"띵동!"

"누구세요?"

"이 집 낙찰받은 부동산 직원입니다."

"누구라고요?"

문이 열리면서 50대 중반으로 보이는 아주머니가 나온다.

"안녕하세요. 이 집 경매 들어가서 낙찰받은 부동산회사 직원입니다."

"난 그런 거 모르니 아들한테 물어봐요!"

그러고선 문을 확 닫는다. 이건 또 뭐지? 분명히 살던 집이 경매 들어간 걸 알 텐데 왜 모른다고 하지? 계속 벨을 눌러도 대답이 없자 나도 살짝 열이 받는다. 이번에는 문을 계속 두드려도 아무런 대답이 없다.

"저기요, 사장님. 문 좀 열어주세요! 이런다고 해결되지 않아요."

어떻게 하지? 그냥 갈까? 이대로 돌아가서 다음에 다시 또 오려면 서울에서 한 시간 넘게 걸린다. 그래, 조금만 기다렸다가 다시 와야지. 언제 또 여길 오나. 그렇게 차에서 1시간 정도 기다렸다가 다시 벨을 눌렀다.

"띵동!"

"누구세요?"

"이 집 주인입니다."

"무슨 말이에요? 주인은 난데?"

문이 열리고 또다시 그 아주머니가 나왔다. 이번에는 문을 마음대로 못 닫게 발로 살짝 문을 잡고 있었다.

"사장님, 이 집 경매 들어간 거 아시잖아요. 그런데 왜 계속 모른다고 하세요? 도와드리려고 왔는데 계속 이렇게 나오시면 저도 못 도와드립니다. 알아서 하세요."

그제야 나에 대한 경계의 눈초리를 푸는 듯했다.

"아니, 그게 아니고. 너무 억울해서……"

그러면서 갑자기 아주머니가 울기 시작했다.

나 좀 살려줘. 여기서 죽어도 못 나가

들어가서 사정을 들어보니 하나밖에 없는 아들이 사업한다고 그 집을 담보로 대출을 받았다고 한다. 그런데 사업이 망해서 대출을 못 갚고…… 거기다가 남편은 몇 년 전에 돌아가시고 혼자서 작은 동네 슈퍼를 운영하시는데 아들은 연락도 안 된다면 나에게 하소연을 한다

"총각! 나 좀 살려줘. 나 여기밖에 살 곳이 없어. 그리고 갈 데도 없어. 여기서 죽어도 못 나가."

그러면서 내 손을 꼭 잡으며 울음을 터뜨린다. 이럴 때가 가장 난감하다. 오히려 법대로 하라고 하면 그게 제일 속 편한데 이건 그것도 아니다. 경매하다 보면 사연 없는 집은 없다. 이 집처럼 자식이 사업한다고 집을 담보로 대출을 받았다가 망해서 경매로 나오거나, 집주인이 대출을 못 갚아서 임차인이 나가야 되거나, 또는 남편이랑 아내의 공동명의인데 남편의 빚으로 남편 지분만 나온 경우도 있다. 별별 사연들이 다 있다. 하지만 어떤 사연이든 협의를 해서 무조건 점유자를 내보내야만 했다.

"사장님, 알겠습니다. 우선 진정하세요. 그만 우시고요. 사정은 알겠는데 이제 잔금 납부만 하면 사장님 집이 아니라 회사 집이라서 전 그냥 뒤처리만 하는 겁니다."

"이놈의 아들이 웬수지, 웬수야. 하나뿐인 자식이 사업 하겠다고 대출받아 간 다음부터 이렇게 된 거야. 나 좀 도와줘, 총각."

그러면서 또 눈물을 보이기 시작한다.

"요즘도 연락이 안 돼요?"

"아무리 연락해도 전화를 안 받아. 나 진짜 갈 데가 없어. 여기서 그

냥 살면 안 될까?"

"다른 자녀분은 없으세요?"

"자식이라곤 아들 그놈 한 놈뿐이야. 내가 그때 도와주는 게 아니었는데."

"흠……"

"총각, 회사에 이야기 좀 잘해줘. 나 진짜 돈도 없어. 에휴…… 아들 하나 잘못 둬서."

"네, 회사에 보고는 잘할 텐데 사장님도 방법을 알아보셔야 해요. 안 그러면 회사에서 피해를 보기 때문에 가만히 있지 않을 거예요. 저도 최대한 도와드리고 싶어도 회사는 이런 일쯤은 진짜 아무것도 아니게 생각하거든요. 저랑 협의가 잘 안 되면 회사는 무조건 법으로 처리할 겁니다. 이런 사건이 한두 건도 아니고 회사는 사정 봐주지 않거든요. 혹시 저랑 협의가 안 되면 회사에서는 인도명령[33]이랑 강제집행 등 할 수 있는 법적 조치는 다 할 거예요. 회사가 나서기 전에 저랑 최대한 협의하시는 게 좋아요."

이런 경우는 이렇게 말하지 않으면 나중에 명도가 더 힘들어진다. 욕은 가상의 회사가 먹고 그사이 난 점유자와 최대한 협의를 시도했다.

"에휴…… 난 이제 어떻게 한담. 이사 갈 곳도 없고 돈도 없어."

"사장님, 오늘은 그냥 갈게요. 회사에 보고도 해야 하니깐요. 제가 다시 연락드릴게요. 그만 우시고요. 식사라도 잘 챙겨 드세요. 몸이라도 건강해야죠. 그러다 쓰러지면 어떡하시려고 그러세요? 그리고 사장님

---

[33]. 집주인이나 대항력 없는 임차인이 계속 점유하면서 낙찰자에게 집을 비워주지 않을 경우 법원이 점유자에게 해당 부동산을 낙찰자에게 인도하라는 명령.

도 방법을 진짜 찾아보셔야 합니다. 이렇게 무턱대고 계속 가만히 있으면 제가 도와드릴 수 있는 게 별로 없어요."

"응, 알았어. 고마워, 총각."

이렇게 마무리하고 돌아서는데 내 손을 꼭 잡으면서 이야기 잘해달라고 울먹인다. 물건분석을 하다 보면 대충 이 집이 어떤 사연을 갖고 있는지는 알 수 있지만 정확한 내막까지는 알기가 힘들다. 그래서 낙찰받고 명도하러 갈 때면 예상치 못한 경우를 만나게 되는 경우도 있다.

'괜히 낙찰받았나? 아니야! 내가 아니더라도 다른 사람이 낙찰받았을 거야.' 그리고 괜히 이상한 사람이 낙찰받아서 쫓겨나는 것보다 차라리 내가 낙찰받아서 좀 더 좋게 해결하는 것이 좋다고 생각했다. 이제 잔금 납부도 며칠 안 남았고 그동안 시간이 좀 지나가서 연락을 했다.

"여보세요?"

"사장님, 그때 다녀갔던 부동산회사 직원입니다. 별일 없으시죠?"

"응, 총각. 무슨 일이야?"

"아마 잔금 납부가 끝나면 법원에서 '인도명령'이라는 것이 갈 거예요. 쉽게 말해 집 명의가 이제 달라졌으니 집을 비워줘야 한다는 법원 공식문서예요. 놀라지 마시라고 미리 연락드렸어요. 혹시 아들이랑 연락은 되세요?"

"그놈 새끼 말도 꺼내지 마. 내가 누구 때문에 이렇게 됐는데."

"진정하세요, 사장님. 그럼 이제 앞으로 어떻게 하실 거예요?"

"나도 모르겠어. 총각, 나 좀 살려줘."

"사장님, 회사에 잘 이야기했는데 그게 잘 안 통해요. 이런 일이 한두 건도 아니고 시간을 많이 끌 수가 없어요. 이사할 집을 이제 알아보셔야 해요."

"에휴…… 나 지금 기운 없어. 다음에 연락해. 끊어."

"네, 그럼 다음에 다시 연락드릴게요."

이렇게 늦어지면 안 되는데 큰일이다. 내가 너무 집주인한테 휘둘리나? 설마 거짓말하는 것은 아니겠지? 잔금 납부가 끝나고 인도명령을 바로 신청했다. 이러다가는 언제 명도가 끝날지 모르기 때문이다.

며느리가 아들보다 낫네

인도명령을 신청하고 어떻게 처리할까 고민 중이었는데, 일주일 정도 시간이 지났을 때 집주인에게 먼저 연락이 왔다.

"여보세요."

"총각, 나야."

"네, 사장님. 잘 지내셨죠? 법원에서 문서는 왔어요?"

"응. 이상한 거 오긴 왔는데 무슨 말인지 모르겠어. 그건 그렇고 나 이사하려고!"

"네, 정말요? 어디로 가시게요? 집 구하셨어요?"

"응, 며느리랑 같이 살기로 했어."

"정말 다행이네요. 며느리랑 같이 사신다고 하니깐요. 걱정했었는데…… 진짜 다행이네요."

"그려, 며느리가 아들놈보다 백배 낫네. 아들놈 새끼는 연락도 잘 안되고 내가 잘못 키웠지. 암튼 이사 가기로 했으니 그렇게 알아."

"네, 사장님. 그럼 언제쯤 이사 가세요?"

"짐 정리하고 이번 달 말에 갈 거니깐 걱정 마. 그런데 총각, 혹시 이 사비 좀 줄 수 있나?"

"네? 이사비요?"

"응, 이사비용이 없네. 조금만 줘."

너무 당당하게 이사비를 요구하는데 처음에 기분이 조금 언짢았지만 그래도 다행히 이사 가신다고 하니 안 드릴 수가 없었다.

"그럼 이사비 얼마 정도면 될까요?"

"총각, 그냥 100만 원만 줘."

"100만 원이요? 너무 많은데…… 회사에서도 정한 이사비용이 있 거든요. 제가 드리고 싶다고 드릴 수 있는 게 아니라서요."

"총각, 그러지 말고 회사에 잘 좀 이야기 좀 해줘. 나같이 어려운 사 람 도와준다고 생각하고 진짜 돈이 없어서 그래."

"알겠어요. 대신 이사 날짜만 좀 빨리 잡아주세요. 그래야 회사에 저 도 이사비 청구할 이유가 생기거든요."

"응, 걱정 마. 이사 날짜 잡히면 다시 연락 줄게."

"네, 알겠습니다."

이사비용이라는 게 솔직하게 정해진 답이 없다. 15평 아파트 이사하 는 데 보통 60~80만 원 정도 드는데 상대방에 따라서 적정한 선에서 협의하는 편이다. 상대방이 처음부터 무리한 요구나 강압적으로 나오 면 그에 따라서 또 협의하면 된다.

"사장님, 공과금 전부 납부하는 조건으로 간신히 100만 원 가능하다 는데 어떻게 하시겠어요?"

"당연히 전기세나 가스비 모두 계산하고 가야지. 그건 걱정 마."

"네, 그럼 그렇게 알고 있을게요. 꼭 공과금 이사 전날에 다 계산해주셔야 해요."

이사를 예정보다 일주일 일찍 나가신다고 해서 직접 만나서 이사비용을 드렸다.

"총각, 그래도 총각 때문에 이사 잘하네. 고마워. 돈 많이 벌어."

"네, 감사합니다. 사장님도 항상 건강하세요."

이렇게 또 하나의 명도가 끝났다. 이 집도 월세보증금을 받고 내 돈을 회수하고도 월세 수익이 났다.

집수리 비용을 달라고요?

사장님이 대신 해결해주세요

전세보증금 전액을 배당받는 세입자는 명도하기에 편하다. 못 받은 돈이 없으니 요구할 것도 별로 없기 때문이다. 하지만 누구에게는 이사비 10만 원이 아무것도 아닐 수 있지만 그 10만 원 때문에 갈등하고 고민하는 경우도 있다. 이번 아파트도 나에게 그랬다. 권리분석상 전액 배당받는 아파트를 낙찰받고 임차인을 만나러 갔다. 강동 아파트를 낙찰받았을 때의 일이다.

"안녕하세요. 이 집 낙찰받은 컨설팅 회사 직원입니다."

역시나 명함을 줘도 아무런 의심을 하지 않는다.

"네, 들어오세요."

형제 두 명이 살고 있었는데 들어가자마자 분위기가 싸하다. 처음부터 집주인 욕을 하기 시작했다. 낙찰받고 사건기록부를 열람했을 때는 29세 남자가 임차인으로 계약돼있는 것을 확인할 수 있었다. 동생은 옆에서 가만히 있는데 형이란 남자가 나에게 집이 경매로 넘어간 후에 집주인 만나려고 몇 번이나 사는 집까지 찾아갔는데 못 만나고 돌아왔다면서 계속 화난 말투로 이야기한다. 나보고 집주인 연락처 알고 있으면 가르쳐달라고 하는데 나도 모른다고 했다. 전화해도 안 받고 계속 연락이 안 된다고 나한테 짜증을 내는 것이다.

'아니, 전세보증금도 모두 배당받으면서 왜 저러지? 뭐 돈 받을 거 있나?'

나에게 계속 짜증 난 말투로 말하기에 가만히 듣고 있다가 내가 한마디했다.

"사장님, 제가 사장님 돈 떼먹었습니까? 전 집주인이 문제가 생겨 경매 넘어간 것을 엄한 저한테 왜 짜증을 내십니까? 혹시 못 받은 돈 있으면 집주인한테 받으세요. 오히려 저희 때문에 낙찰받아서 보증금 받고 사장님도 이사 가서 좋은 거 아닙니까?"

그랬더니 역시나 그때부터 본색을 드러내기 시작한다.

"아니, 그게 아니라 사실 그동안 집에 문제가 많았어요. 보일러가 몇 번이나 고장 나서 급하게 임시 수리했는데 마지막에는 완전히 고장 나서 수리기사가 보일러를 통째로 바꿔야 한다고 해서 바꿨어요. 집주인 전화는 안 받고, 겨울에 뜨거운 물이 안 나오는데 어떡합니까? 거기다가(싱크대 위에 고정돼있는 큰 수납장을 가리키면서) 저게 앞으로 떨어져서 그릇이 다 깨지고 사람 불러서 다시 고정시킨다고 10만 원 넘게 들었어요."

그뿐 아니었다. 화장실 쪽에서 물이 새서 수리 공사를 해야 하는데 집

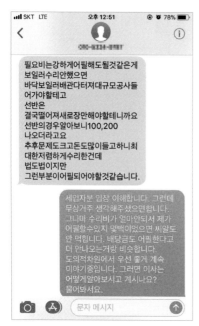

주인은 연락도 안 되고 아랫집에서는 물 샌다고 난리고 화장실 변기도 수리했다면서 돈 받을 사람 만난 것처럼 나에게 이야기를 했다.

필요비는강하게어필해도될것같은게
보일러수리안했으면
바닥보일러배관다터져대규모공사들
어가야할테고
선반은
결국떨어져새로장만해야할테니까요
선반의경우알아보니100,200
나오더라고요
추후문제도크고돈도많이들고하니최
대한저렴하게수리한건데
법도법이지만
그런부분이어필되어야할것같습니다.

세입자분 입장 이해합니다. 그런데 무상거주 생각해주셨으면합니다. 그나마 수리비가 얼마안되서 제가 어필할수있지 몇백이었으면 씨알도 안 먹힙니다. 배당금도 어렵다고 더 안나오는거랑 비슷합니다. 도의적차원에서 우선 좋게 계속 이야기중입니다. 그러면 이사는 어떻게알아보시고 계시나요? 물어봐서요.

▶ 집수리 문제로 주고받은 문자.

집수리한 증거 있어요?

"아, 그래요?"

"네, 여기 계속 살 게 아니라서 저희도 알아봐서 최대한 저렴하게 공사했어요. 그때 보일러도 수리 안 했으면 배관 터져서 나중에 대규모 공사를 해야 할 뻔했어요. 그러면 돈도 더 많이 들었겠죠."

"수리를 어디 했는지 볼 수 있을까요?"

"그럼요. 집주인한테 돈 받으려고 영수증도 다 챙겨놨어요."

"네, 그것도 보여주세요."

"조금 알아보니깐 이건 집수리 비용이기 때문에 필요비[34] 아닌가요? 낙찰받은 사람한테 받으면 된다고 하던데요?"

"그런데 왜 처음에 집행관 왔을 때 신고 안 하셨어요?"

"그것까지 신고해야 되는지 몰랐어요. 그리고 그땐 집에 동생밖에 없

---

34. 부동산을 유지 보수하는 데 필요한 유지비 및 수리비용이다. 주택의 경우, 수도설비나 전기시설, 보일러 수리 등이 있다(유익비 : 건물의 가치를 올려주는 데 사용한 비용이다. 예를 들면, 건물 엘리베이터 설치가 있다. 유익비는 객관적인 가치의 증대가 있어야 한다).

어서 이야기 못 했어요. 동생은 이런 거 잘 모르거든요."

보일러를 보니 새로 교체한 흔적이 있었다. 영수증도 다 보여주면서 정말로 공사를 했다는 듯이 자신 있게 말하는 것이다. 싱크대 선반도 수리한 흔적이 보이고 화장실도 보수한 것이 눈에 띄었다.

"알겠습니다. 이거 사진 좀 찍어 갈게요. 저도 회사에 보고해야 하니 깐요."

"네, 그렇게 하세요."

"그런데 이사는 언제쯤 가능하세요?"

"저희도 빨리 이사 가고 싶어요. 그런데 배당금을 받아야 이사 가능해요."

"배당받으려면 명도확인서라는 게 필요한 거 아시죠?"

"네, 그건 들었어요."

"그럼 우선 이사할 집을 알아보세요. 수리비 관련해서는 다시 연락드릴게요."

"네, 잘 처리 부탁드릴게요. 저희도 이 돈 집주인한테 받고 싶은데 연락이 안 돼 어쩔 수가 없네요."

"네, 알겠어요."

진짜인지 가짜인지 증거를 찾아라

말하는 것을 보니 거짓말은 아닌 거 같고 수리한 흔적도 있었다. 그럼 진짜로 수리했는지부터 알아봐야겠다. 무조건 달라고 하는 대로 다 줄 순 없다. 우선 사진 찍은 영수증을 보며 해당 업체로 전화를 걸었다.

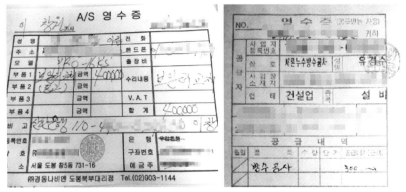

▲ 세입자가 청구한 집수리 영수증.

공사한 지 6개월이나 넘었는데 기억할 수 있을까?

"여보세요?"

"사장님, 안녕하세요? 보일러 수리업체죠? 여기 ○○아파트 201동 402호 집주인입니다. 혹시 6개월 전쯤에 세입자가 보일러교체를 했다고 하는데 기억나시나요?"

"어디요?"

"○○아파트 201동 402호요. 집수리 몇 번 했는데 마지막에 보일러를 교체했다고 하더라고요. 남자 둘이 사는 집이요."

"아, 네. 맞아요. 그때 보일러 교체했어요. 보일러가 너무 오래돼서 처음에는 임시로 수리했는데 오래 못 가 또 고장 나서 통째로 교체해야 했어요. 교체 안 했으면 큰일 날 뻔했어요."

"그래요? 그럼 비용은 혹시 얼마 정도 들었어요?"

"그건 기억이 잘 안 나는데…… 아마 통째로 바꿨으니 60만 원은 들었을 건데요? 계속 집주인한테 돈 못 받을 수 있으니 깎아달라고 사정했던 거 같아요."

"알겠습니다. 수고하세요, 사장님."

주방 수납장이랑 방수업체에 전화해서 물어봤지만 모두 수리를 했다고 한다. 금액도 영수증이랑 비슷했다. 마지막으로 혹시 몰라서 아파트 아래층 집에 들러서 누수 관련 확인까지 했다. 위층 화장실에서 누수가 생겨 임차인한테 계속 수리요구를 했지만 집주인이랑 연락이 안 돼 힘들었다고 한다. 임차인이 말한 것과 일치했다. 모든 정황으로 봐서 거짓말은 아닌 거 같았다.

진짜 수리한 것은 맞는 것 같은데. 어떻게 하지? 불허가신청을 할까? 괜히 안 나가도 될 돈이 나가게 생겼는데…… 수리비용을 모두 합하니 150만 원 정도가 됐다. '어떡하지…… 이런 일이 생길지 몰랐네. 그래, 나중에 어차피 수리했어야 하는데 그냥 미리 수리한 셈 치고 진행해야겠다.' 임차인에게 바로 연락을 취했다.

"사장님, 안녕하세요. 이사 준비는 어떻게 하시고 계세요?"

"네, 계속 알아보는 중입니다."

"다른 게 아니라 회사에서 보상 차원에서 수리한 금액 모두 드리기로 했어요. 처음에는 50%만 보상 이야기 나왔는데 제가 이야기를 잘해서 전액 보상으로 협의가 됐어요. 그러니 이사 시기도 조금 빨리 부탁드릴게요."

"정말요? 전부 다 못 받을 줄 알았는데 감사합니다. 저희도 최대한 빨리 이사 알아볼게요."

"네, 그래 주시면 고맙죠. 그럼 다음에 다시 연락드릴게요."

처음에는 필요비라고 말하길래 사기 치는 줄 알았다. 조금이라도 이사비용을 더 받기 위한 수작이라고 생각했다. 거기다 수리업자도 같은

편이 아닌가 싶어 의심했는데 알아보니 전혀 관계가 없는 사람들이었다. 수리비 전액을 줘서 그런지 집도 빨리 알아보고 이사 갈 집 계약서까지 보내줬다. 이사비용도 수리비를 줘서 그런지 무리하게 요구하지 않고 적절한 협의를 통해 잘 마무리가 됐다. 처음에는 수리비에 이사비까지 줘야 한다는 생각에 손해일 거 같았는데 이사비용을 조금 아끼게 돼 명도금액은 그렇게 손해 보지 않았다.

집주인의 복수일까?
불법건축물 신고

설마 누가 신고하겠어?

'어느 지역에 투자하지? 요즘 핫한 곳이 어디지?'

그때는 도봉구가 GTX 예정지로 한창 집값이 들썩이던 때였다. 재개발, 재건축도 활발히 추진 중이었다. 그래서 창동역 근처에 물건을 검색하다 빌라 한 채가 경매에 나온 것을 발견했다. 5층 건물에 4층이었다. '이거 괜찮은데. 건물도 깨끗하고 나중에 GTX 들어서고 하면 돈도될 거 같은데?'

임장을 하러 갔는데 지하철역이랑도 가깝고 당장 임대도 잘 나갈 거같았다. 주위 부동산 중개업소에 들러 부동산 시세를 확인하러 갔는데이 물건이 경매 나온 것을 아는지 낙찰받으면 자기한테 꼭 달라고 한다. 괜찮은 물건인 거 같아서 입찰하기로 결정했다. 하지만 건물을 자세히 보니 베란다에 패널을 개조해서 불법 확장을 한 흔적이 눈에 띄었다. 빌라 같은 경우는 아파트와 달리 이런 불법 확장을 하는 경우가 많다.

'저거 불법건축물[35]인데 혹시 위반건축물로 등재됐는지 확인해야겠다.'

집에 가서 건축물대장[36]을 확인해도 위반건축물로 등재가 안 돼있었다. 건물 사용허가를 받은 다음 불법으로 건축한 모양이다. 어떡하지? 나중에 적발이라도 되면 이행강제금[37]이 부과될 텐데…… 순간 고민이 됐다. '설마 누가 신고하겠어? 요즘 빌라 불법 확장 안 한 건물이 어딨어? 안 걸리면 되지. 설마 재수 없게 걸리겠어?' 이런 안일한 생각에 그렇게 나는 불법건축물인 줄 알고도 입찰해서 낙찰을 받았다.

누가 불법건축물 신고를 했다고요?

이 집은 집주인이 살고 있었는데 명도도 힘들지 않고 잘 마무리가 됐다. 교통도 편리하고 주변 환경도 좋아서 월세로 빨리 계약이 됐다. 그런데 계약 후 한 달 정도 지나서 저녁때 임차인한테 연락이 왔다. 항상 느끼는 거지만 임차인에게 전화가 오면 왠지 느낌이 안 좋다. 임차인이 집주인에게 전화하는 이유는 거의 두 가지 중 하나기 때문이다. 이사 날짜가 다가와서 재계약이나 이사 나간다는 것이 아니면 집에 문제가 생겨 연락한다. 이번에도 불길한 느낌이 그대로 들어맞았다.

---

35. 건축 기준법 등에 위반하는 건축물을 총칭한다(= 위반건축물).

36. 건축물에 대한 위법 사항과 해당 건축물의 소유자에 관한 현황을 기재한 문서.

37. 과태료.

"여보세요."

"안녕하세요, 사장님. 여기 ○○동 세입자예요."

"네, 안녕하세요. 무슨 일 있으세요?"

"지금 도봉구청에서 몇 명 오셨는데 이 집이 불법건축물로 신고돼 확인하러 왔다는 거예요. 어떡하죠?"

"네? 뭐라고요? 옆에 구청 직원분 있으면 좀 바꿔주세요."

순간 도둑질하다 들킨 사람처럼 갑자기 식은땀이 나기 시작했다.

"여보세요, 전화 바꿨습니다."

"안녕하세요, 401호 집주인입니다. 지금 무슨 일이에요?"

"구청에 이 건물 불법건축물 신고가 들어와서 조사 나왔어요."

"네? 단속해서 걸린 게 아니라 누가 신고를 해서 조사 나왔다고요? 도대체 누가 신고를 해요?"

"그건 저희도 모르고요. 자세한 것은 구청 주택과로 문의해보세요. 그런데 혹시 이 건물 건물주세요?"

"아니요, 왜요?"

"조사해보니 4, 5층 모두 불법건축물이네요."

"그래요? 그건 저도 몰라요. 401호만 제 집이에요. 그럼 이제 어떻게 돼요?"

"자세한 것은 도봉구청으로 방문하시거나 문의해보세요."

단속해서 걸린 것도 아니고 누가 신고를 했다고 하니 짜증이 확 났다. 왠지 증거는 없지만 전 집주인이 아닐까 생각이 들었다. 지금까지 아무런 신고 없이 잘 있다가 갑자기 집이 낙찰받고 전 집주인이 이사 가니깐 불법건축물로 신고됐다고 하니 더욱더 화가 났다.

'누군지 잡히기만 해봐라.'

우선 임차인에게 잘 이야기해서 걱정하지 말라고 한 다음 잘 처리한다고 했다. 임차인은 이 건물이 불법건축물인지 모르는 것 같았다. 설마 임차인이 신고를 했을까? 다음날 4층과 5층 집주인들한테 무슨 일이냐면서 연락이 왔다. 괜히 우리 집 때문에 다른 집들도 위반건축물로 적발됐다.

위반건축물 이행강제금 5회 부과합니다

며칠 뒤에 바로 도봉구청 주택건축과에 방문했다.

"선생님, 어떻게 이럴 수가 있어요?"

"저희도 어쩔 수가 없어요. 단속 기간도 아니었는데 누가 신고를 하는 바람에 민원이 들어오면 처리해야 하거든요."

"도대체 누가 신고를 했어요? 연락처나 신고자 이름 같은 게 있을 게 아니에요?"

"저희도 그건 잘 모르죠. 그리고 안다고 해도 가르쳐드릴 수가 없죠. 개인정보인데…… 나중에 문제 생깁니다."

"사실 제가 이 집 경매로 낙찰받았는데 그전까지는 아무 이상 없었어요. 전 집주인이 바로 나가고 나서 신고가 됐거든요. 잔금 납부 전에 신고했으면 경매 취소라도 할 텐데 이건 일부러 신고한 거예요. 진짜 너무해요."

"그건 안됐지만, 저희도 어떻게 할 수가 없어요. 신고가 들어오는 바람에……"

하긴 구청 직원들도 신고가 들어와서 조사한 것뿐이다. 죄 없는 직원을 붙잡고 하소연해봤자 아무런 소용이 없었다. 일반적인 단속 기간에 걸린 것도 아니기 때문이다.

"그럼 이제 앞으로 어떻게 돼요?"

"시정 명령 후에 원상태로 복구하시든지 위반건축물이 2평[38] 반 정도 되니깐 이행강제금이 부과돼요. 85㎡ 이하니깐 앞으로 5번 이행강제금이 부과될 텐데…… 금액은 정확한 것은 아니지만 2평 반 정도 되니깐 한 번 낼 때마다 45만 원 정도 될 거예요."

금액을 듣는 순간 또 확 열이 받았다.

"45만 원요? 휴, 혹시 다른 방법은 없나요?"

"네, 원상복구를 하시든지 저희가 어떻게 도와드릴 방법이 없네요."

"네, 알겠습니다."

이후 5번의 이행강제금이 부과됐는데 금액도 1회에 47만 6,000원이었다. 5번을 내야 했으니 총 250만 원 정도의 벌금이 부과됐다. 당연히 건축물대장에 위반건축물로 아주 선명하게 등재됐다.

처음부터 나의 실수였다. 위반건축물이란 것을 알고 투자를 해서 누굴 탓할 수도 없었다. 단지 이렇게 빨리 위반건축물로 적발될지 몰랐다. 재수도 없지. 낙찰받은 집 주위에 위반건축물들도 엄청 많았는데 우리 집만 위반건축물로 등재되고 다른 집들은 아직도 위반건축물로 등재가 안 됐으니…… 전 집주인한테 혹시 신고했냐고 물어보려고 했

---

38. 1평당 3.3㎡.

지만 당연히 아니라고 할 게 뻔하다. 다 내 잘못이지. 누굴 탓하랴. 과연 누가 신고를 했을까? 아직도 궁금하다.

▶ 불법건축물로 신고된 건물.

▶ 위반건축물 등재 표기.

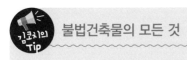

불법건축물의 모든 것

위반건축물(불법건축물)이란?

위반건축물이란 건축물에 대한 사용승인을 받은 후 용도를 변경, 증축, 개축, 대수선, 용도변경 등의 행위를 할 경우 건축법에서 정한 합법적인 절차를 거치지 않고 무단으로 행한 건축물을 말한다. 이러한 위반건축물은 건축물대장에 가재돼있는 경우와 기재되지 않은 경우가 있는데 기재되지 않은 경우 현황상으로는 법 규정을 위반해 실질적으로 위반건축물이지만 아직 적발되지 않은 경우다.

예1 **무단 증축** – 허가 또는 신고 절차 없이 발코니, 베란다, 옥상, 주차장 등에 건축물을 축조하는 행위.

예2 **무단 대수선** – 허가 또는 신고 절차 없이 주택 내부를 개조해 세대수를 증가시키거나 주요 구조를 해체, 변경하는 행위.

예3 **무단 용도변경** – 허가 또는 신고 절차 없이 건축물대장상의 용도가 아닌 다른 용도로 사용하는 행위.

예4 **고시원, 다중주택** – 각 실에 독립된 취사시설(싱크대 포함)을 설치해 주거 형태로 사용하는 행위.

예5 **주차장 위반** – 건물 내외부 주차장 시설을 다른 용도로 사용하거나 저장물을 설치해 주차할 수 없게 하는 행위.

위반건축물 이행강제금

위반건축물에 대해서는 위반행위에 대한 2회의 시정명령이 내려진 후, 시정명령이 이행되지 않을 경우에는 원상복구할 때까지 이행강제금을 부과하게 된다.

1) 세대전용면적과 위반면적의 합이 85㎡ 초과일 경우 이행될 때까지 횟수제한이 없이 매년 부과된다.

2) 세대전용면적과 위반면적의 합이 85㎡ 이하일 경우 최대 5회까지만 부과된다.

$$이행강제금 \ 산정 \ = \ 위반면적 \times 시가표준액 \times 적용요율$$

(전용면적 85㎡ 이하 주거용 건물은 지자체 조례에 따라 50% 감면이 가능)

정확한 이행강제금액은 해당 구청 주택건축과에 문의하면 자세히 알 수 있다.

위반건축물 취득세

대부분 잘 모르고 있는 것 중 하나가 위반, 불법건축물의 취득세다. 위반건축물을 매수하는 경우 취득세 문제인데 위반건축물이라면 원상회복하지 않는 이상 무단 증축한 부분과 무단용도 변경한 부분에 대해서는 4.4%의 세율로 과세한다. 위반건축물을 매매하는 경우 중개업소에서도 주의해야 한다. 이 부분을 매수인에게 확인 설명을 하지 않고 중개할 때 잔금일에 매수인이랑 실랑이가 벌어지기 때문이다. 정확한 과세표준은 관할 구청 세무과가 아닌 해당 부동산을 관할하는 공무원에게 직접 확인해야 한다.

위반건축물에 전세계약을 해도 될까?

이런 집을 임대한다면 '어떠한 문제가 있거나 혹시 보증금을 돌려받지 못하지는 않을까?'라고 생각할 수 있는데 전혀 걱정할 필요가 없다. 세입자는 주택 임대차보호법의 보호를 받아서 사는 것은 아무런 문제가 없다. 즉 위반건축물 등재 시 세입자에게는 아무런 피해가 없다. 주인에게만 벌금이 부과된다. 하지만 전세금대출을 받을 때 대출 거부를 당할 수도 있다. 은행에서는 위반건축물로 등재돼있을 경우 대출이 까다롭고 불가능한 경우가 많다. 만약 계약했는데 대출이 안 된다면 문제가 발생할 수도 있다. 이럴 때를 대비해 임대차계약서에 특약사항을 첨부해야 하는데 '건축물의 하자로 인해 전세자금대출 실행이 불가하면 계약은 위약금 없이 해지하고 계약금은 임차인에게 반환한다'라고 특약사항에 넣으면 된다.

집주인 딸이 위장임차인으로
전입한 사건

넌 도대체 누구냐?

'아무리 봐도 이상한데. 왜 경매 들어가기 몇 달 전에 임차인이 살고 있는데 새로 또 누가 전입신고를 했지? 경매 들어갈 것을 몰랐나? 분명히 경매 들어갈 것을 알았을 텐데. 혹시 이건……'

경매를 하다 보면 가끔 탐정이 돼야 하는 경우도 있다. 나만의 추리를 해야 할 때도 있기 때문이다. 권리분석은 단순하면서도 복잡하다. 임차인이 살고 있었는데 방 한 칸만 또 임대해서 임차인이 살고 있다. 직감으로 이건 경매 들어가기 전에 분명히 주택 임대차보호법의 허점을 노린 가장임차인[39]임에 틀림없다. 하지만 단순 추리 가지고는 안 된다. 확신이 있어야 되는데 어떻게 위장임차인이란 걸 알아내지? 하지

---

39. 실제로 임대차계약을 하지 않은 허위의 임차인을 말한다.

만 오랫동안 경매를 하다 보면 흥신소보다 더 유능한 탐정이 된다.

택배기사로 위장취업을 하다

가장임차인을 밝히기 위해서는 인터넷 조사만으로는 알아내기가 힘들다. 단지 추측만 가능할 뿐이다. 경찰들이 사건을 조사할 때 모든 증거는 현장에 있다고 하지 않나! 이것도 역시 직접 현장에 가서 조사해야 한다. 그래야 정확한 증거를 찾을 수 있다. 위장임차인을 찾으려면 나도 위장취업을 해야 한다. 그래서 나는 택배기사로 위장취업을 했다. 택배기사처럼 보이기 위해서 인터넷으로 배달조끼를 하나 사고 노란 대봉투 안에 '법원 경매안내서류'를 복사해서 넣었다. 그리곤 모자를 쓰고 그럴듯하게 택배기사로 변장했다.

1층에서 몇 번 연습하고 올라갔다. 이것도 연기하려니 무척이나 떨렸다. 진짜 경매하면서 별걸 다해본다. 녹음기까지 테스트를 마친 다음 모자를 쓰고 택배기사처럼 보이면서 얼굴을 최대한 가려야 한다. 왜냐하면 혹시 내가 낙찰받으면 다음에 다시 만날 수도 있기 때문이다.

"띵동!"

"누구세요?"

"택배요."

50대로 보이는 남자가 문을 열어준다.

"혹시 여기 김지○ 씨 집이에요?

"누구요?"

"김지○ 씨 집 아니에요?"

남자가 이름을 듣고 잠깐 생각한다. 역시 뭔가 이상한 느낌이 들었다.

"아, 네. 맞아요."

"김지○ 씨 집에 안 계세요? 이건 법원에서 온 서류라서 수취인만 받을 수 있는 특별 송달입니다."

"같이 안 사는데요."

그럼 그렇지. 예상대로다.

"그럼 관계가 어떻게 되세요? 가족이면 대신 전해줘도 되거든요."

"이 집 주인집 딸인데요."

게임 끝이다. 자기 딸이 아니고 주인집 딸이라고 한다.

"아, 그럼 지금 받으시는 분 성함이 어떻게 되세요?"

"이문○요."

이렇게 택배기사로 위장해서 가장임차인이 아닌 것을 알게 됐다. 그럼 그렇지. 어쩐지 냄새가 난다고 했다. 가장임차인 찾는 방법은 그때마다 다르다. 서류만으로도 쉽게 찾는 경우도 있고 현장을 방문해서 찾는 경우도 있다. 어떤 때는 정말 완벽한 가장임차인도 있다. 그래서 가장임차인을 구별하는 방법은 쉽지가 않다. 하지만 그렇다고 앉아서 당할 수는 없다. 가장임차인 구별하는 방법은 여러 가지가 있는데 다음 파트에 자세히 소개하겠다.

낙찰받고 다시 만난 임차인

'설마 날 알아보진 않겠지? 전에 봤던 남자는 집에 없어야 하는데.'

이번에는 택배기사가 아닌 낙찰자로 다시 임차인을 만나게 됐다.

"띵동! 띵동!"

가장임차인이란 것을 알고 나서 벨도 자신감 있게 눌렀다. 그들은 내가 위장임차인이라는 사실을 알고 있다는 것을 모르겠지? 어떻게 나올지 궁금하다.

"누구세요?"

"이 집 낙찰받은 부동산 컨설팅 회사 직원입니다."

언제나 이 멘트는 통한다.

"어떻게 오셨어요?"

50대로 보이는 여자가 문을 열어줬다. 다행히 그때 만난 남자는 안에 없는 거 같았다.

"네, 이 집을 며칠 전에 저희 회사에서 경매로 낙찰받았는데 향후 일정을 의논하러 왔어요. 잠깐 들어가도 될까요?"

"아니요. 들어오지 마세요. 길게 이야기할 것도 없고, 그냥 여기서 이야기해요."

"아, 네."

엄청 세게 나온다. 그리곤 보자마자 이사비부터 묻는다.

"긴 말하기도 싫고 저희도 여기서 살기 싫어요. 빨리 이사 나갈 테니 이사비만 주세요."

"그렇게 말씀 하시는 거 보니 조금 아시는 거 같은데 그럼 이사비용으로 얼마 정도면 될까요?"

"서로 이사비 가지고 머리 아프지 말고 딱 500만 원만 주세요."

"네? 500만 원이요?"

기가 차서 말이 안 나왔다.

"네, 왜요?"

가장임차인까지 내세우고 거기다가 500만 원이라는 무리한 이사비용 요구에 나도 순간 열이 받아서 흥분했다.

"왜 500만 원을 드려야 하죠? 설명 좀 해주세요. 그래야 회사에 보고하죠."

"평수도 크고 이사 하려면 그 정도는 줘야 하는 거 아닌가요? 다들 그렇게 받던데요."

"사장님, 뭔가 착각하시는 거 같은데 여기 살면서 손해 보신 거 있으세요? 이 집 경매 들어가고 나서부터 지금까지 월세도 안 냈을 거 아니에요. 그리고 이사비라는 게 어디 법적으로 나와 있나요? 도의적인 차원에서 조금이라도 도와드리려고 드리는 거지 만나자마자 처음부터 이렇게 무리하게 이사비 요구하시면 저희도 가만히 있지 않습니다. 500만 원이 애 이름도 아니고."

"아니, 이 사람이 어디서 큰소리야?"

"왜요. 제가 틀린 말 했어요? 처음부터 사장님이 너무 무리한 요구를 하시잖아요. 말도 안 되는 소리를 하니깐 그렇죠."

"뭐요? 당신이랑 이야기 안 통하니깐 그만 가. 그리고 여기서 이사 안 나가."

"네, 그렇게 하세요. 그런데 하나만 물어볼게요. 혹시 김지○이라는 사람 누구예요? 경매 들어가기 직전에 임차인으로 전입신고 돼있던데."

여자는 순간 아무 말이 없었다. 당연히 할 말이 없겠지. 여기 안 살고 있는 허위임차인이니깐!

"당신하고 더 이상 이야기하기 싫으니 그만 괴롭히고 가. 이사 안 갈 테니 앞으로 오지도 말고."

그때 택배를 건네줬던 남자가 무슨 일이냐며 문을 열고 나왔다. 설마 날 알아보지는 않겠지? 재빨리 명함을 건네고 인사했다.

"안녕하세요. 이 집 낙찰받은 회사 직원입니다. 여자분께서 만나자마자 이사비를 달라고 하시는데 너무 무리한 금액을 요구해서요. 잠깐 이야기 중이었습니다."

순간 여자가 나를 째려보았다.

"지금은 시끄러우니 됐고 다음에 다시 이야기하죠. 오늘은 그만 돌아가세요."

남자가 그렇게 이야기하니 나도 더 이상 말할 수가 없었다.

"네, 알겠습니다. 그럼 그렇게 하죠. 다음에 다시 방문하겠습니다."

여자가 날 째려보더니 문을 콱 닫아버린다.

두고 보자! 이제부터 반격이다

임차인을 협박(?)하기 위해 나에겐 몇 가지 압박 카드가 있었다. 제일 먼저 어떤 카드부터 써야 할지 고민했다. 내용증명? 인도명령 신청? 점유이전금지가처분? 그것도 아니면 허위 가장임차인을 경매방해죄로 형사고소 해버릴까? 아직 잔금 납부 전이라 잔금 납부 후 인도명령 신청이 가능해서 인도명령 신청은 조금 기다려야 되고…… 그럼 위장임차인 경고나 줘야겠다.

실제 임대차관계가 없음에도 임대차관계가 있는 것처럼 꾸며 부동산 경매에서 허위신고하는 사례가 늘어나고 있다. 가장임차인은 주택 임대차보호법에 의한 최우선변제금 자격이 있는 것처럼 허위로 임대차계약서를 작성해서 법원에 제출하고 배당을 받아가는 불법행위다. 실제로 가짜 임대차계약서를 파악하기가 어렵다는 이유로 이를 악용해서 허위 가장임차인으로 둔갑해서 배당을 받는 경우가 많았다. 하지만 법원에서는 이러한 가장, 위장임차인에 대해서는 분명한 범죄행위임을 인식해 강한 처벌을 하고 있다. 다음에 소개할 두 판결은 이런 허위 가장 임대차신고에 대해 실형을 선고한 사례다.

■ 서울남부지방법원 2008.03.26. 선고 2007고단2137호 판결

자신의 소유 주택이 경매로 넘어가자 실제로는 자신의 아들과 임대차계약 없이 단순히 이 주택에 주민등록만 이전해둔 상태임에도 불구하고 자신의 아들과 짜고 2,000만 원에 방 1칸을 아들에게 임대한 것처럼 허위임대계약서를 작성한 다음 확정일자를 받은 후, **2,000만 원의 배당을 신청하는 배당요구서를 법원에 제출해 진정한 임차인보다 우선해서 배당받은 사안으로 형법상 사기죄와 강제집행면탈죄를 인정해 징역 6개월의 실형을 선고했다.**

* 형법제347조 (사기)

사람을 기망하여 재물의 교부를 받거나 재산상의 이익을 취득한 자는 10년 이하의 징역 또는 2,000만 원 이하의 벌금에 처한다.

* 형법제327조 (강제집행면탈죄)

강제집행을 면할 목적으로 재산을 은닉, 손괴, 허위양도 또는 허위의 채무를 부담하여 채권자를 해한 자는 3년 이하의 징역 또는 1,000만 원 이하의 벌금에 처한다.

■ 인천지방법원 부천지원 2001.05.18. 선고 2001고단23호 판결

경매의 목적이 된 주택의 실질적 소유자인 피고인이 전처 명의로 허위임대차계약서를 작성하고 이를 첨부해 경매 법원에 전처가 주택 임대차보호법상 대항력 있는 주택 임차인인 것처럼 권리신고를 했다면 대항력 있는 주택 임차인의 외관을 갖추고 그 사실을 권리신고를 통해 입찰 참가인에게 나타내어 그 보증금액만큼 입찰가를 저감시킴으로써 공정한 경매를 방해한 것이므로, 형법 제315조의 위계의 방법

에 의한 경매방해죄의 성립을 인정한 다음 징역 10개월의 실형을 선고했다.

*형법제315조 (경매, 입찰의 방해)

위계 또는 위력 기타 방법으로 경매 또는 입찰의 공정을 해한 자는 2년 이하의 징역 또는 700만 원 이하의 벌금에 처한다.

따라서, 실제로는 정당한 임대차관계가 아님에도 임대차관계가 있는 것처럼 허위로 임차인으로서 권리신고나 배당요구를 하게 되면, 민사상 손해배상책임은 물론이고, 형사상으로도 사기, 강제집행면탈, 경매방해죄라는 처벌을 받을 수 있다.

이 내용을 찾아서 내용을 정리한 후 등기 한 통, 일반우편 한 통을 보냈다. '이거 받고 어떻게 나올지 궁금한데?' 다음날 '등기수령'한 것을 확인하고 연락이 오기만을 기다렸다. 그런데 3~4일이 지나도 연락이 오지 않았다. 이상하네…… 내가 보낸 우편물을 읽어봤으면 연락이 올 텐데 무슨 작전을 또 짜고 있는 거지? 내가 먼저 연락을 해봐? 아니야, 먼저 연락하는 사람이 지는 거니깐 기다리자. 아쉬운 사람이 먼저 연락하게 돼있어.

역시나 일주일쯤 지났을 때 여자한테서 드디어 연락이 왔다. 나는 모른 척 전화를 받았다.

"여보세요?"

"거기 김도윤 씨 맞으세요?"

"네, 맞는데요? 누구세요?"

"여기 ○○동 세입자예요. 지난번에 방문하셨던……."

그때보다는 조금 침착한 목소리였다.

"아, 네. 안녕하세요. 그런데 무슨 일이세요?"

"회사에서 보낸 우편물이 와서 연락을 드렸어요."

"아, 회사 법무팀에서 뭐를 보낸다고 하긴 했는데 요즘 일이 바빠서 저도 진행사항 확인을 잘 못했네요. 그런데 뭐가 왔어요?"

"안 그래도 그것 때문에 연락드렸어요. 그땐 처음 만났는데 제가 너무 무리하게 이야기해서 죄송해요."

응? 왜 이리 점잖게 이야기하지? 이상한데? 내가 보낸 우편 때문에 겁먹었나?

"아닙니다, 괜찮습니다. 저도 그때 뭐 큰소리치고 잘한 것 없는데요."

"전화로 이야기하긴 좀 그렇고 만나서 이야기하고 싶은데. 언제 괜찮으세요?"

"그래요? 그러면 이번 주에 방문하도록 하겠습니다."

"네, 그럼 그때 뵙죠."

역시 내가 보낸 등기 내용이 효과가 있었다. 며칠 후에 그 집을 다시 방문했다.

"띵동!"

"누구세요?"

"오늘 2시에 만나기로 한 컨설팅 업체 직원입니다."

"네, 안으로 들어오세요."

뭐지? 집안으로 들어오라고? 그때처럼 집 앞에서 이야기할 줄 알았더니.

"그때는 처음 만났는데 죄송했어요. 갑자기 오셔서 저도 경황이 없었어요."

"아닙니다. 괜찮습니다. 저도 마찬가지인데요. 신경 쓰지 마세요. 그런데 혹시 하실 말씀이라도 있으세요?"

먼저 가장임차인에 대해서 말할 기회를 주고 싶었다. 그에 따라서 앞으로 어떻게 할지 결정하려고 했다.

"네, 어떻게 이야기를 시작해야 할지 모르겠네요."

"무슨 일이시길래 그러세요? 그냥 편하게 말씀하세요."

"사실 집주인한테 부탁을 좀 받았어요."

"부탁이라뇨? 어떤 부탁을요?"

"집주인한테 전화가 왔는데 사업이 잘 안 돼서 집이 경매로 넘어가게 생겼는데 저희 보증금은 다 받을 수 있으니 걱정하지 말라고 하더군요. 그러면서 자기 딸이 있는데 여기 전입을 시키고 싶다는 거예요. 그러면서 도와달라고 하는데…… 돈 몇 푼에…… 그래서……."

"네, 그런 일이 있었군요. 솔직히 말씀해주셔서 감사합니다. 회사에서도 김지○이라는 사람에 대해서 조사해보니 주인집 딸이라는 것을 알게 됐어요. 누가 봐도 이건 이상하지 않습니까? 전입하고 몇 달 뒤에 바로 경매 들어갔으니 최우선변제금을 노린 가짜 임차인이 아닐까 의심이 들었죠. 아니면 경매 지연을 시킬 목적으로 했을 수도 있고요. 아무튼 임차인이 살고 있는데 또 다른 임차인이 방 한 칸을 임대해서 살고 몇 달 뒤에 바로 경매 들어가고 전형적인 가짜 임차인 작전입니다."

"이제 어떻게 하면 되죠?"

"아마 은행 쪽에서 벌써 이것을 알고 있다면 나중에 배당받을 때 배당이의 신청[40]을 할 수도 있습니다. 그렇게 되면 사장님도 배당금을 못

---

40. 특정한 사유로 인해 배당배제나 이의신청 하는 것이다(=배당배제 신청).

받을 수 있고 잘못하다가는 경매방해죄로 같이 처벌받을 수 있습니다. 큰일이네 이거 어떡한담……."

방법을 알고 있었지만 살짝 뜸을 들었다. 역시나 여자가 부탁을 했다.

"팀장님, 좀 도와주세요. 보증금만 다 받게 해주세요. 그 돈 못 받으면 진짜 큰일 나요."

"흠…… 방법이 있긴 한데 하실 수 있으세요?"

"그럼요. 그 방법이 뭐예요?"

처음부터 말을 해도 됐지만 나중에 이사비용 협의할 때 조금이라도 유리하게 끌고 가야 했기 때문에 어쩔 수가 없었다.

"제일 먼저 집주인한테 전화해서 겁을 주세요. 집주인도 경매에 대해서 자세히는 모를 거예요. 낙찰받은 컨설팅 업체에서 연락이 왔는데 경매방해죄로 고소한다고 하시고요. 서류도 보여주세요. 김지○이 가짜 임차인이라는 것도 알고 있다고 전해주세요. 그리고 은행에서 배당배제 신청을 할 수 있다고 하고요. 그렇게 되면 보증금을 못 받을 수 있고 거기다가 잘못하면 처벌까지 받는다고 하세요. 보증금 못 받으면 책임 질거냐고 따지세요. 먼저 전입신고된 딸을 빨리 딴 데로 옮기라고 하세요. 안 옮기면 직접 법원에 모든 걸 이야기하고 신고할 거라고 하세요."

"그렇게 하면 저희는 보증금 다 받을 수 있나요?"

"네, 제가 앞으로 하라는 대로만 하면 아무런 조치 없이 사장님이 보증금을 받을 수 있도록 하겠습니다."

"알겠습니다. 감사합니다."

며칠 뒤에 전입세대열람[41]을 확인해보니 김지○이라는 가장임차인은 다른 곳으로 옮긴 상태였다.

요즘에도 임차인을 가장한 가짜 임차인들이 자주 등장한다. 경매컨설팅 업체에서 수수료를 받으려고 접근해서 보증금을 더 받게 해준다고 작업하는 경우도 있고 집주인이나 점유자가 경매를 지연시키거나 본인이 낙찰받기 위해서 작업하는 경우도 있다. 가장임차인이라고 의심된다면 중간에 포기하지 말고 적극적으로 조사해보면 의외로 간단히 해결되는 경우도 많다. 가장임차인으로 위장하기 위해서는 어딘가 의심쩍거나 작업한 흔적이 있기 마련이다. 우린 그 허점 하나만 찾아서 협상하면 게임은 끝이다.

---

41. 어떤 사람이 전입해있고, 그 순서를 확인할 수 있는 지표다. 전국 어디에서나 전입세대열람원을 발급받을 수 있다.

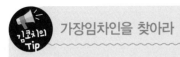 가장임차인을 찾아라

1. 가장임차인은?

진정한 임차인이 아니면서 허위로 임대차계약을 작성한 후 소액의 임차보증금일 경우 최우선변제금을 배당받거나 배당신청을 하지 않고, 권리가 있는 선순위 임차인일 경우 경매를 지연시키거나 방해할 목적으로 가짜 임차인으로 위장해있는 것이다.

2. 가장임차인의 유형

1) 대항력 없는 최우선변제 소액임차인 : 경매개시결정일을 전후로 임대차계약으로 소액임차인이 전입신고를 한 경우. 친인척을 전입시켜 소액의 임차보증금인 경우 최우선변제금을 배당받으려는 경우가 가장 대표적이다. 경매 들어가는 것을 알면서도 이사를 들어오는 것은 상식적으로도 이상하며 가장임차인일 가능성이 크다.

2) 임차인이나 소유자가 살고 있는데 또 다른 임차인이 전입한 경우 : 기존 점유자가 살고 있는데 소액의 보증금으로 임대차계약을 작성한 후 최우선변제금을 배당받으려고 하거나 낙찰자에게 많은 이사비용을 받을 목적으로 전입신고를 한 경우가 많다.

3) 말소기준보다 선순위면서 배당신청을 하지 않은 임차인 : 말소기준보다 앞선 임차인이 배당신청을 하지 않았다면 낙찰자가 세입자의 보증금을 전부 줘야 한다. 하지만 상식적으로 배당신청을 하지 않았다는 자체가 이상하다. 정상적인 임차인이라면 당연히 배당신청을 해서 전액 배당금을 받고 이사를 나가면 되기 때문이다. 그리고 금융권에서 대출을 실행할 경우 세입자가 있는지 확인 후 대출이 나간다. 평균 집값의 60~70% 대출이 나가는데 세입자가 있는데도 대출이 나갔을 경우 은행에서는 무상임대차확인서를 받거나 그 세입자는 진정한 임차인이 아니라고 판단했을 가능성이 크다.

3. 가장임차인 조사 방법

1) 인터넷을 통한 사전 조사 : 법원 매각물건명세서에는 임차인의 정보가 기록돼있는데 경매개시결정 직전에 전입신고와 확정일자를 받은 경우 허위, 가장임차인일 가능성이 크다. 임차인들이 경매개시일 전후로 임대차계약도 없고, 확정일자도 없이 최우선변제금 획득 목적으로 소액보증금으로 배당신청했는지 확인해봐야 한다. 그리고 국토부의 실거래가를 확인해 임차인이 주장하는 임차보증금이 당시 전세 시세와 비슷한지 비교한다. 금액 차이가 많이 난다면 가장임차인일 경우가 크다.

2) 현장방문을 통한 조사

① **은행 방문** : 금융기관에서 대출을 실행하는 경우에는 반드시 임차인 조사를 하게 된다. 이 경우 대출이 나간 은행을 방문해 이에 대한 사실 관계 여부에 대해서 협조를 구하는 것이 우선이다. 임차인이 있는 상황에서 은행에서 대출해줄 수가 없기 때문이다. 대출 시점에 임차인이 있다면 무상거주확인서를 받은 후 대출을 실행하게 된다. 무상거주확인서는 임대차계약이 없다는 것을 증명한다.

② **주민센터 방문** : 주민센터를 방문해 전입세대열람을 발급받아(해당 부동산이 경매로 나왔다는 것을 프린트한 후 전국 주민센터 어디서나 전입세대열람을 할 수 있다. 그냥 가면 안 해준다) 전입된 내용을 확인하고 담당 직원에게 관계를 문의해 정보를 얻을 수 있다(A와 B가 부부죠?, A와 B가 자식 관계죠?).

③ **직접 방문** : 가장임차인이 의심될 경우에는 적극적으로 탐정이 돼야 한다. 오히려 직접 방문해 알 수 있는 경우도 많다. 모두가 출근한 평일 오전이나 오후에 방문해 집에 부모님이 안 계시고 만약 학생이나 노인 분들을 만나게 되면 많은 정보를 얻을 수 있다. 나처럼 위장해서 물어보는 것도 하나의 방법이다.

4. 가장임차인 대처 방법

1) 점유자에 대한 압박 : 낙찰을 받은 후 점유자에게 가장임차인은 처벌을 받는다는 내용증명과 사례를 보내 압박할 수 있다. 나의 경우, 내용증명 한 통으로 간단하게 마무리가 됐다.

*형법제315조 (경매, 입찰의 방해)
위계 또는 위력 기타 방법으로 경매 또는 입찰의 공정을 해한 자는 2년 이하의 징역 또는 700만 원 이하의 벌금에 처한다.

*형법제327조 (강제집행면탈죄)
강제집행을 면할 목적으로 재산을 은닉, 손괴, 허위양도 또는 허위의 채무를 부담하여 채권자를 해한 자는 3년 이하의 징역 또는 1,000만 원 이하의 벌금에 처한다

*형법제347조 (사기)
사람을 기망하여 재물의 교부를 받거나 재산상의 이익을 취득한 자는 10년 이하의 징역 또는 2,000만 원 이하의 벌금에 처한다.

2) 배당이의 신청을 한다 : 채무자와 임차인이 짜고 위장 전입으로 배당을 신청하면 채권자의 배당금액이 적어질 수 있다. 법원은 채권자의 보호를 위해 가장임차인의 배당 지급을 거부할 수 있다. 이런 경우 가장임차인의 배당이의를 제기하면 배당금 지급 여부가 결정 난다. 배당이의 신청을 통해 충분히 압박이 가능하다.

4. 가장임차인에 대한 주의사항

1) 다음과 같은 임대차계약은 인정하지 않는다.

① **부부간의 임대차계약** : 부부간에는 임대차계약이 성립할 수가 없다. 임대차계약이 성립할 수 없으므로 대항력도 발생할 수 없다. 전입세대열람이나 대출이 실행된 금융권의 도움을 받아 부부라는 사실만 입증하

면 된다.

② **부모와 자식 간의 임대차계약** : 자녀 주택에 부모가 거주하는 경우는 인정하지 않는다. 법원에서는 부모가 자식에게 임대차계약을 맺어 보증금을 주고 살고 있다고 해도 적법한 법률행위로 볼 수 없다는 게 판례다. 상식적으로 이런 일이 가능한가?

③ 부모의 주택에 미성년자가 계약을 하고 살고 있는 경우

2) 다음과 같은 임대차계약은 반드시 확인해야 한다.

① **친인척 간의 임대차** : 형제나 친인척 간의 임대차계약은 만약 정확한 계약을 했다면 임대차계약으로 보호받을 수 있다.

② **채무자가 임차인임을 주장한 경우** : 채무자가 임차인일 경우도 임대차 사실이 인정되면 임대차계약으로 보호받을 수 있다.

③ **부부가 이혼한 경우** : 부부 사이에는 같은 세대를 구성하는 구성원이므로 임대차관계가 인정되지 않는다. 그러나 이혼한 부부는 별개의 세대이므로 이혼 후에는 임대차관계가 성립될 수 있다.

피를 부르는 사건

아버지 집을 경매로 사드려야겠다

내 고향은 부산이다. 부산에서 23년을 살다가 서울로 올라왔다. 지금도 가족들은 부산에 살고 계신다. 그래서 내가 배운 기술인 경매로 집을 사드려야겠다고 생각했다. 그런데 서울에서 부산까지 입찰이나 명도를 하러 가려면 멀어서 걱정이 됐다. 낙찰되면 최소 2~3번은 부산을 가야 하기 때문이다. '그래, 설마 최악의 경우가 걸리겠어? 좋은 일 하는 건데 2~3번만 왔다 갔다 고생하자.' 운이 좋은 건지 불행인지 입찰한 물건을 낙찰받았다. 이제부터 피를 부르는 사건의 서막이 시작된다.

사정 봐주다 보면 끝이 없다

부산에서 아파트를 낙찰받고 바로 낙찰받은 집으로 찾아갔다. 낮이라서 그런지 집에 아무도 없었다. 점유자가 언제 올지 몰라 계속 기다릴 수가 없었다. 그래서 출입문에 명함을 붙이고 연락 달라고 한 다음 서울로 올라왔다.

다음날 모르는 번호로 여자한테 연락이 왔는데 역시나 부산 아파트 주인이었다. 남편은 지금 같이 안 산다면서 자기는 잘 모르니 모든 것은 남편한테 물어보라면서 남편 핸드폰 번호를 가르쳐주었다. 처음에는 서로 호의적이었다. 남편에게 전화해도 안 받아서 문자를 남겼더니 낮에는 통화하기가 힘들다며 밤에만 통화가 가능하다고 했다. 낮에는 핸드폰이 꺼져있는 경우가 많았다. 드디어 며칠 후 밤에 남자한테서 연락이 왔는데 자기가 완전 도망자 신세라며 사업하다가 잘 안 돼 대출받고 여기저기서 돈을 빌려다 쓰고 거기다가 사채까지 쓰고 못 갚아서 지금 여기저기 돌아다니면서 건설 현장에서 일하고 있다고 한다.

처음에는 남편도 호의적으로 나와서 알겠다고 그럼 이사할 시간을 줄 테니 아내분이랑 잘 상의하라고 하고선 전화를 끊었다. 그런데 며칠이 지나도 연락이 없었다. 아내에게 전화하면 자기는 모르니 남편에게 무조건 전화하라고 하고, 남편에게 전화하면 전화기가 꺼져있거나 연락이 안 됐다. 이러다 시간만 질질 끌려다닐 거 같아서 여자에게 내용증명을 보냈는데도 아무런 반응이 없었다. 그래서 여자에게 다시 연락하면 자긴 계속 모른다고만 하고 전화를 끊어버렸다. 그러면서 잔금 납부도 안 했으면서 괴롭히지 말라며 오히려 짜증을 내는 것이다.

'뭐지? 왜 이리 당당하지? 이거 쉽게 끝날 것 같진 않은데…… 흠, 우

선 잔금 납부부터 하고 보자.'

잔금을 납부하고 바로 인도명령을 신청해도 여자는 무조건 모르쇠였고 남자는 연락조차 없었다. 그러다 밤에 남편에게서 연락이 왔다. 내가 왜 연락이 안 되냐고 따져도 이런저런 변명을 하면서 계속 시간을 달라고 한다. 내가 회사에서 지금 강제집행할 예정이라고 했더니 사정 이야기하면서 한 달만 시간 주면 무조건 나가겠다고 부탁했다. 중학생 딸 한 명이랑 초등학생 딸 한 명이 있는데 학교도 알아봐야 하고 돈이 없어서 바로 집 구하기가 힘들다고 한다. 하도 사정이 딱해서 그럼 알겠다고 하고선 그렇게 한 달 이내에 무조건 이사하기로 약속 했다.

그렇게 시간이 또 지나가다가 이사 준비가 어떻게 되고 있냐고 물어봐도 연락도 없고 여자는 자기한테 전화하지 말라면서 완전 짜증이다. 문자를 보내도 남편이랑 상의하라고 하니 정말 답답했다. 사정을 봐줬던 내가 후회되기 시작했다. 이대로는 안 되겠다 싶어서 부산에 강제집행을 신청하러 내려갔다. 벌써 그렇게 잔금을 납부하고도 두 달이 다 돼가는 시점이었다. 법원에서 강제집행 신청을 하려면 송달 신청을 해야 한다고 한다. 무슨 송달이든 빨리 신청해달라고 사정하면서 지금 점유자가 이사를 안 가고 버텨서 너무 힘들어 도와달라고 하면서 불쌍한 척을 했다.

송달 신청을 마친 다음 낙찰받은 집으로 쳐들어갔다. 밤을 새워서라도 여자를 만나서 담판을 지을 생각이었다. 밖에서 봤을 때 거실에 불이 켜져 있었다. 잘됐다 싶어서 벨을 누르니 여자아이가 나오면서 집에 아무도 안 계신다고 한다. 딸아이 보고 뭐라 할 수는 없었다. 부동산에서 나왔다고 이야기하고 그제야 낙찰받고 처음으로 실제 내 집 구경을 할 수 있었다. 어머니는 뭐 하시냐고 물어보니 부동산 관련 일을 하신다고 했다.

부동산? 집을 둘러보는데 방이랑 거실에 재건축, 재개발, 아파트 분양 포스터가 엄청 많았다. 역시 경매를 좀 아는 사람이구나. 어쩐지 다른 사람과 다르게 강하게 나오더라. 딸이 엄마랑 통화하면서 나를 바꿔줬다.

"여보세요! 거기 누구 허락받고 갔어요?"

처음부터 큰소리다.

"아니, 내가 내 집에 가는데 허락받아야 하나요? 그리고 연락이 안 되니 찾아왔죠. 당신이라면 가만히 있겠어요? 벌써 낙찰받고 몇 달이나 지났는데 아직도 이사 안 가고 보자 보자 하니 진짜 지금 누구한테 큰소리쳐요?"

"뭐라고요? 지금 주거침입으로 고소할 테니 알아서 해요."

"주거침입? 고소 좋아하시네! 난 당신 불법점유로 신고할 테니 알아서 하세요. 강제철거를 해야 정신을 차리지."

그리곤 전화를 확 끊었다. 누가 지금 큰소리쳐야 하는데 오히려 여자가 큰소리를 치니 어이가 없었다.

이제는 부부가 쌍으로 덤비네

그런데 여자를 꼭 만나서 담판을 지어야만 했다. 언제 또 부산에 내려올지 모르는 상황이었기 때문이다. 그래서 잠시 후 여자한테 다시 전화를 걸어 만나서 이야기하자고 했다. 일을 마치면 밤 8시쯤 집에 온다고 해서 내가 8시쯤 다시 방문하겠다고 했다. 여자랑 통화 할 때가 4시쯤 이었으니 근처 카페에서 4시간이나 기다렸다가 집으로 찾아갔다.

'오늘은 기필코 이 여자랑 죽이 되든 밥이 되든 결판을 지어야겠다!'

벨을 누르니 그 여자가 문을 열어주고 밖으로 나왔다. 내가 밖은 시끄러우니 안에 들어가서 이야기하자고 하니깐 애들도 안에 있고 싫다면서 출입문을 중간에 놓고 이야기를 시작했다.

"왜 계속 괴롭히세요. 저는 아무것도 모르니 남편이랑 이야기하라니깐요."

여자가 짜증 난 말투로 이야기하는데 속에서 욱하는 것을 참으면서 이야기했다.

"아니, 저도 그러고 싶죠. 그런데 남편이랑 연락이 잘 안 되니깐 이러는 거 아닙니까? 또 남편이랑 연락되면 시간만 질질 끌고 집 명의 넘어온 지 벌써 두 달이 다 되는데 아직도 이사 안 나가고 뭐 하시나요? 불법거주 아니에요?"

"불법거주라뇨? 나 참 어이가 없어서."

"뭐가 그리 당당해요? 남편이 사정해서 거의 두 달이나 이사할 시간 줬더니 이사는 안 가고 이사할 집은 알아봤어요? 이렇게 버티면 저도 이제 사정 안 봐줍니다. 회사 측에서 그냥 강제집행하라고 난리였는데 지금까지 사정 봐줘서 기다려줬더니 진짜 보자 보자 하니깐 이거 너무 하잖아요. 솔직히 지금까지 사정 다 봐줬는데 저한테 이렇게 나오면 안 되죠."

"뭐라고요?"

"아, 맞다. 그리고 오늘 회사에서 법원에 강제철거 신청했대요. 법원에서 한 달 이내에 강제철거하러 오니깐 그런 줄 아세요!"

"무슨 그런 거까지 신청해요?"

"그러면 이사를 하던지요. 몇 달이나 이사 안 가고 버티고 있으니 그렇죠. 입장 바꿔서 생각해보세요. 사장님이라면 가만히 있겠어요? 지금까지 충분히 시간을 줬는데 저도 더 이상 어쩔 수 없어요."

서로 흥분하면서 말하다가 다시 진정하고 그럼 어떻게 할 건지 이야기해보라고 했다.

"남편하고 상의하고 연락을 줄게요."

"사장님, 도대체 그게 몇 달째냐고요. 지금까지 몇 달이나 시간을 줬는데 한 번이라도 약속 제대로 지킨 적 있어요? 또 이렇게 시간만 질질 끌 게 뻔하잖아요."

"그럼 지금 당장 남편에게 전화할게요."

내가 몇십 번 전화해도 안 받던 전화를 그 여자가 전화하니 한번에 받았다. 어이가 없었다. 나를 바꿔주는데 이번에는 남편이 나한테 난리다. 부부가 쌍으로 덤비는 데 환장하는 줄 알았다.

"애들도 있는데 거기까지 왜 찾아갔어요? 내가 시간을 달라고 하지 않았냐고요?"

전화로 막 성질을 내는 것이었다. 욕이 튀어나올 것을 참으면서 이야기했다.

"사장님, 제가 그동안 시간을 안 줬냐고요. 그럼 애들 생각했으면 전화라도 주던지요, 연락도 안 되고, 사장님 사정 봐줘서 몇 달이나 시간을 줬더니 약속도 안 지키고 지금 누구한테 큰소리치세요?"

나도 열 받아서 큰 소리로 말했더니 그 남자가 욕을 하면서 말하기 시작했다. 술을 한잔 마신 느낌이었다.

"야! 지금 당장 대구로 올라와. 아니면 내가 지금 부산 내려갈 테니."

나도 거기서 지지 않고 말했다.

"좋아요. 기다릴 테니 지금 당장 부산으로 오세요. 하나도 안 무서우니…… 사람이 좋게 나오면 좋게 이야기를 해야지 남한테 뺨 맞고 어디 엉뚱한 곳에 화풀이하세요. 좋게 이야기하니깐 사람 우습게 보이세요? 지금까지 사장님 사정 봐주면서 기다려준 시간이 얼만데 이렇게 나오면 안 되죠. 저도 더 이상 사정 안 봐줄 테니 알아서 하세요. 저도 더 이상 가만히 있지 않겠습니다."

이렇게 말하고 전화를 확 끊었다. 그리고선 여자한테 더 이상 필요 없고 나랑 이제 협의할 생각 말고 강제철거나 준비하라고 하고선 바로 나와버렸다. 생각만 하면 진짜 열 받아서 내일이라도 당장 강제집행을 하고 싶었다. 처음부터 사정 봐주는 게 아니었는데 후회가 됐다. 하긴 이렇게 될 줄 몰랐으니 어쩔 수가 없었다.

제가 술만 먹으면 흥분해서 미안합니다

'강제집행은 도대체 언제 하는 거야! 왜 이리 늦어? 빨리 철거하든 해야지.' 그렇게 강제집행 날짜를 기다리고 있었는데 며칠 뒤에 남자한테 갑자기 전화가 왔다. 하지만 괜히 받았다가 또 욕이나 이상한 소리를 할까 봐 전화를 받지 않았다. 계속 전화가 왔는데도 안 받았더니 이번에는 문자가 왔다.

"지난번에는 제가 욕해서 미안합니다. 그때 술을 많이 먹어서 저도 모르게 흥분해서 홧김에 말했어요. 너무 돈에 쫓기다 보니 힘들어서 그랬으니 이해해주세요."

처음엔 괘씸했지만 생각해보니 나도 조금 미안하긴 했다. 잠시 후 앞으로 그럼 어떻게 할 건지 물었다. 나는 계속해서 강제집행이 보름 안에 집행될 예정이라고 겁을 줬다. 그러자 어떻게든 한 달 안에 무조건 집을 구해서 이사한다면서, 어이없게도 이사비도 요구하는데 지금 돈이 없으니 이사비용으로 300만 원만 미리 주면 안 되냐고 묻는다. 그 돈으로 이사 갈 집 가계약을 한다고……. 진짜 어이가 없었다. 자기가 한 행동은 생각 안 하고 이사비까지 당당하게 요구하는데 진짜 말이 안 나왔다.

"사장님, 지금 무슨 말도 안 되는 소리를 하세요. 지금까지 사장님 때문에 이사가 지연돼 회사에서 대출이자랑 손해가 큰데 거기다가 무슨 이사비용으로 300만 원을 달라고 하세요! 사장님 같으면 그 돈 주겠어요? 지금 같은 상황이면 이사비용으로 100만 원도 힘들어요. 처음부터 협조를 잘했으면 어떻게든 제가 이야기해볼 텐데 지금은 진짜 힘들어요."

남자가 계속 사정 이야기를 하면서 회사에 이야기 좀 잘해 달라고 부탁했다.

"사장님, 그러면 저도 회사에 최대한 말해볼 테니 빨리 이사 갈 집을 알아보세요. 사장님이 이사를 가야 이사비용을 회사에 청구하든 할 거 아닙니까? 이사 갈 집 계약도 안 했는데 미리 달라고 할 수는 없잖아요. 이번에는 지난번처럼 또 약속 어기지 마시고요."

어차피 지금 강제집행을 해도 85㎡면 250만 원 정도의 비용이 들기 때문에 지금까지 남자가 한 행동이 괘씸했지만 빨리 합의해서 내보내는 게 낫다고 생각했다. 그런데 갑자기 남자가 강제집행을 잠시 미뤄주면 안 되냐며 부탁했다.

"솔직히 지금 당장 돈이 없어서 이사하는 것은 힘들어요, 한 달 안에는 무조건 이사 갈게요. 부탁드려요."

어떡하지? 이러다 또 이사 안 가고 버티면 나만 손해인데. 괜히 시간 끌려는 거 아닐까?

"사장님, 그러면 이사할 집 계약서를 보내주면 강제집행을 중지할게요. 이제는 사장님 말만 믿고는 회사에서 들어주지 않을 거예요. 계약서라도 있어야 중지할 거 아닙니까?"

그런데 정말로 며칠 뒤에 이사할 집 계약서를 여자한테서 문자로 받았다. 이사 날짜도 한 달 안이었다. 공인중개사 도장까지 찍혀 있었기 때문에 의심할 여지가 없었다. 보증금도 없다던 사람들이 1,000만 원을 어디서 구했는지 진짜 어이가 없었다. 여자한테 이사 당일 보자고 하고선 연락을 안 했다. 남자에게는 이사비용으로 150만 원까지 가능하다고 했더니 알겠다면서 이사 당일 주기로 약속했다. 150만 원도 왜 주나 싶어 아까워할 수도 있겠지만 빨리 여기서 마무리하고 더 이상 신경 쓰기가 싫었다. 그때는 이렇게 끝나는 줄 알았다.

장난하나? 일주일 남겨 놓고 계약이 파기됐다고?

이사를 일주일 남겨 놓고 여자한테서 연락이 왔다. 느낌이 이상했다. 지금 전화 올 리가 없는데…….

"여보세요."

"여기 부산 ○○동이에요."

"네, 안녕하세요. 다음 주가 이삿날인데 이사 준비는 잘 하시고 계시죠?"

"그것 때문에 전화했어요. 갑자기 사정이 생겨서 이번에 이사하기로 한 집 계약이 파기돼 이사를 그날에 못하게 됐어요."

"네? 그게 또 무슨 말이에요? 그날 이사를 못 한다고요?"

"저는 잘 모르니 자세한 것은 남편한테 물어보세요."

"당신이 모르면 그럼 누가 알아요!"

자기 할 말만 하고 전화를 확 끊어버린다.

"여보세요! 여보세요!"

정말 어처구니가 없었다. 남편에게 연락해도 핸드폰은 꺼져있었다. 여자에게 전화하니깐 이제는 받지도 않는다. 다음날 남편에게서 연락이 왔는데 미안하다면서 사정이 생겨 이사를 못 한다고 했다. 그래서 도대체 그 사정이 뭐냐고 따져도 말을 하지 않는다. 순간 남자가 시간 끌려고 그동안 장난친 건 아닌지 의심이 들었다. 거기다가 이사하기로 계약한 집마저 가짜 계약일 수도 있다는 생각에 열이 받았다. 그러면서 남자가 또 이사할 시간을 달라고 했다. 이제는 나도 됐다고, 여기까지라고 하고선 그냥 전화를 끊어버렸다. 계속 전화가 와도 안 받았더니 문자로 있는 욕을 다한다. 정말 어이가 없었다. 나도 똑같이 하고 싶었지만 괜히 더 신경만 쓰이고 해서 아예 핸드폰을 꺼버렸다.

다음날 바로 부산 내려가서 강제집행을 신청했다. 최대한 빨리 집행 부탁드린다고 사정을 이야기했다. 이 집 때문에 몇 번이나 부산을 왔다 갔다 하는 건지 진짜 생각만 하면 짜증이 났다. 부산 내려간 김에 집에 찾아가서 한바탕 하고 싶었지만 여자 만난다고 해결될 것도 아니고 괜히 나만 더 짜증 날 거 같아서 바로 서울로 올라왔다. 처음부터 그냥 강제집행할 걸 괜히 사정 봐주다가 여기까지 왔다. 법원에서 며칠 후에 강제집행 예고장을 한다고 연락이 왔다. 이제 강제집행을 위한 마지막 단계까지 왔다. 할 수만 있다면 예고장이고 뭐고 바로 강제집행하고 싶은 심정이었다.

남편과 여자한테 내일 법원에서 강제집행 날짜를 통보하러 갈 거라고 문자를 보냈다. 집에 있든지 말든지 이제는 알아서 하라고 했다. 강제집행 예고를 위해서 또 부산에 내려 가야 했다. 진짜 KTX 비용이랑 시간적인 손해, 그리고 정신적 피해까지 모두 보상받고 싶은 심정이었다. 어떻게 하면 복수할까 고민까지 했다.

1시쯤에 아버지랑 도착해서 아파트 앞에서 집행관을 기다렸다. 집행관이 도착한 다음 벨을 누르고 문을 두드려도 아무도 없는지 문을 열어주지 않았다. 어제 법원에서 방문한다고 그렇게 말했는데도 어디 간 거야? 괜히 문 연다고 아까운 열쇠수리공비만 나가고, 정말 끝까지 도움이 안 됐다. 집행관이 열쇠수리공보고 문을 열라고 하고 문을 열었더니 집 안에 딸 한 명이 있었다. 집행관이 안에 있으면서 왜 문을 안 열어주냐고 했더니 딸이 하는 말이 더 대단하다.

"엄마가 아무한테도 문 열어주지 말라고 했어요."

진짜 그 여자를 어떻게 하고 싶었다. 아까운 10만 원만 열쇠업자에게 주게 생겼다. 집행관이 강제집행 예고장을 딸에게 주고 이제 모든 절차가 끝났다.

그날 밤 남자한테 전화가 왔는데 전화기를 꺼버렸더니 문자로 계속 연락이 왔다. 나중에 나도 열 받아서 문자를 보냈다.

"사장님, 그렇게 살지 마세요. 돈은 없다가도 생기고 어떻게든 다시 벌 수 있습니다. 그런데 사람이 돈은 없을 수도 있지만 신용이 있어야죠. 제가 몇 번이나 사정 봐주지 않았습니까. 이렇게 만든 것도 모두 사장님입니다. 괜히 남 탓하지 마시고 애들 보기 부끄러우니 그만하시고 강제집행할 거니깐 이사 준비 잘하세요."

좀 심하게 보낸 거 아닌가 생각했지만 그 전까지 당한 게 있어서 나도 분이 안 풀렸다. 계속 전화 오고 문자까지 왔지만 더 이상 아무런 대꾸도 하지 않았다.

드디어 강제집행 날짜가 잡혀서, 날짜를 남편과 여자한테 보냈다.

"강제철거 날짜 확정, ○○월 ○○일. 강제철거 준비하세요!"

그렇게 보냈더니 잠시 후에 남자한테 문자가 왔다. 이번에도 당연히 욕을 할 줄 알았더니 그게 아니었다. 그래서 전화했더니, 지금까지 화내고 욕한 거 죄송하고 마지막 한 번만 강제집행을 중지해달라면서 일주일 이내로 무조건 이사 간다고 했다. 그래서 모든 게 이제 끝났다고 말했다. 집행비용도 모두 납부했고 일주일 내로 이사 갈 수 있으면 벌써 집 구해서 이사 갈 수 있었다. 그런데 당신들은 몇 번이나 약속을 어겼고 나도 더 이상 도와줄 수가 없다. 강제집행은 회사에서 진행하는 거라서 내가 어떻게 할 수가 없다고 말했다. 그런데도 계속 이런저런 사정을 이야기하면서 미안하다며 강제집행 중지신청을 부탁했다.

왜 지난번에 이사할 집 계약이 파기됐냐고 물어보니 그때 나머지 잔금을 못 구해서 이사를 못 했다고 한다. 솔직히 그 말도 거짓말처럼 느껴졌다. 계속 강제집행 중지를 부탁하는데 아주 잠깐 마음이 흔들렸지만 강제집행을 중지했는데 만약 이사를 안 가면 또 나만 손해였다. 잠시 어떻게 할까 고민하다가 이제는 인정사정 봐줄 때가 아니라고 생각했다. 지금은 칼을 뽑았으니 휘두를 시기다. 그래서 그날 강제집행을 예정대로 진행하니깐 이사 준비하라면서 그냥 끊어버렸다.

드디어 강제집행하는 날

드디어 강제집행하는 날이다. 난 또 부산을 내려가야만 했다. 도대체 이 일로 몇 번을 내려가는지, 부산을 내려가면서도 차 안에서 열 받아서 더 괴롭혀주고 싶었다. 한편으로는 강제집행을 하는데 조금 긴장되기도 했다. 오늘 별일 없이 무사히 끝나야 하는데…….

15명 정도 되는 인부와 집행관이 기다리고 있었다. 집행관이 먼저 문을 두드렸더니 아무도 없는지 문을 열어주지 않았다. 벨을 계속 눌러도 인기척이 없자 집행관이 열쇠수리공보고 문을 열라고 해서 문을 열었더니 집안에 여자랑 남자가 있었다. 집행관이 왜 문을 안 열어주냐고 했더니 남자가 집에 한 발짝만 들어오면 가만두지 않겠다면서 협박을 하기 시작했다. 정말 어이가 없었다. 몇 번 강제집행을 해봤지만 이런 경우는 처음이었다. 집행관이 계속 이야기를 했지만 막무가내였다. 난 뒤에서 계속 지켜보고 있었다. 이럴 때는 그냥 집행관한테 모든 것을 맡기는 게 낫다고 생각했다. 집행관이 계속 이러면 공무집행방해로 처벌을 받는다고 아무리 이야기해도 남자는 소리 지르며 문 앞을 막고 서있었다.

이렇게 버티다가는 오늘 강제집행을 할 수가 없을 것 같았다. 그래서 내가 경찰서에 지금 사람이 싸우고 있다면서 급히 와달라고 전화를 했다. 이제는 경찰까지 출동하게 생겼다. 경찰이 도착해서 상황을 보더니 남자를 설득하기 시작했다. 이렇게 해봤자 좋을 게 하나도 없고 일이 더 커질 수 있으니 여기서 그만하라고 설득했다. 옆에 있던 여자가 그러면 시간을 좀 달라고 하면서 귀중품 잃어버리면 당신들이 책임질 거냐며 짐 정리할 시간 30분을 요구했다. 그 상황에서도 여자가 너무 뻔뻔하게 요구하길래 속으로 진짜 대단하다고 생각했다. 집행관이 알겠다면서 그럼 30분 후에 바로 작업을 시작한다고 말했다.

나는 끝까지 진상부리는 남편 때문에 짜증이 났지만 빨리 끝내고 싶은 마음뿐이었다. 30분이 지나자 집행관과 인부들이 들어가서 가구랑 짐들을 용달차에 싣기 시작했다. 여자는 짐 옮길 때 조심히 옮기라면서 인부들한테 짜증을 내고 남편은 계속 옆에서 담배만 피우고 있었다. 집 안에 있던 짐을 옮기는 것을 보며 나는 빨리 끝나기만을 기다렸다.

피를 봐야 끝이 나는 건가?

그때 남자가 1층에서 담배를 피우고 있다가 나를 보더니 내 쪽으로 오면서 혹시 자기랑 통화한 사람이냐고 물었다. 그렇다고 하니깐 갑자기 쌍욕을 하면서 나에게 달려들었다. 피할 틈도 없이 얼굴을 한 대 맞았다. 순식간에 일어난 일이었다. 그때부터 서로 뒤엉켜서 몸싸움이 시작됐다. 나도 맞은 게 억울해서 한 대라도 더 때리려고 있는 힘껏 달려들었다. 1층에서 짐을 옮기던 인부들이 싸우는 것을 보고 말리려고 급히 달려왔다. 완전히 난장판이었다. 지나가던 아파트 주민들도 무슨 일인지 구경하러 오고 순식간에 많은 사람들이 모여들었다. 그 남자의 얼굴에서 피가 흐르는 걸 봤는데 내 얼굴에서도 코피가 났다.

코피가 흐르는 것을 보니 이번엔 내가 순간 참지 못하고 그 남자에게 달려들었다. 누가 먼저라고 할 것 없이 서로 주먹을 주고받았다. 서로 뒤엉켜서 넘어지고 옆에서는 말리는 와중에도 나는 남아 있는 힘을 다해 죽기 살기로 싸웠다. 강제집행하다 진짜 이런 경우는 처음이었다. 인부들 때문에 강제로 서로 떨어지자 남자는 나한테 욕을 하면서 고소하네, 죽여 버리네 했다. 나도 욕을 하면서 끝까지 어디 해보라고 말싸움을 했다. 그땐 나도 눈에 보이는 게 없었다. 한마디로 이판사판이었다. 나도 흥분해서 있는 욕, 없는 욕을 다 했다. 그때 옆에서 지켜보던 여자가 이제 그만 하라면서 큰 소리로 말하다 갑자기 쓰러졌다. 쓰러진 여자를 남편이 부축하면서 만약 무슨 일 있으면 가만히 안 있겠다면서 나를 째려봤다. 강제집행이 내가 생각한 것과는 달리 조금 시끄러워졌다. 다행히 여자는 잠시 후 정신을 차렸지만 남편에 대한 나의 분노는 쉽게 사라지지 않았다.

집행관이 나보고 일이 더 커질 수 있으니 다 끝나면 연락 준다고 하면서 차에 가 있으라고 했다. 그게 낫겠지 싶어서 차에 가서 집행이 끝나기를 기다렸다. 얼굴과 몸에 난 상처를 보면서 화가 많이 났지만 일이 이렇게 커질 게 아닌데 내가 좀 더 참았어야 했나 생각이 들었다. 하지만 갑자기 남자가 달려드는 바람에 어쩔 수가 없었다.

끝까지 가보자, 누가 이기는지

아침 10시부터 집행을 시작했는데 2시가 넘어가고 있었다. 보통 1~2시간이면 강제집행이 끝나는데 무려 4시간이나 걸렸다. 잠시 후에 집행관이 모든 정리가 끝났다면서 올라와서 보라고 했다. 남아있는 짐이 있으면 남자가 나중에 또 어떻게 나올지 몰라서 구석구석 사진을 찍고 문젯거리가 될 만한 게 없는지 살펴봤다. 아직도 남자는 나를 째려보면서 자기가 이 집 수리하고 리모델링 직접 했다면서 옆에서 계속 투덜대고 있었다. 그래서 나도 왜 사장님이 사업 잘못해서 집이 경매 넘어간 것을 남한테 화풀이하냐고, 그리고 몇 달이나 시간을 줬는데도 약속을 안 지킨 게 누구냐면서 나도 가만히 있지 않겠다고 말했다. 옆에서 집행관이 그만 하라면서 다 둘러봤으면 이제 끝났으니 나가자고 했다. 남자가 나가면서 고소할 거라면서 끝까지 한마디 하길래 나도 하나도 겁 안 나니깐 꼭 하라고, 나도 손해비용 청구할 거 많고 사장님한테 모든 재산 압류 걸어서 돈 다 받을 때까지 집에 빨간딱지 붙이게 할 거라고 말했다. 나도 그때는 괜한 오기가 생겼다.

"사장님, 하나도 겁 안 나니깐 누가 이기는지 끝까지 한번 해보시죠!"

짐을 실은 차가 떠나고 남편이랑 그 여자도 차를 타고 가버렸다. 이렇게 명도가 완전히 끝났게 됐다. 모든 게 끝나고 나니 하루 종일 시달려서 기운도 없고 긴장했던 게 한번에 풀려서 피곤함이 몰려왔다. 그제야 남자랑 싸워 코피가 났던 것과 몸이 아프다는 것을 느끼기 시작했다. 다시 생각하니 열 받아서 혼자서 욕만 계속했다. 그 후에도 남자한테 몇 번 연락이 왔는데 그냥 무시했다.

지금까지 경매하면서 부산 아파트가 가장 기억에 남는 명도 중 하나였다. 경매를 하다 보면 정말 쉽게 명도가 되는 경우도 있지만 그때처럼 강제집행까지 가는 경우도 있다. 대부분은 강제집행을 신청해도 그전에 협의가 이뤄지거나 적절한 이사비를 받고 끝나는 경우가 대부분이다. 이처럼 강제집행까지 가는 경우는 정말 드물다. 나도 지금까지 수십 개의 부동산을 명도했지만 강제집행까지 간 경우는 단 2건밖에 되지 않았다.

명도를 진행할 때 최대한 점유자 입장에서 이해하고 이사비용 때문에 스트레스 안 받으려고 무리한 요구만 하지 않는다면 최대한 맞춰주려고 했다. 금전적으로는 조금 손해를 보더라도 그게 마음이 편했다. 그리고 생각해보면 금전적으로 꼭 손해 보는 것도 아니다. 점유자가 빨리 이사 나가면 그만큼 새로운 계약을 빨리하게 되고 나도 시간적으로 이익이다. 권리분석이나 물건 검색은 단순히 기계적으로 할 수 있지만 명도는 사람끼리 하는 일이라 기계처럼 한다는 게 조금은 쉽지 않은 것 같다. 내가 아는 지인은 법대로 하면 명도가 쉽다고 하는데 법을 몰라서 그렇게 안 하는 게 아니라 해보니깐 그게 법대로만 한다고 되는 게 아닌 것 같았다. 세상일이 모두 법대로만 풀리지 않는 것처럼 말이다.

그래서 나는 여러분들이 한 번이라도 직접 경험을 해봤으면 좋겠다. 책으로 열 번 보는 간접경험과 본인이 한 번이라도 처음부터 끝까지 경험해본 것은 상대가 안 된다. 한 번의 실전경험에서 책보다 더 많은 것을 배우고 느낄 수 있기 때문이다. 나도 그랬지만 경험하지 않고서는 더 많은 것을 배울 수가 없다. 경험이야말로 최고의 자산이다.

대출, 그걸 이제 말해주면
어떻게 해요

사장님, 대출 좋은 조건 있어요

대구에 있는 아파트를 낙찰받고 나오는 길이었다.

"사장님, 축하해요! 대출하셔야죠? 연락처가 어떻게 되세요?"

"사장님, 좋은 조건 있으니 여기로 연락 주세요."

처음에 낙찰받고 나오면 제일 먼저 축하해주는 사람이 대출 중개인
이다. 주위에서 여러 사람이 한꺼번에 모여들고 순식간에 대출명함이
몇십 개 생긴다. 지방 물건을 낙찰받으면 서울에서 대출 취급을 잘 안
하기 때문에 해당 지역에서 대출을 알아보는 게 좋다. 광주 물건은 광
주지역 은행에서 대출받아야 한다. 은행에서는 다른 지역 경매 물건에
대해서 꺼리기 때문이다. 그래서 낙찰받은 물건 대출을 대구에서 알아
보기 시작했다.

1층은 10%가 빠진다고요?

낙찰받은 아파트가 1층이었다. 아파트 1층을 처음 낙찰받았는데 그동안 잔금대출 하는 데 별문제가 없어서 이번에도 아무런 걱정을 하지 않았다. 보통 아파트 대출은 KB 시세[42]를 기준으로 KB 시세 70%거나 낙찰가의 80% 또는 감정가 70% 중 제일 낮은 금액으로 대출이 이뤄진다. 그래서 KB 시세의 70% 정도를 예상하고 낙찰을 받았다. 하지만 대출상담을 할 때마다 1층이라고 이야기했더니 대출금액에서 10% 정도가 빠진다고 했다. 그런 게 어디 있냐고 물어도 1층이나 꼭대기층(옥탑)은 시세에서 10% 정도 빠져서 매도가 이뤄지기 때문에 대출도 어쩔 수 없다고 했다. 그렇게 되면 2,000만 원이 더 필요한 상황이었다. 그동안 거래했던 서울에 있는 법무사나 대출 중개인에게 알아봐도 대구 물건을 취급 안 하거나 여기도 역시 1층이라서 대출금에서 10% 낮게 대출 가능하다고 연락이 왔다. 그러다 한 중개인한테 연락이 왔다.

"여보세요!"

"안녕하세요, 사건번호 받고 연락드려요."

"네, 조건이 어떻게 되나요?"

"은행이 아니라 ○○보험사에서 경락잔금대출을 취급하는데 좋은 조건이 있어요. 금리도 5.2%고 KB 시세 70%까지 나와요. 중도상환수수료도 없고 법무비도 싸요."

"그래요? 그런데 1층인 것은 아세요?"

"네, 직원한테 KB 시세 70%까지 가능하다고 연락을 받았어요."

---

42. 시세 조사는 KB국민은행에서 제공하는 아파트 시세정보와 국토교통부에서 제공하는 아파트 실거래가 조회 서비스를 통해 알 수 있다.

"정말이죠? 조건 괜찮은데요. 그럼 서류 준비해서 대구에 내려가면 되나요?"

1층인데도 10% 빠지는 거 없이 좋은 조건에 대출이 가능하다는 것이다.

처음 말한 조건이랑 다르잖아요

대출 중개인에게 연락을 받고 은행에 가더라도 처음에 제시했던 조건이랑 다른 경우가 많다. 금리나 중도상환수수료가 다르거나 개인 신용등급이 낮아서 대출이 안 된다고 하는 경우도 있다. 어떨 때는 여러 이유를 들어서 금리를 높게 계약한 적도 있었다. 다시 알아볼 시간이 있다면 상관이 없지만 잔금 납부 기한이 촉박하면 울며 겨자 먹기로 어쩔 수 없이 계약해야 한다. 그래서 대출은 미리미리 알아보는 게 좋다.

약속한 날에 준비한 서류를 가지고 대구로 내려갔다. 통화한 중개인은 없고 보험사 대출직원만 기다리고 있었다.

"안녕하세요, 서류는 다 갖고 오셨죠?"

"네, 여기요. 그런데 진짜로 1층인데도 대출 다 나오죠?"

"네? 1층이에요?"

"아니, 그걸 모르셨어요? 1층인데 10% 차감 없이 대출 나온다고 해서 여기까지 왔죠."

"잠시만요."

역시 믿을 수 없구나. 어쩐지 조건이 좋다고 생각했다. 소개해준 대출 중개인한테 전화가 왔다.

"사장님, 죄송해요. 중간에 착오가 생겼어요. 사건번호만 확인하고 층을 확인을 못 했나 봐요. 설마 1층일 거라고 생각을 못 했대요."

"아니, 이제 와서 어떡해요? 그게 말이 돼요? 제가 물어봤잖아요. 1층인데 가능하냐고 했더니 가능하다면서요. 그래서 대구까지 내려왔잖아요."

"사장님, 정말 죄송해요. 그냥 거기서 하시면 안 돼요?"

"네? 여기서 하면 안 되냐고요?"

"잔금날짜도 며칠 안 남았는데 알아보려면 시간도 걸리고 금리도 좀 더 낮춰드리라고 말해볼게요."

"됐어요. 안 해요!"

열 받아서 전화를 확 끊어버렸다. 담당자가 정말 죄송하다면서 이런 일이 잘 없는데 담당자가 바빠서 확인을 못 해 아파트가 1층인지 몰랐다고 했다.

"처음에 이야기한 거랑 대출 조건이 다르잖아요. 서울에서 대구까지 내려왔는데 이제 어떡하실 거예요?"

이게 말이 되냐고 따졌더니 죄송하다는 말만 할 뿐 자기들도 어쩔 수 없다고 했다. 죄송하면 끝인가? 서울에서 대구까지 내려왔는데, 진짜 짜증이 확 났다. 괜히 여기까지 헛걸음만 했다. 그러면서 법무비도 기존보다 더 싸게 해주고 금리를 조금 낮춰줄 테니 여기서 하면 안 되냐고 하는 것이었다.

"됐어요! 기분 나빠서 안 해요! 혹시 일부러 1층 인줄 알았는데 대출된다고 한 거 아니에요?"

"정말 아니에요. 저희 그런 짓은 안 해요."

진짜 어이가 없었다. 대구까지 내려가서 물 한 잔만 마시고 다시 서울로 올라왔다. 여기서 계약을 할 수도 있었지만 아직 잔금기한까지 시간이 남아 다른 대출상품을 다시 알아보기로 했다. 다음부터는 대출을 알아볼 때 더욱더 꼼꼼히 챙겨서 알아보게 됐다. 돌다리도 두드려보고 건너야 한다! 아파트 1층이나 탑층은 KB 시세에서 10% 정도 빠진다는 것을 유의하자. 물 한 잔 마시러 대구까지 간 사건이었다.

미납관리비 안 내면
이사 절대 못 들어와요

얼굴에 사기꾼이라고 쓰여있는 사람은 없다

경매를 하다 보면 정말 다양한 사람을 만날 수 있다. 그리고 각자 드라마에 나올 만한 사연을 갖고 있다. 그걸 책으로 만들어도 한 권은 충분히 나올만하다. 이번 경매 물건도 그랬다. 강동구에 있는 아파트를 낙찰받고 명도하러 갔다. 이 집은 집주인이 살고 있었는데 이야기가 잘됐다. 이사비도 적정선에서 합의가 이뤄지고 이사도 빨리 나간다고 했다. 모든 게 순조롭게 진행되고 있었는데 집주인이 이사비를 미리 주면 안 되냐고 부탁했다. 집은 확실히 빨리 비워주니깐 걱정하지 말라면서 이사 나가기 전에 관리비도 납부해야 하고 이사 갈 집 계약금이 모자라서 부탁한다고 했다. 회사에서 지금까지 미리 이사비용을 준 적은 없다고 했더니 그럼 반이라도 안 되냐며 부탁하는 것이었다. 사기 치거나 나쁜 사람으로 보이지는 않았다. 단지 현재 상황 때문에 얼굴이 안 좋아 보였다. 하긴 얼굴에 사기꾼이라고 쓰여있는 사람은 없지 않은가? 그러면 집을 구한 다음 이사 갈 집 계약서를 보여주면 60%는 회사에 말해서 먼저 주고 나머지 40%는 이사 나갈 때 준다고 했다.

미납관리비가 170만 원?

집주인과 이야기를 나눈 다음 제일 중요한 것을 확인하러 갔다. 그 것은 바로 '아파트 관리비'다. 이게 어떨 때는 이사비보다 더 골치 아픈 경우도 있다. 그래서 무조건 아파트나 상가 관리실에 가서 미납된 관리비가 있는지 확인해야 한다. 만약 미납된 관리비가 있으면 이사비용을 줄 때 관리비 완납 조건으로 하든지 이사비용 대신 관리비납부로 대신 하는 경우도 있다.

"안녕하세요, 사장님!"

"어떻게 오셨어요?"

"이번에 123동 1234호 경매로 낙찰받은 사람입니다. 혹시 미납된 관리비 있는지 확인 좀 하러 왔어요."

"몇 동 몇 호요?"

"123동 1234호요."

"아, 거기요? 그 집 때문에 진짜 애 많이 먹었어요. 관리비 미납해서 몇 번이나 찾아가서 간신히 받았는데 그것도 한 번에 다 낸 게 아니라 돈이 없다면서 3개월 치만 내고 지금까지 안 내고 있어요."

"그래요? 혹시 지금까지 미납된 관리비 금액이 얼마예요?"

"잠시만요, 170만 원 정도 되네요."

"네? 그렇게 많이 밀렸어요? 지금까지 안 받고 뭐 하셨어요?"

"저희도 받고 싶죠. 찾아가면 만나기도 힘들고 만나도 돈이 없다고 사정하는데 저희도 받기 힘들어요."

"아무리 그래도 그렇지, 받을 건 받아야죠. 그럼 나중에 미납금액 있으면 그걸 누가 내요? 혹시 못 받은 금액 나중에 저보고 내라고 하지 마세요. 저는 절대 못 내니 알아서 단수하든 전기를 끊든 저한테 받을 생각 말고 수단과 방법 가리지 말고 아파트 규약대로 받으세요. 미납관리비 안 내면 어떻게 하라고 나와 있을 거 아니에요?"

"저희도 할 만큼 하고 있죠. 그런데 그게 어디 쉽나요."

"암튼 전 모르니깐 이사 나가기 전에 알아서 다 받으세요! 저한테 엉뚱한 소리 하지 마시고요."

그렇게 강하게 이야기를 하고 나왔다. 이렇게 해야 나중에 나도 할 말이 생기기 때문이다.

점유자는 잔금 납부도 하기 전에 이사 나간다고 했다. 이사 갈 계약서까지 보내주는데 약속대로 이사비용 200만 원 중 120만 원을 먼저 보냈다. 나머지 80만 원은 이삿날에 주기로 하고 이렇게 명도가 쉽게 끝나는 듯했다(무슨 이사비용을 200만 원이나 주느냐고 할 수도 있지만 강제집행하면 1평당 보통 7~8만 원의 비용이 든다. 보통 30평 아파트는 250만 원 정도 예상하면 된다. 나는 그 금액 안에서 시간과 비용, 정신적 스트레스를 계산한다).

돈이 뭐길래, 야반도주까지 한 집주인

이사하기로 한 날 아침에 연락해도 전화를 받지 않는다. '이사 준비 한다고 바쁜가? 전화를 안 받네?' 며칠 전까지 이사 준비 잘하고 있다 면서 연락도 오고 이사 시간까지 말해줘서 의심할 수가 없었다. 이사 시간에 맞춰 도착했더니 출입문만 열려있고 안에 아무런 짐도 없었다. '뭐지? 벌써 이사 갔나? 이사 한 번 빨리 갔네. 이사 갔으면 연락이라도 주던지. 아무튼 이사 갔으니 이제 끝났네.' 그때까지 나는 사태 파악도 못 하고 있었다.

여기저기 집을 살펴보다가 문득 남은 이사비용 80만 원을 안 준 기억 이 났다. 처음에 120만 원만 먼저 주고 이사 당일에 80만 원을 주기로 했기 때문이다. 왜 80만 원을 안 받고 갔지? 이상한 사람이라고 생각 했다. 그런데 갑자기 관리비는 모두 계산하고 갔는지 생각이 났다. 집 주인한테 전화해도 안 받고 문자를 보내도 연락이 없다. 갑자기 느낌이 싸하다. 설마, 말로만 듣던 야반도주? 난 바로 관리실로 뛰어갔다.

"저기요, 123동 1234호 아파트 관리비 납부했어요?"

"거기 아직 납부 안 했는데요? 왜요?"

"당했다."

"왜요? 무슨 일 있어요?"

"집에 가니깐 이사 가고 아무것도 없더라고요."

"네? 뭐라고요? 언제 이사 나갔데요? 전화해도 안 받아요?"

"저도 언제 이사 나갔는지 모르죠. 방금 도착했는데. 전화해도 안 받 아요."

"뭐 이런 사람이 다 있어. 괘씸하네."

"아, 진짜 열 받아. 완전 뒤통수 맞았네."

그런데 관리소장이 옆에서 더 열 받게 한다.

"사장님, 이제 어떡하죠? 지금 이런 말해서 좀 미안한데 1234호 관리비 받을 사람이 없는데 사장님이 내셔야겠어요."

"네? 지금 저보고 미납관리비를 내라고요? 그걸 왜 제가 내요?"

"사정은 알겠는데 저희도 어쩔 수가 없어요. 안 그러면 이사 못 들어와요."

"이런 경우가 어딨어요. 제가 지난번에 다 받으라고 했잖아요. 그러면 지금까지 미납관리비가 총 얼마예요?"

"오늘까지 180만 원 정도 되네요."

"왜 또 180만 원이에요? 지난번에 170만 원이라면서요."

"그건 지난달까지 사용금액이고요. 이번 달 10일 정도 사용한 금액 합해서 180만 원이에요."

"아니. 그때 제가 1234호 찾아가서 수단과 방법 가리지 말고 다 받으라고 했잖아요. 하셨어요?"

"그럼요. 저희도 몇 번이나 찾아갔죠. 그런데 이삿날에 모두 정산하겠다면서 이야기하는데 어떡해요?"

"어휴, 진짜. 그럼 그동안 밀린 공용관리비[43] 얼마 전용관리비[44] 얼마예요?"

"공용관리비는 115만 원, 전용관리비는 65만 원요. 가스비는 별도예요."

---

43. 청소비, 승강기유지비, 수선유지비, 경비비 등 아파트 입주민들이 공동으로 부담하는 비용.

44. 세대 전기료, 수도 사용료, 난방료 등 한 가구가 사용한 관리비.

"그럼 공용관리비만 내면 되죠? 전용관리비는 저희 부담 아니란 거 아시잖아요."

"그건 안 되죠. 모두 납부하셔야 입주 가능합니다. 아니면 앞으로 전기랑 수도 사용 못 합니다."

"뭐라고요? 그런 게 어딨어요? 진작에 전에 살던 사람한테 그렇게 하셨어야죠! 그리고 법으로 관리비승계는 전용부분을 제외한 공용부분만 승계하는 거 아시잖아요."

"저희는 그런 거 모르니 다 납부하시든 법으로 따지시든 알아서 하세요."

완전 무대포다. 원래 이사비로 200만 원 주기로 했는데 120만 원을 줬으니 공용관리비 115만 원 더 내면 총 이사비용은 235만 원 계산이 나온다. 아깝지만 35만 원 더 줬다고 생각하면 되는데 거기다가 전용관리비랑 가스비까지 내야 하니 금액이 생각보다 커졌다.

"겨울이라 난방비도 엄청 나왔을 테고 금액도 좀 될 텐데 어떡하지. 아, 완전히 뒤통수 맞았네. 진짜 뭐 이런 사람이 다 있어."

소장님이랑 더 이상 실랑이해봤자 소용이 없었기 때문에 알겠다고 하고선 나왔다.

그래, 얼마나 힘들었으면 그랬을까

집주인한테 전화를 계속했지만 받지도 않고 문자로 연락해도 연락이 없었다. 화가 나고 집주인을 믿었던 내가 바보 같았다. 그럼 그렇지 어쩐지 쉽게 마무리된다 싶더라. 지난번에 나에게 보내준 이삿집 계약서가 생각나서 지금 당장이라도 집까지 찾아가서 돈을 받을까 싶었다.

'어떻게 하지? 연락도 안 되고 진짜 집까지 찾아가? 말아? 생각할수록 열 받네.'

돈도 돈이지만 집주인을 믿었는데 그렇게 나오니 그게 더 괘씸했다. 그러다가 그렇게까지 해서 돈 받아 뭐하나 싶은 생각이 갑자기 들었다.

'그 사람도 얼마나 다급했으면 밤에 이사를 했을까? 돈이 뭐길래 이렇게 도망자처럼 아무도 모르게 밤에 이사를 가고 연락도 없고 그 사람도 그러고 싶지 않았을 거야? 오죽했으면 그랬을까. 나에게 미안해서 연락도 안 받고 그러겠지.'

이런 생각이 들면서 한편으로는 괘씸하면서도 조금은 집주인을 이해하려고 했다. 얼마나 힘들면 야반도주까지 했을까. 지저분하게 찾아가서 돈 받지 말고 차라리 그냥 내가 좀 손해 보고 말자는 생각이 들었다. 그게 오히려 마음이 편했다. 그래서 이제 관리비를 어떻게 처리할지 고민했다. 전용관리비까지 내지 않으면 단전, 단수해서 새로운 임차인이 못 들어올 것 같고 소송으로 가면 기본 6개월은 걸릴 텐데 나한테는 시간이 돈이었다. 계약이 늦어지면 늦어질수록 나만 손해다. 빈집이니 하루라도 빨리 계약해서 투자금 회수를 해야 했다. 결국, 관리실이랑 협의를 해보기로 했다.

공용관리비는 전액 납부하고 전용관리비라도 깎아달라고 부탁했다. 원래는 전부 납부해야 하지만 관리소장도 내가 조금 억울한 사정을 알았던지 전용관리비는 50%만 부담하라는 조건으로 소송으로 가지 않고 잘 마무리가 됐다. 미납관리비는 책으로 배우는 것과 현실이랑은 많이 다르다. 미납관리비가 소액이라면 별문제가 안 되지만 금액이 크고 점유자가 납부할 능력이 안 되거나 나중에 연락이 안 될 경우 의외로 큰 문제가 될 수 있다. 체납관리비 중 공용부분만 납부하면 안 되냐고 할 수 있지만 아파트나 상가건물의 관리소에서는 전용부분까지 납부를 해야 점유자가 이사를 나가거나 새로운 임차인이 입주할 수 있다고 주장하는 경우가 많다. 미납관리비가 있을 경우에는 어떻게 할지 미리 정한 다음 입찰하거나 명도를 진행하는 게 좋다.

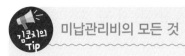

미납관리비의 모든 것

낙찰받고 나서 의외의 문제가 될 수 있는 게 미납관리비다. 일반적으로 아파트와 상가의 경우에 많이 발생한다. 아파트나 상가건물의 관리실에선 낙찰자에게 전용부분과 공용부분을 모두 정산해야 입주할 수 있다고 하는 경우가 많다. 미납금액이 소액이면 괜찮지만 상가의 경우 미납관리비가 수천만 원이 되는 경우도 있기 때문이다.

1. 미납관리비의 승계 범위

대법원에서는 낙찰인이 부담하는 관리비의 범위에 대해 명확한 기준을 제시하고 있다.

> 2001.09.20. 선고 2001다8677 판결
>
> **[판결 요지]**
>
> 위 관리규약 중 공용부분에 관한 부분은 위 규정에 터 잡은 것으로 유효하다고 할 것이므로, 아파트의 특별승계인은 전 입주자의 체납관리비 중 공용부분에 관하여는 이를 승계해야 한다고 봄이 타당하다.

이 판례에 따르면, 낙찰자는 전 소유자의 미납관리비 중 전용부분을 제외한 공용부분에 대해서만 미납관리비를 납부하면 된다. 관리비명세서를 청구할 때 전용부분과 공용부분으로 나눠달라고 요청하면 된다.

2. 미납관리비의 연체료

미납관리비명세서를 보면 미납관리비에 대한 연체료가 포함돼있다. 하지만 낙찰자가 승계해야 하는 공용부분이라도 연체료는 내지 않아도 된다.

> 대법원 2006.06.29.선고 2004다3598 판결
>
> **[판결 요지]**
>
> 연체료의 승계 여부에 관하여 관리비 납부를 연체할 경우 부과되는 연체료는 위약벌의 일종이고 특별승계인이 전 입주자가 체납한 공용부분 관리비를 승계한다고 하여 전 입주자가 관리비 납부를 연체함으로 인해 이미 발생하게 된 법

률효과까지 그대로 승계하는 것은 아니므로, 공용부분 관리비에 대한 연체료는 집합건물의 특별승계인에게 승계되는 공용부분 관리비에 포함되지 않는다.

3. 관리비의 소멸시효는 3년

상가나 아파트에 미납관리비가 존재하더라도 낙찰자는 공용에 해당하는 최종 3년간의 미납관리비만 부담하면 된다.

4. 관리사무소에서 단전·단수했을 경우

아파트관리소에서 미납된 관리비를 받기 위해서 단전, 단수 등의 조치를 취하는 경우가 있는데 이것은 명백한 불법이다. 그리고 단전, 단수 등의 기간에 발생한 관리비는 부담할 필요가 전혀 없다.

> 대법원 2006.06.29. 선고 2004다3598.3504 판결
>
> **[판결 요지]**
>
> 집합건물의 관리단이 전 소유자의 특별승계인에게 특별승계인이 승계한 공용부분 관리비 등 전 소유자가 체납한 관리비의 징수를 위해 단전·단수 등의 조치를 취한 사안에서, 관리단의 위 사용방해 행위가 "불법행위"를 구성한다.
>
> 집합건물의 관리단 등 관리주체의 위법한 단전·단수 및 엘리베이터 운행정지 조치 등 불법적인 사용방해 행위로 인하여 건물의 구분소유자가 그 건물을 사용·수익하지 못했다면, 그 소유자로서는 관리단에 대해 그 기간 동안 발생한 관리비채무를 부담하지 않는다고 보아야 한다.

5. 부당이득반환청구의 소

어쩔 수 없이 미납관리비의 전용부분까지 납부하는 경우가 있다. 이럴 때는 관리사무소의 압박에 의해 전용부분이나 연체료까지 납부했다는 증거를 준비해야 한다. 입주가 완료되면 관리사무소에 내지 않아도 될 미납관리비에 대해 돌려달라는 내용증명과 판례를 같이 보낸다. 만약 반환해주지 않으면 부당이득반환청구 소송을 통해서 소요되는 모든 비용과 이자도 같이 청구한다고 한다. 이래도 안 될 경우 내용증명, 녹취서, 영수증을 준비해 법원을 통해 부당이득반환청구를 해 그 금액을 반환받을 수 있다.

재수도 없지.
25억 원 차이로……

이 정도 금액이면 1등이겠지?

아파트 투자에 한창 열을 올리고 있을 때였다. 같이 공부하는 사람들 중에 인천 송도가 투자가치가 있다고 하면서 송도에 투자해볼 것을 권유한 적이 있다. 비싼 아파트가 많아서 못하고 있었는데 조금 저렴한 아파트가 경매로 나왔다.

'지하철역이랑도 가깝고 평수도 적당하고, 이 정도 금액이면 한번 해볼 만하겠어.'

열심히 시세 조사도 하고 드디어 입찰하기로 결정했다. 임차인이 거주하지만 전액 보증금을 받을 수 있어서 명도도 쉬울 것 같았다. 문제는 입찰금액이다. 당시는 아파트 투자 열풍에 감정가 100% 근처에서 낙찰이 이뤄지곤 했다. 경쟁률도 치열했다. 그동안 아파트 투자에 10번 넘게 입찰했지만 모두 떨어져서 이번에는 낙찰받고 싶었다. 그렇다고 무턱대고 쓰면 또 안 되기 때문에 입찰가격을 얼마 적을지 고민이었다.

'그래, 이번에는 꼭 낙찰받고 보자. 낙찰받으면 어떻게든 남겠지.'

재수도 없지. 25억 원 차이로……

법원에 도착해서 입찰표를 작성했다. 평소에는 전날에 미리 정한 입찰가격을 적는데 그동안 많이 떨어지고 꼭 낙찰받고 싶은 욕심에 좀 더 올려 적어야겠다는 생각이 들었다. 안 그래도 전날에 입찰금액을 평소보다 높게 정했는데 법원에서 100만 원을 더 올려 적었다.

'아, 몰라. 우선 낙찰받고 보자. 이 정도 금액이면 1등 하겠지? 그래도 불안한데…… 이왕 올리는 거 더 올려?'

혼자서 북 치고 장구 치고 낙찰받겠다는 의지에 마지막까지 입찰금액을 고심했다. 결국, 전날 내가 정한 금액보다 110만 원을 더 올려 적었다. 입찰시간이 끝나고 집행관들이 개찰[45]을 시작했다. 내가 입찰한 물건번호에 가까워지자 기도하기 시작했다.

'하느님, 하느님, 제발 이번 한 번만 낙찰받게 해주세요. 제발요!'

드디어 나의 사건번호가 불렸다.

'어휴, 20명이나 입찰하고 많이도 했네. 제발, 제발, 제발, 1등 해라. 1등 해라.'

열심히 속으로 기도하고 있었다. 입찰가격을 낮게 쓴 순서대로 이름이 먼저 호명되기 때문에 최대한 자기 이름이 늦게 호명되는 것이 좋

---

45. 입찰한 사람들이 제출한 입찰 봉투를 확인하는 절차.

다. 최후의 1등이 제일 마지막에 불리기 때문에 마지막에 내 이름이 호명되길 기도하고 있었다.

"3등 3억 3,500만 원. 2등 3억 3,550만 원. 최고가 매수신고인은 29억 1,000만 원을 쓰신 인천에서 오신 ○○○입니다."

무슨 29억 원을? 제정신인가? 그런데 1등 금액이 불리자마자 주위에서 웅성거리기 시작했다. 생각해보니 낙찰자가 입찰금액에 실수로 '0' 하나를 더 적은 것이었다. 원래는 2억 9,000만 원을 적으려고 했는데 잘못 적어서 29억 원을 적었다. 그걸 생각하니 더 열 받기 시작했다.

'입찰자가 실수만 안 했어도 내가 1등인데 재수도 진짜 더럽게 없지. 어떻게 이럴 수가 있나? 하필 내가 입찰한 물건에 이런 일이 생겨서 패찰하나. 진짜 패찰하는 방법도 다양하네. 법원 식당에서 밥이나 먹고 가야겠다.'

이렇게 또 패찰하고 말았다. 지금도 입찰표 작성을 할 때면 인터넷으로 양식을 다운로드해 미리 전날에 입찰표를 작성해 간다. 그래야 실수를 안 하기 때문이다. 만일 법원에서 입찰표를 다시 작성할 경우 세 번 입찰표를 꼭 확인한다. 서두르다 보면 실수하는 경우가 생기기 마련이다. 한번은 친한 지인이 사건번호만 적고 실수로 물건번호를 안 적어서 무효처리가 된 경우가 있었다. 1등 했는데 무효처리가 돼 얼마나 억울했던지 그날 같이 술을 먹었던 기억이 난다. 사실 그분은 5년 넘게 경매를 하는 분인데 실수는 경력과 아무런 관계가 없는 듯하다.

나중에 그 물건이 어떻게 됐는지 확인해보니 29억 원을 쓴 입찰인은 잔금을 미납해서 피 같은 보증금 3,000만 원을 날리게 됐다.

공동투자했는데 정말 안타까운 사연

한번은 이런 일도 있었다. 정말 안타까운 사연이다. 내가 아는 경매 스터디 모임 중에 정말 열심히 공부하고 같이 임장을 다니는 팀이 있었 다. 서로 초보니 배움의 열정이 대단했다. 모르는 것은 서로 가르쳐주 면서 스스로 기본 권리분석도 할 수 있을 정도의 실력까지 갔다. 그러 다 주부 5명이 뭉쳐서 아파트 공동투자를 해보기로 했다.

그런데 이게 나중에 화근이 됐다. 역할분담까지 해서 물건분석. 권 리분석. 임장까지 모두 잘 끝내고 이제 한 명이 대표로 법원에 가서 입 찰하기로 했다. 그런데 입찰표 작성하시는 분이 긴장했는지 입찰금액 에 '0'을 하나 더 적어서 낙찰받은 것이다. 그날 입찰표를 작성했던 분 은 하루 종일 미안해하면서 어쩔 줄 몰라 하고 난리도 아니었다. 같이 공동투자했던 사람들은 망연자실하고 법원에 불허가신청을 했지만 받 아들여지지 않아서 결국에는 잔금을 미납하고 입찰보증금을 날리게 됐 다. 날린 입찰보증금을 어떻게 하기로 했는지는 더 이상 물어보지 않았 다. 그 이후 공동투자했던 5명은 스터디도 잘 나오지도 않고 나중에는 모두 연락이 되지 않았다. 3,000만 원 정도 되는 보증금이었는데 모두 날리게 돼 정말 안타깝다.

여러분들도 입찰표 작성할 때는 신중하고 여유 있게 작성하길 바란 다. 입찰금액에 '0' 하나를 더 써 보증금을 날리는 안타까운 그런 일이 생기지 않길 바란다.

할머니 건강하시고
오래 사세요

나를 키운 것은 할머니였다

어릴 때 나를 키운 것은 친할머니, 친할아버지였다. 아버지는 일하러 나가시면 한 달에 한두 번 정도 집에 오셨다. 그때 아버지가 정확히 무슨 일을 하셨는지는 잘 모른다. 한 달에 한 번 오는 것도 할머니께 생활비를 드리러 오셨다. 할머니는 아버지가 주신 돈을 아껴서 생활하고 나를 초등학교, 중학교까지 졸업시켰다. 어머니는 내가 두 살 때 아버지랑 이혼하셨다. 그래서 어머니 얼굴을 전혀 모른다. 그때부터 나는 할머니 손에 키워졌다. 열여섯까지 할머니, 할아버지랑 같이 살았으니 15년 정도 같이 살았다. 그래서 그런지 나는 다른 할머니, 할아버지를 볼 때면 정이 깊고 예전에 우리 할머니, 할아버지가 생각 날 때가 가끔 있다. 항상 손자가 잘되기만을 바라셨는데……

우리 이제 어떻게 돼요? 할머니랑 쫓겨나요?

성남에 작은 아파트를 낙찰받고 명도하러 갔다. 사건기록부에는 40대 후반 남자가 임차인으로 계약자로 돼있다. 하지만 집에 방문했을 때는 할머니와 고등학생으로 보이는 남학생이 살고 있었다. 할머니는 집이 경매에 들어간지도 모르는지 집에서 태연하게 나를 반기며 나물을 다듬고 계셨다. 그 모습에 옛날 우리 할머니가 생각나서 혼났다. 우리 할머니도 나물을 시장에 팔아서 생활비로 쓰셨기 때문이다.

명도하기 가장 어려운 집은 사업하다 망한 집주인도 아니고, 전액 배당 못 받는 임차인도 아니고, 법대로 하라며 무대포로 큰소리치는 점유자도 아니다. 나이 드시고 정말 어려운 사람이 살고 있는 집이다. 장애인이나 나이 많으신 분들이 살고 있거나 자식들은 연락이 안 되고 손주들과 살고 있는 집은 명도하기가 정말 난처하다. 이런 집들은 차마 강제집행도 할 수가 없다.

"어떻게 왔어?"

"네, 할머니, 동사무소에서 왔는데 집에 아드님이나 며느리는 같이 안 사세요?"

낙찰자라고 말하기가 좀 그래서 그냥 동사무소에서 왔다고 했다.

"응, 아들은 지방에서 일하고 집에 가끔 와. 지금은 손주들이랑만 같이 살아. 그런데 무슨 일이야?"

"할머니, 혹시 집이 경매로 넘어간 것은 알고 계세요?"

"경매? 그게 뭐야? 나야 그런 건 잘 모르지. 아들이나 손주한테 물어봐."

처음부터 할머니랑 손주만 살고 있었다면 입찰을 안 했을 텐데 서류상에는 아들이 임차인으로 돼있어 미처 이것까지 알 수가 없었다. '아. 이거 머리 아프게 생겼네. 난 맨날 왜 이런 것만 낙찰받고 진짜 하늘도 너무하네. 나보고 도와주란 뜻인가. 에휴……' 옆에 있던 남학생한테 아버지나 어머니에 대해서 물어보니 이혼해서 어머니하고는 연락 안 한 지 오래됐고 아버지는 지방으로 일하러 가서 집에 한 달에 한두 번 정도 오신다고 했다. 지금은 할머니랑 여동생이랑 같이 살고 있는데 여동생은 학교에서 아직 안 왔다고 했다. 아버지 연락처 있냐고 물어봐서 다행히 전화번호를 알게 됐다. 그런데 남자애가 갑자기 물었다.

"우리 이제 어떻게 돼요? 할머니랑 쫓겨나요?"

그게 무슨 말이냐고 물으니 자기는 집이 경매 넘어간 것을 알고 있다면서 앞으로 쫓겨나는 거 아니냐며 불안해했다. 내가 그런 일은 없으니 걱정하지 말라면서 공부 열심히 하고 할머니 말 잘 들으라고 하고선 밖으로 나왔다. 마음 한편이 무겁고 기분이 조금 우울했다. 이 집을 어떻게 처리한담…….

돈을 버는 것에도 순서가 있다

다행히 임차인이랑 통화가 돼 앞으로 어떻게 할지 상의했다. 남자는 지방에서 일한다면서 어려운 사정 이야기를 했다. 집에도 한 달에 한두 번 정도 가는데 오히려 나보고 애들은 잘 지내고 있는지 안부를 묻기까지 했다. 이사 이야기를 하는데 요즘 집값이 많이 올라서 집 구하기도 힘들고 일 때문에 집 구하러 올라가기도 힘들다고 했다. 그러면서 할머니도 연세가 많으셔서 몸이 불편하시고 멀리 이사 가게 되면 애들 학교도 문제라면서 가진 돈으로는 이사하기가 힘들다며 혹시 나보고 가능하면 재계약을 하고 싶다고 말했다. 대신 지금 당장 돈이 없으니 배당금을 받으면 그 돈 그대로 보증금으로 하고 거기다가 월세도 최소한으로 올리면 안 되냐고 부탁했다. 평소 같았으면 무슨 소리냐며 어떻게 2년 전이랑 지금이랑 비슷한 금액으로 다시 계약할 수 있냐고 펄쩍 뛰겠지만 그럴 마음이 별로 없었다.

"사장님, 지금 당장은 제가 결정할 수가 없어요. 회사에 저도 보고해야 하니깐요. 며칠 뒤에 다시 연락드릴게요."

"네, 그렇네요. 알겠습니다. 그럼 회사에 이야기 좀 잘 해주세요."

보증금도 2년 전 그대로고 월세도 거의 안 올리면 남는 게 전혀 없었다. 그야말로 월세 받아서 대출이자만 내면 끝이었다. 며칠 동안 고민이 됐다. '그래, 예전 같으면 모르겠는데 내가 지금 어려운 사람한테 몇만 원 더 받아서 뭐하냐. 당장 그 돈 없다고 죽는 것도 아니고 예전보다 지금 상황이 안 좋은 것도 아닌데 나중에 집 팔 때 왕창 남기면 되지 뭐. 좋은 일 하면 나중에 더 크게 돌아오겠지.' 이런 생각이 들어서 며칠 뒤에 남자한테 전화했다.

"사장님, 회사에서 그렇게 계약하라고 하네요. 보증금도 그대로 하고 월세도 최소한 금액만 올려서 2년 계약하라고 합니다."

"정말이세요? 사장님!"

"네, 지금이라도 재계약하기 싫으시면 말씀하세요."

"아니에요, 계약해야죠. 정말 고맙습니다."

"사장님, 할머니도 연세가 많으신 것 같고 애들도 한창 민감한 나이인데 비록 멀리 떨어져있지만 연락이라도 자주 하시면 좋아할 겁니다.

남자아이도 씩씩하고 착하던데요."

할머니 때문이었을까? 아니면 남자아이가 한 말이 신경 쓰여서일까? 며칠 고민하지도 않고 재계약하고 싶다는 생각이 들었다. 배당일에 배당금 받고 집 앞 부동산 중개업소에서 바로 계약을 했다. 계약을 마치고 집에 잠깐 같이 가자고 하고선 할머니가 드실만한 간식과 과일을 잔뜩 사 갔다. 할머니는 여전히 나물을 다듬고 계셨다. 할머니에게 항상 건강하시고 오래오래 사시라고 말 한 뒤에 집을 나왔다. 그 집은 2년 후에 계약이 끝나고 이사를 갔는데 할머니가 6개월 전에 돌아가셨단 것을 알게 됐다.

난 그렇게 당장은 돈이 별로 남지 않는 계약을 했다. 이러면 언제 돈을 버냐고 물을 수도 있겠지만 돈 버는 것에도 순서가 있다고 믿는다. 그 돈 없다고 투자를 못 하거나 당장 큰일 나지는 않는다. 그리고 좋은 일 하니깐 나중에 다른 투자에서 더 큰 수익으로 돌아왔다.

백 마디 말보다 내용증명
한 통이 빠르다

당신, 돈 다 내고 왔어?

점유자를 만나러 가면 집주인보다 낙찰자를 더 나쁜 사람으로 생각하는 사람이 있다. 낙찰받아서 쫓겨난다고 생각하는 모양이다. 보증금을 다 못 받으면 더 심하다. 만약 점유자도 입찰에 참여했는데 떨어지고 낙찰을 받으면 그땐 완전히 천하의 제일 나쁜 놈이 될 때도 있다. 한번은 낙찰받고 집으로 찾아갔는데 여자가 자기들도 입찰했는데 떨어졌다면서 아쉬워하면서 이야기했다.

"아, 그러셨어요? 저희 회사에서 낙찰받아서 어떡해요. 많이 아쉽겠어요."

"어쩔 수 없죠. 여기 살기도 좋고 집 위치도 괜찮았는데……."

여자랑 이야기하는 도중에 방에 있던 남편이 갑자기 끼어들었다.

"그런데 당신 돈 다 내고 왔어? 잔금도 안 냈으면서 지금 무슨 이사

이야기를 해. 잔금이나 다 내고 와서 이야기해."

입찰에 떨어져서 괜히 나한테 화풀이다. 언제 봤다고 처음부터 당신이라면서 반말을 하는지…… 이럴 때는 나도 세게 나간다. 여기서 밀리면 앞으로 협상에서 밀리기 때문이다. 처음 주도권이 중요하다. '강자한테는 칼로 약자한테는 정으로' 나의 명도기술 중 하나다.

"사장님, 제가 언제 지금 당장 이사하라고 했습니까? 앞으로의 진행절차를 이야기 중이었어요. 그리고 회사에서 돈 없어서 못 내는 줄 아십니까? 내일이라도 당장 잔금 낼 수 있습니다. 잔금 내면 바로 소유권 넘어오고 그러면 사장님은 내일부터 바로 월세 내야 하는데 괜찮으세요? 월세 안 내면 불법거주인 거 아시죠? 어떻게 할까요? 내일 바로 잔금 내고 다시 올까요? 좋게 이야기하러 왔는데 이렇게 나오시면 안 되죠."

"아니, 이 사람이 지금 뭐라는 거야?"

옆에서 아내가 그만하라고 말렸다. 더 있다가는 큰 싸움이 될 거 같아서 다음에 다시 오겠다고 하고선 나왔다. 내가 이럴 때 자주 하는 말이 있다.

'두고 보자!'

협상도 밀당이 필요하다

정신 못 차리게 융단 폭격을 할까? 아니면 한 번에 하나씩 압박할까? 임차인에 따라서 압박의 방법이 다르다. 이번 물건은 인간적인 방법과 법적인 압박을 동시에 진행했다. 이렇게 하면 나와 협상을 하든지 안되면 법대로 처리하면 그만이다. 너무 강하게 나가도 안 되고 너무 상대방의 이야기를 다 들어줘도 안 된다. 협상도 밀당이 필요하다. 명도도 치고 빠지기를 잘해야 한다. 이렇게 하지 않으면 시간만 걸리고 협상에서 끌려갈 뿐이다.

여자에게 전화를 걸었다.

"여보세요?"

"사장님, 전에 다녀갔던 컨설팅 회사 직원입니다."

"아, 네……."

"그때는 제가 너무 무례했습니다. 갑자기 남편분이 돈 다 내고 오라고 화내면서 말씀하셔서 저도 잠시 흥분했습니다. 죄송합니다."

"아니에요, 괜찮아요. 그런데 무슨 일이세요?"

"다른 게 아니라 회사에서 내용증명을 보낸다고 합니다. 내용증명 후 별다른 진행이 없으면 잔금 납부 후 인도명령을 바로 신청한다고 합니다. 인도명령 신청 후에도 진전이 없으면 강제철거 신청할 겁니다. 아마도 이번 주쯤 내용증명 같은 걸 받아보실 수 있을 겁니다. 내용증명 온다고 너무 기분 나빠하지 마시고요. 제가 보내는 게 아니라서 그때처럼 오해하지 마시라고 미리 연락드리는 겁니다."

"그래요?"

"네, 회사 측에서 1차로 점유자에게 보내는 겁니다. 저랑 협의만 잘되면 크게 신경 쓰지 않으셔도 됩니다. 내용증명 보시고 남편분에게 이야기 좀 잘 해주세요."

"네, 알겠어요."

"그런데 어떻게 이사는 준비 중이세요?"

"지금 알아보고 있긴 한데…… 집값도 많이 오르고 돈도 모자라고……."

"네, 어쩔 수 없죠. 천천히 알아보신 다음 연락 주세요."

그러고 나서 내용증명을 한 통 작성해서 보냈다.

내용증명 한 통으로 모든 것이 해결된다

보통 사람들이 내용증명을 받으면 '내용증명'이란 것을 받아본 적이 별로 없어서 부담이 되거나 겁을 먹는다. 회사에서 보낸 내용증명이라는 무게감에 빨리 뭔가를 해야 할 거 같고 법적인 경고 같은 느낌마저 들기 때문이다. 경찰서에 조사 한번 받으러 가면 아무런 죄도 없는데 괜히 떨리는 것과 비슷하다. 이처럼 내용증명 한 통 잘 쓰면 백 번 말로 하는 것보다 훨씬 위력이 세고 심리적 압박이 된다. 말보다 글이 더 힘이 있다. 역시 내용증명을 받은 지 며칠 뒤에 연락이 왔다.

"여보세요!"

"안녕하세요, 여기 ○○동 임차인이에요."

"네, 사장님. 어쩐 일이세요?"

"남편이랑 이야기했는데 저희도 여기 있어 봤자 좋을 거 없고 어차피 오래 있을 수도 없으니 이사비만 맞으면 바로 이사 나갈게요. 지금 집은 계속 구하고 있어요."

"아, 그래요? 제가 사실 지금 강제철거 중이라서 끝나고 연락드릴게요."

"네, 알겠어요."

사실 그때 강제철거도 아니었지만 이렇게 이야기를 하면 정말로 협의가 잘 안 되면 법대로 진행한다는 뉘앙스를 주고 싶었다. 이 집은 나중에 이사비 협의도 잘 마무리가 됐다.

점유자와 협상이 잘 되면 다행이지만 만약 상대방과 말이 잘 안 통할 때는 내용증명이나 점유이전금지가처분[46], 인도명령 신청을 통해서 충분히 압박이 가능하다. 칼은 점유자가 아닌 바로 낙찰자가 쥐고 있으니 칼을 휘두를지 말지 상황에 맞게 사용하다 보면 쉽게 협상이 이뤄지는 경우가 많다. 그리고 절대로 협상의 주도권을 상대방에게 뺏겨서는 안 된다.

---

46. 점유하고 있는 부동산을 다른 사람에게 이전하는 것을 금지하는 명령이다. 현재 점유자를 상대로 재판을 진행 중인데 점유자가 바뀌게 되면 바뀐 점유자를 상대로 다시 소송을 진행해야 하는데 이것을 예방하기 위한 법적인 행위다.

내용증명

강제집행 예정 통지서

성명 : KC부동산컨설팅(대리인)

발신 : 서울시 서초구 반포대로 ○○길 ○○, ○○빌딩 708호

성명 : 김두○(임차인)

수신 : 서울시 중랑구 ○○가길 ○-○, ○○아파트 ○동 1202호

〈부동산의 표시〉

서울시 중랑구 ○○가길 ○-○, ○○아파트 ○동 1202호

　발신인은 상기 부동산에 관하여 2017.11.17. 경매로 낙찰을 받았으며 현재 잔금 납부가 완료돼 소유권이 넘어온 상태입니다. 하지만 귀하와 원만한 협의가 이루어지지 않아 아래와 같이 강제집행을 신청할 예정입니다.

– 아래 –

1. 본사는 귀하와 원만하게 명도가 협의되길 원합니다.

2. 상기 부동산은 2017년 12월 10일에 잔금 납부가 완료돼 2017년 12월 10일 소유권을 완전 취득하게 됐음을 알려드립니다.

3. 그동안 당사는 귀하와 원만한 협의를 위해 최선을 다했지만 협의점을 찾지 못하여 부득이하게 서울북부지방법원에 인도명령을 신청하였고 즉시 인도명령에 의한 강제집행을 실행할 예정입니다.

4. 아울러 소유권 이전일로부터 부동산을 인도할 때까지 불법점유에 따른 손해배상과 무상으로 사용한 부분에 대하여 매월 사용료 130만 원(감정가 1%) 그리고 은행대출이자로 인한 손해 및 부당이득으로 하는 압류 또는 소송을 제기할 예정입니다. 그리고 모든 비용 및 강제집행비용 등을 귀하의 재산에 압류하여 청구할 것입니다.

5. 귀하가 배당일 날 배당을 받기 위해서는 명도확인서와 인감증명서가 필요한데, 그전까지 협의가 이루어지지 않을 경우 위 서류들을 드릴 수가 없음을 알려드립니다.

6. 당사는 귀하에게 그동안 충분한 시간을 주었지만 계속해서 협의가 잘 안 돼 금전적인 손해가 커 더 이상 귀하를 기다릴 수가 없어 지금부터 가능한 빠른 시일 안에 법적인 강제철거를 실시할 예정이오니 현명한 판단을 하시길 바랍니다. 그리고 강제집행을 하게 될 경우 모든 비용을 귀하에게 청구할 것입니다.

7. 마지막으로 신중히 판단하여 강제집행 전에 원만한 협의를 원하시면 3일 안에 연락 주시기 바랍니다. 3일 안에 아무런 연락이 없을 경우 협의할 뜻이 없는 것으로 간주하여 즉시 강제철거를 진행하도록 하겠습니다.

2017년 12월 20일

발신인 KC부동산컨설팅 (인)

김코치의 웃고 우는
경매 스토리를 마치며

경매를 하다 보면 웃는 일도 많고, 때로는 울고 싶을 때도 생긴다. 지금까지 낙찰받은 부동산뿐만 아니라 패찰했던 많은 부동산들도 모두 나에게는 소중한 경험들이었다. 낙찰받았을 때는 명도와 새로운 계약 과정까지 많은 것을 배울 수 있었으며 패찰했을 때도 그 나름대로 부동산을 보는 안목을 키우게 됐다.

명도를 하다 보면 정말 많은 사람들과 마주하게 된다. 책에 소개된 이야기뿐만 아니라 지금까지 어느 하나 기억에 남지 않는 명도가 없다. 그러다 한 건, 한 건 명도가 이뤄지고 새로운 계약을 하게 되면 그동안의 좋았거나 힘들었던 과정들은 모두 잊어버리게 되고 다음 투자할 곳을 또 찾게 된다. 밤새 인터넷을 하는데도 피곤한 줄 모르고 물건 검색을 할 때도 있고, 낙찰 몇 개 받고 명도하다 보면 시간 가는 줄도 모르고 금세 1년이 지나가는 경우도 있다. 그렇게 5년이 넘게 지나갔다.

만약 나의 경매 이야기가 조금 부족했다면 너그러이 이해해주길 바란다. 무용담이나 과장된 이야기가 아닌, 있는 사실 그대로 진정성 있고 솔직하게 써내려가다 보니 조금은 지루한 면이 없지는 않을까 걱정이 된다. 나보다 부동산 경매를 오래 하시고 훨씬 많은 낙찰과 경험을 하신 분들도 많으실 텐데 나의 작은 경매 이야기를 나누게 돼 조금은 부끄러운 마음이다.

돈 한번 벌어 보겠다는 다짐으로 서울 올라온 지도 벌써 20년이 다 돼간다. 그동안 경매 때문에 많은 일들이 일어났고 좋은 분들 또한 많이 만나게 됐다. 내가 경매로 경험했던 많은 일들을 책 속에 모두 담지는 못했지만, 미처 담지 못했던 나머지 이야기들을 여러분들이 경험하고 채워주셨으면 하는 마음이다.

나는 끝까지 포기하지 않고 여기까지 달려왔다. 어쩌면 저보다 더 힘든 인생을 겪으신 분들도 많을 것이다. 그리고 그러한 어려움을 극복해 더 멋진 인생을 현재 살고 계신 분들도 많다고 생각한다. 나는 이 책을 읽는 여러분들이 몇 년 후에는 지금보다 멋진 인생을 즐겼으면 좋겠다. 내가 바라는 것은 오직 하나, 여러분이 행복하고 부자가 되는 것이다.

며칠 전에 누군가를 기다리면서 하늘을 본 적이 있다. 예전에는 하늘을 별로 쳐다본 적도 없지만 하늘을 봐도 그냥 하늘이고 아무런 느낌이 없었다. 왜냐하면, 그동안 인생의 여유가 없었기 때문이다. 항상 앞만 보고 달려가다 보니 뒤를 돌아볼 여유가 없었다. 그러다 보니 나중에는 하늘을 봐도 아무렇지 않게 습관이 된 것 같다. 여유가 있어도 하늘을 못 보는 것처럼. 그날 하늘을 바라보면서 문득 '아, 하늘이 정말 예쁘구나. 바람도 정말 좋네. 그런데 과거에는 도대체 왜 이렇게 멋진 하늘 한 번 쳐다볼 여유가 없었지?'라는 생각이 들었다.

경매를 하다가도 가끔은 자기 자신을 뒤돌아보고 자신을 사랑하는 나와 여러분이 됐으면 좋겠다. 나의 작은 경매 이야기를 끝까지 읽어주셔서 정말 감사하다. 이 책을 읽으신 모든 분이 행복한 인생과 자신의 꿈을 이뤘으면 한다. 그리고 만약 경매하다가 김코치의 작은 도움이 필요하시면 언제든지 주저하지 말고 카페나 메일로 남겨주길 바란다.

잊지 말자.
나는 우리 부모님의 자부심이다.
모자라고 부족한 자식이 아니다.

잊지 말자.
나는 우리 가족의 자부심이다.
힘없고 부족한 부모가 아니다.

잊지 말자.
나는 내 인생의 자부심이다.
나는 행복하고 특별한 사람이다.

- 미상 -

PART
· · · · · · · · · ·
02

김코치가 가르쳐주는
경매의 7단계 기술!

제1단계

성공을 확신하는 것이
성공의 첫걸음이다

그저 살려고 태어난 게 아니다.

행복하고 의미 있는 인생을 만들려고 태어난 것이다.

- 헬리스 브릿지스 -

지금부터 경매를 시작하는 여러분에게

나는 왜 경매를 하는가?

이 책을 읽고 있는 여러분에게 한 가지만 묻고 싶다. 여러분은 왜 지금 경매를 하려고 하는가? 지금 3분 동안만이라도 한번 생각해봤으면 좋겠다. 책을 잠시 덮고 진심으로 생각해보길 바란다. 이게 다른 무엇보다 가장 중요하다. 정말이다.

'나는 왜 경매를 하려고 하는가?'

이유가 떠올랐는가? 만약 지금 당장은 떠오르지 않았더라도 이 질문을 계속 잊지 말았으면 좋겠다. 그래야 경매라는 이 분야에서 여러분이 오랫동안 머무를 수 있기 때문이다. 내가 여러분에게 진정으로 원하는 것이다.

경매 공부? 공부는 언제든지 할 수 있다. 투자금 마련? 돈은 어떻게든 구하고 준비할 수 있다. 하지만 만약 여러분이 경매를 해야 하는 정확한 이유가 없다면 여러분은 절대로 경매를 오랫동안 계속할 수가 없다. 이것은 경매에만 해당하는 이야기가 아니다. 조금이라도 힘들고 바쁘면 여러 가지 이유를 들어 중간에 포기할 수도 있기 때문이다. 이것을 이길 무언가의 힘이 필요하다.

사람은 무엇인가 하겠다는 마음이 있어야 시간을 쓰고 돈을 쓴다. 마음에도 없고 해야 할 이유도 없는데 스트레스받아 가면서 억지로 소중한 시간과 돈을 쓰지 않는다. 이것은 경매뿐만 아니라 인간관계도 마찬가지다. 좋아하지도 만나야 하는 이유도 없는데 시간과 돈을 쓰지 않는 것처럼 말이다. 이 책에서 이것 하나만 가지고 가더라도 나는 여러분이 앞으로 무엇을 하든 충분히 성공하거나 부자가 될 수 있다고 확신한다.

'나는 왜 지금 이것을 하려고 하는가?'

목표 없는 이유는 헛된 꿈에 불과하다

경매를 해야 하는 이유가 생겼으면 부자가 될 문턱을 넘은 것과 비슷하다. 개인마다 경매를 하는 이유에는 여러 가지가 있겠지만 크게 세 가지로 나눌 수 있을 것이다.

첫 번째는 내 집 마련을 위해서다.

아무래도 일반 매매로 집을 사는 것보다 경매로 집을 사게 되면 시세보다 몇백, 몇천만 원을 싸게 살 수 있다. 즉 실수요자 측면에서 경매를 배우는 것은 좋은 방법이다. 이게 시발점이 돼서 경매의 매력에 빠져 경매 투자를 계속하는 경우가 많다. 내 주위에도 처음에는 내 집 마련을 위해서 경매를 배웠다가 재미에 빠져 나중에는 1년에 2~3건씩 낙찰받는 분도 계신다. 한번 낙찰받고 해보니깐 어떻게 부동산 경매를 해야 하는지 알게 돼 꾸준히 입찰하는 경우다.

두 번째는 직장인이나 주부들의 재테크 수단이다.

경매는 재테크 수단으로 최고라고 할 수 있다. 부동산을 하나의 물건처럼 취급해서 싸게 사서 시세차익을 남기고 팔면 된다. 아파트 거래가 활발한 이유도 이 때문이다. 1년에 2~3건만 잘하더라도 직장인 연봉보다 더 많이 벌 수 있으니 훌륭한 재테크가 아닐 수 없다.

마지막으로는 경매로 부자 되기 위해서다.

즉, 돈으로부터 자유로워지기 위해서 경매를 배우는 경우다. 경매를 배우려는 이유 중 가장 많지 않을까 싶다. 나 또한 여기에 속한다. 돈의 굴레에서 벗어나고 싶어서 경매를 시작했다. 그 이유 하나만으로도 앞으로 경매를 하는 데 있어 가장 중요한 중심을 잡아준다.

이제 그 이유가 생겼으니 그다음 자기만의 목표를 정하면 된다. 집 장만을 위한다면 언제쯤, 얼마 정도 되는 금액으로, 또 위치는 어디쯤인지 구체적인 목표를 정한다면 경매 공부를 하는 데 있어 중간에 힘들어도 잘 이겨낼 수 있을 것이다. 재테크 수단뿐 아니라 부자가 되겠다는 목표도 마찬가지다. 내가 경매를 하는 이유와 목표를 강조하는 이유는 스터디를 하다 보면 조금만 더하면 되는데 그 고비를 못 넘겨서 중간에 그만두는 경우를 많이 봐왔기 때문이다. 여기서 조금만 더하면 될 텐데 안타까워한 적이 한두 번이 아니었다. 세상에 돈 버는 데 쉬운 것은 없다. 공짜는 더 없다. 내가 가진 무언가를 희생하지 않고는 내가 원하는 그 무언가를 절대로 얻을 수 없다. 이 모든 것들을 이겨내고 중간에 그만두지 않고 계속 앞으로 나아갈 수 있도록 도와주는 힘은 그것을 하고자 하는 이유와 흔들림 없는 목표다. 이러한 마음가짐을 가지고 경매를 하는 분들은 결국 자신이 원하는 것을 성취하고 부자가 됐다. 목표 없는 이유는 헛된 꿈에 불과하다.

나는 벌써 경매로 부자가 됐다

경매를 해야 하는 목표도 생겼고 이유도 생겼다. 이제 마지막 부자가되는 한 단계만 남았다. 나는 이 말을 참 좋아하고 믿는다.

"인간은 스스로 믿는 대로 이뤄진다. 단지 시기일 뿐이다."

경매를 하다 보면 중간에 많은 어려움에 직면한다. 회사 업무 때문에 바빠서 스터디나 강의에 빠지는 경우도 있고 집안일 때문에 잠시 경매를 미루는 경우도 있다. 또는 개인 사정이 생겨서 더 이상 경매를 못 하는 경우도 생긴다. 하지만 이것보다 중간에 경매를 그만두는 가장 큰 이유는 본인이 생각하는 것보다 시간이 오래 걸리거나 입찰을 했는데 낙찰이 잘 안 돼서 좋은 결과가 없을 때 중간에 그만두는 경우가 가장 많다.

나도 10번 넘게 입찰했는데 10번 모두 떨어진 적도 있고 낙찰받는데 골치 아픈 적도 많았다. 스트레스는 스트레스대로 받고 또 팔고 나서 손에 남는 돈은 얼마 안 되는 경우도 있었다. '입찰하면 매번 떨어지기만 하고 난 언제쯤 낙찰받지? 누군 벌써 3개나 낙찰받았다던데……', '내가 이 돈 벌자고 머리 아프게 경매를 해야 하나?', '난 언제쯤 경매로 부자가 될까?' 나도 경매할 때 이런 고민을 안 해본 게 아니다. 경매하다가 중간에 정말 많이 했다.

처음에 경매를 할 때 아무리 목표가 있고 이유가 있어도 몇 번 그만하고 싶단 생각을 할 때가 있었다. 입찰만 하면 떨어지니 입찰조차 하기 싫을 때가 있었다. '입찰해봤자 이번에 또 떨어지겠지? 요즘 경쟁률이 장난 아니던데……' 하지만 이런 마음을 다시 붙잡고 경매를 한 이유는 나중에 부자가 된 나의 모습을 상상하며 지금 힘든 것은 아무것도 아니라고 생각했기 때문이다. '이것도 못하면서 내가 무슨 부자를 꿈꾸나. 여기서 포기하면 지금까지 했던 모든 시간과 노력이 다시 제자리로 돌아가 버린다. 이 고비만 넘기자.' 경매로 내 집 장만한 것을 상상하고 재테크로 좋은 수익을 거둔 것을 상상하고 경매로 벌써 부자가 된 나를 상상해보라. 어려움이 따를수록 나중에 집을 장만하고 부자가 됐을 때의 행복과 기쁨은 몇 배의 보상으로 반드시 돌아올 것이다. 경매라는 맛만 살짝 보지 말고 몇 년 후에 돌아올 경매의 달콤한 열매까지 꼭 맛보기를 바란다. 그러기 위해서는 자신의 목표와 꿈을 확신하는 것이 성공의 첫걸음이다. 이것 하나만으로도 여러분은 벌써 경매로 부자가 됐다.

경매로 부자 되는 마인드

'나는 왜 지금 경매를 해야 하는가?'

내가 지금 생각하고 목표로 했던 것들을 천천히 한번 적어보길 바란다. 생각만 해서는 변하지 않고 그 자리에 항상 머무르고 만다. 다음날 되면 그 중요한 것들을 잊어버리고 또다시 일상으로 돌아와 아무 일 없는 듯 어제와 똑같은 행동과 생각을 하기 때문이다.

글로 적은 다음 그것을 눈에 가장 잘 보이는 곳에 놔두길 희망한다. 책상 앞에도 좋고 어디라도 상관없다. 중요한 것은 내가 적은 것을 매일 보면서 잊지 않고 경매를 하면 힘들거나 지칠 때 이것이 나에게 큰 힘이 된다는 사실이다. 김코치 또한 경매를 시작하면서 책상 앞에 붙여놓고 매일 읽고 보면서 아직도 경매를 하고 있다. 글 쓰는 것이 유치한 것 같지만 밑져도 본전이니깐 한번 꼭 써보기를 바란다.

1. 내가 경매로 이루고 싶은 목표는 무엇인가?(구체적인 목표)

   ❶ _____

   ❷ _____

2. 나는 왜 그 목표를 이루려고 하는가?(구체적인 이유)

   ❶ _____

   ❷ _____

3. 나는 지금부터 경매로 부자가 되기 위해 어떻게 해야 하는가?(구체적인 행동)

   ❶ _____

   ❷ _____

4. 나는 어떻게 하면 중간에 포기하지 않고 계속해서 경매를 할 수 있을까?(나의 마인드)

❶ _____

❷ _____

5. 힘들 때 나에게 힘이 되는 한 문장은 무엇인가?(나를 이끄는 힘)

❶ _____

❷ _____

경매도 전략이 중요하다

나의 현재 재정 상태를 정확히 파악해라

경매를 하기 위해서는 현재 나의 재정 상태를 정확히 알아야 한다. 낙찰받고 잔금을 납부할 때 100% 순수 자기 돈으로 납부할 수도 있지만 그렇게 되면 다음 물건 투자하는 데 매우 긴 시간이 필요하다. 그래서 대부분은 경락잔금대출이란 것을 이용한다. 대출을 권장하는 것은 아니지만 처음에 돈이 부족할 때는 대출을 이용하는 것도 하나의 방법이다. 그리고 100% 자기 돈으로 집을 사는 것보다 대출을 이용하면 수익률 차이가 많이 난다. 대부분 부동산을 살 때 대출을 이용하는 것도 수익률 때문이다.

정리하면 현재 내가 얼마 정도의 자금이 있으며, 최대 얼마 정도까지 투자가 가능하며, 만약 대출을 이용한다면 대출이자는 어떻게 감당할 건지 미리 정해야 한다.

처음에는 선택과 집중을 해야 한다

경매는 부동산을 사는 하나의 방법이다. 경매 투자에도 여러 가지 종류가 있다. 다가구주택(단독), 다세대주택(연립, 빌라), 아파트와 같은 주택이 있고, 상가, 근린 시설 같은 수익형 부동산 그리고 대지, 농지와 같은 토지가 있다. 그리고 특수 물건이라고 해서 법정지상권, 유치권, 공유지분. 가처분 등도 있다.

경매를 처음 접하거나 아직 준비가 부족하다면 나는 무조건 쉽고 기본적인 물건부터 추천한다. 최소 1년 정도는 경매라는 한 사이클을 경험해보고 특수 물건에 도전해도 늦지 않다. 'ABCD'도 모르면서 외국인과 대화하기를 원하는 것과 마찬가지다. 경매에도 순서가 있다. 그래서 경매를 배우기에 앞서 무엇을 배우고 어느 분야에 투자할 건지 정하는게 좋다.

처음에 빌라, 아파트 투자로 돈 벌었다고 해서 주거용 부동산을 공부하다가 상가가 돈이 된다고 하니까 상가도 공부하고 그러다가 재건축·재개발이 돈 된다고 해서 그것도 공부하고…… 요즘 또 가치 투자로 토지가 좋다고 해서 토지를 공부한다. 이러다 보면 죽도 밥도 안 되고 그동안 배운 것도 제대로 못 써먹게 되고 어느 하나 제대로 투자한 게 없게 된다. 그러다 보면 주야장천 강의나 특강만 듣다가 끝나는 경우도 있다.

내가 처음에 경매를 배울 때 교수님이 하신 말씀이 있다.

"처음 투자를 시작할 때 돈이 얼마나 많은지 몰라도 아파트도 하고 상가도 하고 토지도 하고 재건축·재개발도 같이하고 그러면 눈만 높아지고 제대로 된 투자를 할 수가 없다."

맞는 말이다. 초보일수록 기본에 충실하고 한두 가지 투자 분야에 선택과 집중을 해서 더 큰 금액으로 투자할 수 있는 투자금을 만들어야 한다. 즉 잘하는 분야가 있으면 더 빨리 돈을 모으게 되고 성과도 빨리 나타날 수 있다. 그다음 본인에 맞는 투자 분야를 찾아서 특수 물건에 투자하든지 자기가 투자하고 싶은 부동산에 투자하는 것이 맞는다고 본다.

다른 사람 투자하는 것에 신경 쓰거나 이것도 하고 저것도 하는 게 아니라 현재 나에게 가장 필요하고 상황에 맞는 투자를 하길 바란다. 어떤 투자를 하든지 내가 좋아하고 관심 있어 하는 한 분야를 꾸준히 오랫동안 투자하는 것이 경매에서 돈 버는 비법 중 하나다.

부동산 물건의 선택 기준

이제 내가 얼마 정도의 금액으로 투자할 수 있으며, 어떤 부동산에 투자할지 정했으면 마지막 선택의 단계에 왔다. '과연 난 어느 지역에 투자할 것인가?' 즉 투자 지역 선정이다. 처음에 투자 지역을 선정할 때는 내가 살았던 지역도 좋고 내가 조금이라도 알고 있는 지역부터 선정해서 투자범위를 넓혀가는 게 가장 좋다.

서울에 거주하고 있는 사람은 대전이나 대구의 현재 부동산 동향이나 지역 특성을 자세히 모르는 경우가 많다. 요즘 그 지역 부동산 시세가 올라가고 있는지 발전 가능성은 어느 정도인지 근처 재개발되거나 재건축되는 곳은 없는지 미분양은 없는지 등 여러 가지를 고려해야 하는데 이러한 것을 잘 모르고 투자하게 되면 나중에 큰 낭패를 볼 수가 있다. 그리고 거리가 멀면 현장 조사 한 번 가기도 귀찮아지고 나중에는 가지도 않게 된다. 그래서 첫 물건은 자기가 잘 아는 동네거나 근처가 제일 좋다.

자기가 잘 아는 지역이거나, 관심 있어 하는 지역 몇 곳을 정해서 투자를 계속하게 되면 가보지 않더라도 나중에는 인터넷만으로도 충분히 그 지역 시세나 주변 환경을 알 수 있다.

일산에 살고 있는 한 스터디 회원은 처음에 투자를 배울 때 자기가 잘 아는 지역부터 정해서 물건을 검색하고 처음 현장 조사를 나갈 때 시세나 주변 상황을 꼼꼼히 체크하고 기록했다. 그렇게 하다 보니 그 지역 물건이 나오거나 근처 지역 투자 물건이 나오게 되면 예전 조사를 바탕으로 현재 시세가 어떤지 주변 환경은 어떤지 손품(인터넷 조사) 조사만으로도 간단하게 알 수가 있었다.

또 자기가 잘 알고 관심 있어 하는 지역부터 정해서 처음에 투자하게 되면 초보자의 실수도 줄일 수 있고 부동산을 바라보는 안목 또한 넓어지게 된다. 돈이 되는 지역은 멀리 있지 않다. 바로 내 주위 내 가까이에 있을 수 있으니 조금만 시각을 바꿔서 투자하길 바란다. 그러면서 투자 지역을 점점 넓혀가면 된다. 항상 이야기하는 거지만 우리는 한두 번 투자하고 끝낼 게 아니라 앞으로 지속 가능한 투자를 해야만 한다.

김코치 경매의 공부 방법

이제부터 부동산 경매 투자에 필요한 이론을 공부할 것이다. 초보자의 경우 지금부터 어렵다고 생각할 수도 있을 것이다. 하지만 가능한 한 어려운 용어보다는 이해하기 쉽고 설명하기 쉬운 용어를 사용해서 설명했으니 차분히 따라오길 바란다. 경매를 좀 아시는 분들은 쉽다고 할 수도 있다. 하지만 이 책은 그런 분들을 위한 책이 아닌 기본을 위한 책이다. 초보자가 알아야 할 것들은 의외로 간단하고 재미있다. 대신 특수 물건에 대한 내용보다는 초보자가 가장 먼저 알아야 하는 것들만 정리했다. 처음부터 욕심내 어려운 내용을 공부해서 중간에 포기하는 것보다는 쉬운 공부, 재미있는 공부부터 시작해서 나중에 본인이 원하는 깊이 있는 공부를 하길 바란다.

우리는 투자에 필요한 것들만 알면 된다. 김코치가 가르쳐주는 경매로 돈 버는 7단계 기술만 알고 있어도 투자하는 데 큰 어려움이 없을 것이다. 만약 본인이 더 깊이 있는 공부를 하고 싶다면 그 분야의 책을 찾아서 공부하면 된다. 시중에 정말 좋은 책들이 많다.

책을 보다가 잘 모를 때는 중간에 멈추지 말고 끝까지 다 읽고 다시 한두 번 더 읽어보기를 바란다. 그러면 이해하는 데 좀 더 많은 도움이 될 것이다. 한 번에 많은 것을 담으려고 하지 말고 이것만이라도 확실히 알고 넘어간다면 여러분이 투자하는 데 있어서 원하는 돈을 벌 수 있을 것이다. 이제부터 시작이다! 파이팅!

제**2**단계

김코치가 가르쳐주는
권리분석의 모든 것

우리가 무슨 생각을 하느냐가

우리가 어떤 사람이 되는지를 결정한다.

- 오프라 윈프리 -

등기부등본을 보면
답이 보인다

등기사항전부증명서(등기부등본)의 이해

부동산 권리관계의 핵심은 등기부등본에 있다. 등기부란 부동산에 관한 권리관계를 기록해놓은 공적인 장부다. 쉽게 말해 등기부등본으로 그 집의 역사를 한눈에 알 수가 있다. 언제 건물이 지어졌으며 집의 크기는 물론 누구한테 얼마에 팔았고 대출이 얼마고 지분비율이나 압류사항 등 모든 정보가 기록돼있다. 그래서 경매의 첫 시작은 등기부등본부터 보는 것이라고 이야기한다. 그만큼 중요하다.

등기부는 '건물등기부'와 '토지등기부'로 나뉜다. 등기부에서 꼭 봐야 할 3가지가 있는데 부동산의 표시를 나타내는 '표제부', 소유권에 관한 모든 사항을 공시하는 '갑구', 소유권 이외의 권리에 관한 사항을 공시하는 '을구' 이렇게 3가지로 나뉜다.

1) 표제부 - 부동산의 소재지와 건물 내역

부동산의 외관을 표시하는 표제부는 건물의 표시와 그 변경사항이 기재되고 주소, 면적, 용도 등이 표시된다.

2) 갑구 - 소유권에 관련된 모든 사항

갑구는 소유권과 관련된 모든 사항을 공시하며 압류, 가압류, 가처분, 가등기, 경매개시결정등기 등이 모두 기재된다.

【　　　을　　　　구　　　】			(소유권 이외의 권리에 관한 사항)	
순위번호	등 기 목 적	접　수	등 기 원 인	권 리 자 및 기 타 사 항
1	근저당권설정	2011년10월27일 제50409호	2011년10월15일 설정계약	채권최고액 금273,600,000원 채무자 김○○ 　서울특별시 ████████████ 근저당권자 ████████████ ████████████ (████████████)
1-1				1번 등기는 전유부분에 관한 것임 2013년5월6일 부기
2	근저당권설정	2013년7월23일 제36782호	2013년7월23일 설정계약	채권최고액 금36,000,000원 채무자 김○○ 　서울특별시 ████████████ 근저당권자 주식회사██████████ 　서울특별시 서초구 서초중앙로 203(반포동)
3	근저당권설정	2014년3월5일 제10524호	2014년3월5일 설정계약	채권최고액 금364,800,000원 채무자 김○○ 　서울특별시 양천구 ████████ 근저당권자 주식회사██████████ 　경기도 성남███████ (████████)
4	2번근저당권설정등기말소	2014년3월6일 제10696호	2014년3월6일 해지	
5	1번근저당권설정등기말소	2014년3월6일 제10844호	2014년3월5일 해지	
6	근저당권설정	2015년1월13일 제1702호	2015년1월13일 설정계약	채권최고액 금276,000,000원 채무자 김○○ 　서울특별시 양천구 ████████, █████호 (████████████) 근저당권자 주식회사██████████ 　서울특별시 ████████████
6-1	6번근저당권이전	2016년1월15일 제1878호	2015년12월18일 확정채권양도	근저당권자 임█████████████ 서울특별시 ████████████
6-2	6번근저당권부질권	2016년1월15일 제1879호	2015년12월17일 설정계약	채권액 금10,300,000,000원 변제기 2016년 12월 17일 이 자 연6.20%

3) 을구 - 소유권 이외의 모든 권리

을구에는 소유권 이외의 권리에 관한 사항이 기재되며 저당권, 지상권, 지역권. 전세권, 임차권 등이 기재된다.

등기부등본 핵심 정리

말소기준권리를 찾을 때는 등기부에 나와 있는 접수날짜가 매우 중요하다. 등기부 '갑구'와 '을구'에 나와 있는 살아있는 권리들을 통합해 통

합등기부라고 한다. 갑구와 을구 모두 빨간색 실선으로 말소된 권리는 아무런 필요가 없다. 살아있는 권리 중 접수날짜 순으로 나열한 후 말소기준을 찾고 소유권변동이나 인수할 사항이 있는지 없는지를 확인한다. 유료 경매 사이트에서는 이러한 것을 대신해주기 때문에 편리하다.

　등기부상 권리순위의 결정은 '같은 구'는 순위번호에 의해서 결정되며 '다른 구'끼리의 순위는 접수일자에 의해 결정되며 접수일자가 같은 경우에는 접수번호에 따라서 결정된다. 즉 등기부에 나와 있는 갑과 을의 살아있는 권리를 나열한 후 접수일자에 의해 순위를 정하고 말소기준권리를 찾은 다음 인수와 소멸을 분석한다.

말소기준권리를 찾아라

말소기준권리란 무엇인가?

권리분석을 한마디로 요약하면 바로 말소기준을 찾는 것이다. 경매를 하다 보면 가장 많이 듣게 되는 말이 말소기준권리며 그만큼 중요하다. 말소기준만 찾으면 권리분석의 반 이상은 끝났다고 할 수 있다. 말소란 없어진다는 뜻으로 낙찰자가 부동산을 낙찰받으면 '인수하는 것'과 '말소하는 것'이 있는데 등기부상에서 인수와 소멸의 기준이 되는 권리다. 즉 말소기준보다 앞서는 권리를 '선순위'라고 하고, 말소기준보다 뒤에 오는 권리를 '후순위'라고 한다. 선순위는 낙찰자가 모두 인수하고 후순위는 인수할 필요가 없다(소멸한다). 이러한 말소기준권리는 반드시 알고 있어야 한다.

말소기준권리 5형제

말소기준권리에는 5가지가 있는데 이것은 무조건 외우기 바란다. 그런데 몇 번 계속 보다 보면 저절로 알게 된다.

1) 근저당(저당)

근저당은 집을 살 때 대출을 받거나 집을 담보로 돈을 빌린 것이다. 경매로 나오는 것 중 80% 이상이 근저당이다.

2) 가압류(압류)

가압류란 채무자가 재산을 마음대로 처분하지 못하도록 미리 묶어두는 것을 말한다.

3) 담보가등기

근저당과 매우 유사하며, 돈을 갚지 않으면 소유권을 이전받거나 경매를 신청할 수 있다.

4) 경매개시결정

법원에서 경매를 개시하기로 한 날짜를 말한다.

5) 전세권

전세금을 지급하고 그 부동산을 일정 기간 사용·수익한 후, 그 부동산을 반환하고 전세금의 반환을 받는 권리. 전세계약이 만료되고 집주인한테 전세금을 돌려받지 못할 경우 경매를 청구할 권리가 생긴다.

앞의 5가지 권리 중 날짜순으로 가장 앞선 순위에 있는 권리가 말소기준권리가 된다. 즉 등기부상 가장 먼저 등기된 것이 바로 말소기준이 된다. 다만, 전세권이 말소기준권리가 되기 위해서는 다음의 조건을 충족해야 한다.

① 전세권자가 배당요구를 해야 한다.

② 건물 일부가 아닌 건물 전체에 설정돼있어야 한다.

③ 다른 기준보다 가장 먼저 설정돼있어야 한다.

낙찰 후에도 인수되는 권리

말소기준을 찾았으면 말소기준보다 앞에 있는 권리(선순위)들은 인수해야 하고 뒤에 있는 권리(후순위)들은 모두 소멸한다. 하지만 말소기준보다 후순위지만 낙찰자가 인수해야 하는 권리가 몇 가지 있다.

1) 법정지상권(순위에 상관없이 인수해야 한다)

토지 소유자와 건물 소유자가 동일인 소유였다가 건물 소유자와 토지 소유자가 달라질 경우 건물이 철거되지 않고 토지를 사용할 수 있는 권리다. 등기부에 나오지 않는다.

2) 유치권(순위에 상관없이 인수해야 한다)

건물을 지은 건축업자가 건물 소유자에게 공사대금을 전액 받지 못할 경우 공사대금 전액을 받을 때까지 건물을 점유하는 권리다. 등기부에 나오지 않는다.

3) 예고등기(순위에 상관없이 인수해야 한다)

해당 부동산이 법적인 소송이 진행될 예정이므로 주의하라고 예고하는 것이다. 예고등기는 2011년부터 폐지됐으나, 폐지 전의 예고등기는 유효하다.

4) 그 외

그밖에 소유권에 관한 다툼이 있는 가처분이나 건물철거 및 토지 인도청구권 가처분 등은 후순위라도 인수해야 하니 조심해야 한다.

임차인의 권리를 찾아라

임차인의 3가지 권리! 대항력, 우선변제권, 최우선변제권

    말소기준권리를 찾았으면 다음으로는 임차인의 권리를 분석해야 한다. 이것도 복잡할 거 하나도 없다. 입찰하고 싶은 집에 임차인이 살고 있다면 그 임차인이 어떠한 권리를 갖고 있는지만 파악한 후 입찰하면 된다. 임차인은 주택 임대차보호법(흔히 '주임법'이라고 말한다)의 적용을 받기 때문에 '주임법'만 제대로 알고 있으면 쉽게 풀어나갈 수 있다. 임차인의 권리인 주임법은 크게 3가지로 나눌 수 있다.

1) 대항력이란?

    대항력이란 살던 집이 매매나 경매, 기타 사유로 집주인이 바뀌더라도 자신의 임대차 권리를 주장할 수 있는 권리를 말한다. 대항력이 있으면 보증금을 돌려받지 못할 경우 보증금 전액을 다 받을 때까지 그 집에서 계속 살 수 있는 권리를 가진다. 즉 대항력이 생기면 계약 기간 및 보증금을 보장받을 수 있다.

그러면 어떻게 하면 대항력이 생길까? 우리가 이사한 다음 제일 먼저 하는 일이 무엇인가? 바로 주민센터에 전입신고를 하러 간다. 맞다. 바로 전입신고를 하게 되면 대항력이 생긴다. 그런데 여기서 주의해야 할 것은 대항력은 그날 생기는 것이 아닌 그다음 달 새벽 0시부터 생긴다는 점이다. 즉 2017년 11월 17일 주민센터에 전입신고를 했으면 2017년 11월 18일 새벽 0시부터 대항력이 생긴다. 여기서 한 가지 더 중요한 것이 있다. 권리분석을 할 때 말소기준일을 기준으로 전입신고 날짜(대항력)가 더 빠르면 선순위 임차인이라고 하고, 말소기준권리보다 전입신고 날짜가 늦으면 후순위 임차인이라고 한다. 그래서 말소기준이 중요하다. 후순위 임차인은 대항력이 있어도 낙찰자에게 주장할 수가 없다.

예 A라는 집의 최초 근저당이 2015년 5월 10일이라고(말소기준일) 하자. 이때 2015년 5월 8일 전에 전입신고를 했다면 대항력이 생기지만(선순위) 2015년 5월 10일 이후 전입신고를 하게 되면(후순위) 대항력이 없다. 만약 전입신고일이 2015년 5월 10일이라면 대항력은 생기지 않는다. 왜냐하면 전입신고한 날 그다음 날 0시부터 적용되기 때문에 대항력 발생일은 2015년 5월 11일 돼 최초 근저당보다 하루가 늦게 된다.

2) 우선변제권이란?

우선변제권이란 임차인의 보증금을 다른 권리자보다 우선해 변제(배당)받을 수 있는 권리를 말한다. 이러한 우선변제권도 일정한 요건을 갖춰야 하는데 임차인이 우선변제를 받기 위해서는 주민센터에 임대차계약서를 갖고 가서 확정일자를 받으면 된다. 확정일자를 받은 임차인은 살던 집이 만약 경매나 공매가 들어갔을 때 정해진 배당신청일까지 법원에 배당신청을 하면 다른 채권자보다 우선해 보증금을 받을 수 있다. 만약 배당신청일까지 배당요구를 하지 않는다면 임차인에게 배당이 이뤄지지 않는다. 즉 이사한 후 주민센터에 가서 전입신고와 확정일자를 받으면 대항력과 우선변제권이 생긴다. 임차인을 위한 안전벨트 같은 것이니 꼭 전입신고와 확정일자를 받길 바란다.

3) 최우선변제권이란?

최우선변제권은 주택 임대차보호법에 따른 소액임차인의 보증금 보호를 위해서 만들어진 제도다. 즉 보증금이 소액인 임차인들은 경매 진행 시 다른 어떤 권리들보다 최우선순위로 보증금을 받을 수 있다. 우선변제권은 대항력과 확정일자를 받아야 하지만 최우선변제권은 대항력만 있으면 된다. 여기서 주의해야 할 점은 최우선변제가 기준이 되는 날짜는 임대차계약일이 아닌 최선순위 저당권 설정 날짜다. 가압류는 기준 날짜가 되지 않는다. 그리고 보증금 적용 범위도 꼭 살펴봐야 한다. 보증금이 소액보증금 적용 범위를 넘어가면 최우선변제금을 받을 수가 없기 때문이다. 그리고 최우선변제 역시 배당신청을 해야지만 배당을 받을 수 있다. 다음표는 참고만 할 뿐 필요할 때만 찾아보면 된다.

〈주택 임대차보호법에 의한 최우선변제금〉

저당권 설정일	대상 지역	소액보증금 적용 범위	최우선변제 보증금
1984.01.01.~1987.11.30.	특별시, 광역시	300만 원 이하	300만 원
	기타 지역	200만 원 이하	200만 원
1987.12.01.~1990.02.18.	특별시, 광역시	500만 원 이하	500만 원
	기타 지역	400만 원 이하	400만 원
1990.02.19.~1995.10.18.	특별시, 광역시	2,000만 원 이하	700만 원
	기타 지역	1,500만 원 이하	500만 원
1995.10.19.~2001.09.14.	특별시, 광역시	3,000만 원 이하	1,200만 원
	기타 지역	2,000만 원 이하	800만 원
2001.09.15.~2008.08.20.	수도권 중 과밀억제권역	4,000만 원 이하	1,600만 원
	광역시(군 제외)	3,500만 원 이하	1,400만 원
	그 외 지역	3,000만 원 이하	1,200만 원
2008.08.21.~2010.07.25.	수도권 중 과밀억제권역	6,000만 원 이하	2,000만 원
	광역시(군 제외)	5,000만 원 이하	1,700만 원
	그 외 지역	4,000만 원 이하	1,400만 원
2010.07.26.~2013.12.31.	서울특별시	7,500만 원 이하	2,500만 원
	수도권 중 과밀억제권역	6,500만 원 이하	2,200만 원
	광역시(군 제외) 안산, 용인, 김포, 광주 포함	5,500만 원 이하	1,900만 원
	그 외 지역	4,000만 원 이하	1,400만 원
2014.01.01.~2016.03.30.	서울특별시	9,500만 원 이하	3,200만 원
	수도권 중 과밀억제권역	8,000만 원 이하	2,700만 원
	광역시(군 제외) 안산, 용인, 김포, 광주 포함	6,000만 원 이하	2,000만 원
	그 외 지역	4,500만 원 이하	1,500만 원

저당권 설정일	대상 지역	소액보증금 적용 범위	최우선변제 보증금
2016.03.31.~	서울특별시	1억 원 이하	3,400만 원
	수도권 중 과밀억세권역	8,000만 원 이하	2,700만 원
	광역시(군 제외) 안산, 용인, 김포, 광주 포함	6,000만 원 이하	2,000만 원
	세종시	6,000만 원 이하	2,000만 원
	그 외 지역	5,000만 원 이하	1,700만 원

예1 2014.05.01. 최선순위 근저당(서울)

2016.05.02. 전입신고(서울, 보증금 8,000만 원)

최우선변제금액은 3,200만 원 예상이 된다. 저당권 설정일이 2014.01.01.~ 2016.03.30.이며, 서울의 소액보증금 범위가 9,500만 원 이하이기 때문에 8,000만 원에 계약한 전세금은 3,200만 원까지 보호받을 수 있다.

예2 2013.04.02. 최선순위 근저당

2015.05.10. 전입신고(서울, 보증금 8,000만 원)

최우선변제금액은 0원이 된다. 최선순위 근저당날짜를 기준으로 2010.07.26.~2013.12.31.의 소액보증금 적용 범위인 7,500만 원 이하인데 보증금액이 8,000만 원을 넘어갔기 때문이다.

배당에도 순위가 있다

경매 절차에 따른 배당순위

경매할 때 배당에서 주의해야 할 몇 가지만 알고 있으면 된다. 이것만 조심하면 배당 관련 큰 어려움은 없을 것이다. 표를 보면 복잡하게 나와 있지만 우리가 조심해야 할 것은 3순위까지다. 나머지는 배당순서대로 배당되기 때문에 크게 신경 쓸 필요가 없다.

〈경매 절차에 따른 배당순위〉

배당순위	변제 방법	배당 종류
1	비용변제	1. 경매집행비용 2. 부동산에 투입한 필요비, 유익비
2	최우선변제	1. 주택 임차인, 상가 임차인의 소액임차보증금 중 일정 금액(최우선변제) 2. 임금 채권 : 최종 3개월 임금(근로복지공단 압류), 최종 3년분의 퇴직금, 재해 보상금

배당순위	변제 방법	배당 종류
3	최우선변제	당해세(경매 부동산에 부과된 국세, 지방세)
4	우선변제	우선변제(근저당권, 담보가등기, 전세권)
5	우선변제	일반 임금 채권(2순위 채권을 제외한 기타 임금 채권)
6	우선변제	법정기일이 담보물권보다 늦은 당해세 이외의 국세, 지방세
7	우선변제	국민건강보험료, 국민연금보험료, 산업재해보상보험료
8	우선변제	일반 채권

1) 1순위-경매비용과 필요비, 유익비

경매집행비용은 법원이 경매를 진행하면서 제일 먼저 가져가는 비용이다. 집행비용은 정말 소액이기 때문에 신경 쓸 필요가 없다. 필요비와 유익비는 해당 부동산의 보존과 가치상승을 위해 지출한 비용으로 다른 권리들보다 우선해 받을 수 있다. 필요비와 유익비를 상환받기 위해서는 법원에 배당일까지 신청하면 된다. 하지만 일반적으로 필요비와 유익비로 인정받는 것이 쉽지 않다.

2) 2순위-소액임차보증금(최우선변제)

최우선변제되는 권리에는 소액임차보증금과 임금 채권이 있다. 최우선변제금과 임금 채권은 같은 동순위라서 성립 시기에 상관없이 안분배당(똑같은 비율로 균등하게 배당)한다. 가장 조심해야 할 게 '근로복지공단 압류'다. 나도 처음에 빌라를 낙찰받았을 때 근로복지공단 압류를 못 보고 지나쳐서 긴장했던 적이 있었다. 만약 근로복지공단 압류금액이 커서 선순위 임차인이 전액 배당을 못 받을 경우 못 받은 금액만큼 낙찰자가 그 금액을 인수해야 하기 때문에 근로복지공단 압류는 주의해야 한다.

3) 3순위-당해세(국세, 지방세)

당해세는 해당 부동산에 부과된 세금을 말한다. 당해세에는 국세와 지방세가 있다. 부동산에 부과된 재산세, 종합부동산세가 당해세에 속한다. 상속세와 증여세도 당해세에 포함될 수 있지만 당해세에 포함되기 위해서는 담보권설정 이전에 부과된 것만 포함되며 담보권설정 이후 상속이나 증여가 이뤄진 다음 부과된 상속세와 증여세는 당해세가 아니다. 상속세와 증여세는 금액이 클 수도 있기 때문에 조심해야 한다. 지방세는 재산세, 자동차세가 있는데 금액이 크지 않기 때문에 신경 쓰지 않아도 된다.

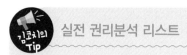

실전 권리분석 리스트

초보자들은 다음의 표를 이용하면 권리분석의 작은 실수라도 줄일 수 있을 것이다. 초보자들은 잘하는 것보다 실수하지 않는 것이 중요하다. 지금도 스터디 회원들은 이 표를 이용해 처음에는 스스로 물건분석을 하고 확인한다. 기술을 배우는 것도 중요하지만 기본을 배우는 것도 중요하다.

사건번호 :

종류	임차인 분석
말소기준권리일	
권리 종류	
임차인 이름	
대항력 확보일 (전입일+1일)	
대항력 유무 (대항력 확보일이 말소기준권리보다 같거나 빠르면 대항력 있음)	○, ×
확정일자일	
우선변제(배당)권 확보일 (대항력 확보일과 확정일자 중 늦은 날짜부터 적용함)	
우선변제(배당)권 유무 (우선변제권 확보일이 말소기준권리일보다 빠를 경우 우선변제권 있음)	○, ×
배당요구종기일	
배당신청 유무	○, ×
배당신청 날짜	
우선변제액	
우선변제 순위	선순위 or 후순위
소액임차인 유무	○, ×
최우선변제액	
낙찰자 인수금액	
나의 의견	

제**3**단계

김코치가 가르쳐주는
인터넷 분석의 모든 것

늦게 시작하는 것을 두려워 말고,
하다가 중단하는 것을 두려워하라!
- 앤드류 카네기 -

현장 가기 전에 미리
확인해야 할 것들

인터넷으로 사전 조사를 하자

요즘은 인터넷이 매우 발달해 웬만해서는 모든 것을 인터넷으로 알 수 있다. 과거보다 정말 편리해졌다. 우리는 이것을 잘 이용해야 한다. 바로 현장에 가도 되지만 어느 정도 인터넷으로 사전 조사를 하고 가면 훨씬 많은 정보를 얻을 수 있고 시간과 비용을 줄일 수 있다. 마우스만 움직이면 되니 손쉽게 배울 수 있다.

1) 지도, 로드맵을 이용해라

네이버 지도나 다음 지도를 검색해서 그 지역 주변 교통이나 생활시설 등을 파악한다. 지하철과 집까지 거리는 어느 정도고 교통은 편리한지, 주변 생활시설이나 주변 환경을 한눈에 알 수가 있다. 만약 임장을 못 갈 때는 이것만 잘 활용해도 실제 임장한 것만큼 많은 정보를 얻을 수 있다.

2) 주변 시세를 파악해라

직접 현장 조사를 가서 부동산 시세를 알 수도 있지만 집에서도 미리 시세를 알 수가 있다. 그리고 시세를 알고 가면 부동산 중개업소에서 이야기하는 현재 시세를 비교할 수도 있다. 검색창에 '국토교통부 실거래가' 검색하면 아파트, 빌라, 오피스텔, 주택 등의 시세를 알 수가 있다. 요즘에는 계약일자를 기준으로 실거래가격이 올라오기 때문에 정확하게 현재 시세를 알 수가 있다.

▶국토교통부 실거래가 공개시스템(rt.molit.go.kr)

3) 부동산 경매 관련 사이트

- 지도 : 네이버 지도, 다음 지도
- 학교 주변 정화구역 확인 : 학교환경위생정화구역
- 등기부등본 열람 : 대법원 인터넷 등기소
- 건축물대장 열람 : 민원24
- 경매정보 사이트 : 대법원 경매정보(국가에서 운영, 무료), 굿옥션(유료), 지지옥션(유료)
- 아파트, 빌라, 주택 시세정보 : 국토교통부 실거래가

대법원 경매 사이트를 이용해라

경매 사건을 검색할 때는 두 가지 방법이 있다. 국가에서 제공하는 무료 사이트와 국가에서 제공하는 경매 정보와 여러 가지 자료를 보기 쉽게 정리한 유료 경매 사이트가 있다. 대법원 경매 사이트를 이용할 줄 알아야 나중에 유료 사이트를 쉽게 이해할 수가 있다. 유료 사이트 비용은 1년에 100만 원 정도 하기 때문에 혼자서 부담하기는 솔직히 부담스럽다. 그래서 6~7명이 공동구매하는 것을 추천한다. 초보자나 카페, 스터디 회원들도 대부분 공동구매를 권장한다. 초보자가 혼자 이용할 목적으로 처음부터 100만 원이나 되는 비용을 결제하기에는 조금 돈이 아깝다. 나중에 투자할 게 많거나 혼자만 사이트를 봐야 할 때가 되면 그때 혼자 이용해도 늦지 않다. '김코치 경매' 카페에서도 회원분들의 편의를 위해 공동구매 신청을 진행하고 있다.

▶대한민국법원 법원 경매정보(www.courtauction.go.kr)

관할 법원과 사건번호를 입력하면 다음과 같이 나온다.

사건번호, 경매개시결정일자, 부동산 소재지 주소가 나온다. 그리고 중요한 배당요구종기일이 나오는데 2017년 5월 25일 전까지 임차인은 배당신청을 해야 한다.

당사자 내역에서는 채권자와 채무자 겸 소유자, 임차인 등을 파악할 수가 있다.

물건 내역에서 '물건 상세조회'를 클릭하면 물건에 대한 상세정보를 알 수가 있다.

매각물건명세서가 가장 중요하다

　법원 정보에서 가장 주의 깊게 봐야 하는 것이 매각물건명세서다. 매각물건명세서는 법원에서 경매 물건의 각종 권리를 명시하고 확인해주는 공식 서류다. 가장 신뢰할 수 있는 법원 서류고 그만큼 매우 중요하다. 나중에 매각불허가신청을 할 때도 매각물건명세서에 기록된 것을 바탕으로 신청할 수 있다.

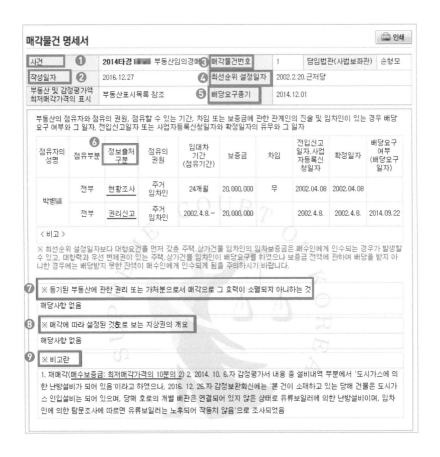

매각물건 명세서   🖨 인쇄

사건 ❶	2014타경 ▮▮▮ 부동산임의경매	매각물건번호 ❸	1	담임법관(사법보좌관)	손형모
작성일자 ❷	2016.12.27	최선순위 설정일자 ❹	2002.2.20.근저당
부동산 및 감정평가액 최저매각가격의 표시	부동산표시목록 참조 ❺	배당요구종기	2014.12.01

부동산의 점유자와 점유의 권원, 점유할 수 있는 기간, 차임 또는 보증금에 관한 관계인의 진술 및 임차인이 있는 경우 배당요구 여부와 그 일자, 전입신고일자 또는 사업자등록신청일자와 확정일자의 유무와 그 일자

점유자의 성명	점유부분 ❻	정보출처 구분	점유의 권원	임대차 기간 (점유기간)	보증금	차임	전입신고 일자.사업 자등록신 청일자	확정일자	배당요구 여부 (배당요구 일자)
박병▮▮	전부	현황조사	주거 임차인	24개월	20,000,000	무	2002.04.08	2002.04.08	
	전부	권리신고	주거 임차인	2002.4.8.~	20,000,000		2002.4.8.	2002.4.8.	2014.09.22

〈 비고 〉

※ 최선순위 설정일자보다 대항요건을 먼저 갖춘 주택.상가건물 임차인의 임차보증금은 매수인에게 인수되는 경우가 발생할 수 있고, 대항력과 우선 변제권이 있는 주택,상가건물 임차인이 배당요구를 하였으나 보증금 전액에 관하여 배당을 받지 아니한 경우에는 배당받지 못한 잔액이 매수인에게 인수됨을 주의하시기 바랍니다.

❼ ※ 등기된 부동산에 관한 권리 또는 가처분으로서 매각으로 그 효력이 소멸되지 아니하는 것

해당사항 없음

❽ ※ 매각에 따라 설정된 것으로 보는 지상권의 개요

해당사항 없음

❾ ※ 비고란

1. 재매각(매수보증금: 최저매각가격의 10분의 2) 2. 2014. 10. 6.자 감정평가서 내용 중 설비내역 부분에서 '도시가스에 의한 난방설비가 되어 있음'이라고 하였으나, 2016. 12. 26.자 감정보완회신에는 '본 건이 소재하고 있는 당해 건물은 도시가스 인입설비는 되어 있으며, 당해 호로의 개별 배관은 연결되어 있지 않은 상태로 유류보일러에 의한 난방설비이며, 임차인에 의한 탐문조사에 따르면 유류보일러는 노후되어 작동치 않음'으로 조사되었음

1. **사건번호** : 해당 경매 사건번호다.

2. **작성일자** : 매각물건명세서가 작성된 날짜다. 매각물건명세서상의 중대한 변경 내용이 있는 경우에는 이를 재작성해 날짜가 변경된다.

3. **매각물건번호** : 한 사건에 여러 개의 물건이 있을 경우 물건번호가 부여되며, 한 개의 사건일 경우 '1'을 기입한다.

4. **최선순위 설정일자** : 말소기준일이 된다.

5. **배당요구종기** : 이 기간 안에 임차인이 배당신고를 해야 한다. 배당 요구종기가 지나면 배당을 신청할 수가 없다. 신청해도 받아들여

지지 않는다.

6. **정보 출처 구분** : 임차인에 대한 중요 정보가 기입돼있다. 점유 기간, 보증금, 전입신고, 확정일자, 배당 여부 등을 알 수 있다. 그중에서 '정보 출처 구분'에 현황조사와 권리신고가 있는데 현황조사는 집행관이 현장에서 임차인이 이야기한 조사 내용을 기입한 것이다. 권리신고는 실제로 임차인이 서류를 갖춰 신고한 신고내용을 말한다. 만약 두 가지 내용이 서로 다를 때는 실제 신고한 권리신고 내용을 봐야 한다. 그리고 현황조사가 비어있는 경우도 있는데 이것은 집행관이 방문했을 때 집에 아무도 없어서 조사를 못 한경우다.

7. **등기된 부동산에 관한 권리 또는 가처분으로서 매각으로 그 효력이 소멸되지 아니하는 것** : 경매 절차 이후 말소되지 않고 인수되는 등기 내용이 있을 경우 기재하는 곳이다.

8. **매각에 따라 설정된 것으로 보는 지상권의 개요** : 매각 절차로 인해 발생하는 지상권이 있을 경우 기재한다.

9. **비고란** : '특별매각 조건 매수보증금 20%(최저매각가격의 10분의 2)'라고 기재됐는데, 이것은 누군가 낙찰받고 잔금을 미납해서 재경매가 이뤄진다는 뜻이다. 이럴 경우 입찰보증금의 20%를 준비해야 한다. 그리고 비고란에는 유치권, 분묘기지권, 법정지상권 등 등기부상 나타나지 않은 권리들 중 인수될 수 있는 권리를 기재하고 있다.

매각물건명세서는 입찰자가 스스로 파악하기 어려운 내용을 법원에

서 설명해주는 아주 중요한 자료다. 입찰자는 입찰 전날까지 매각물건
명세서를 보는 습관을 들여야 한다. 입찰 전날에 새로운 정보가 올라오
는 경우도 있기 때문이다.

유료 경매 사이트도 알아두면 좋다

유료 경매 사이트는 법원이 제공하는 사이트보다 보기에 편리하고 모
든 정보를 한 번에 검색할 수 있어 좋다. 여러 유료 경매 사이트가 있으
니 본인에게 맞는 것을 찾아서 한 개 정도는 가입하길 바란다.

▶유료 경매 사이트인 '굿옥션(www.goodauction.com)'

제 **4** 단계

김코치가 가르쳐주는
현장 조사의 모든 것

아무것도 변하지 않을지라도
내가 변하면 모든 것이 변한다.
- 오노레 드 발자크 -

현장 조사 떠날
준비 됐나?

아무리 귀찮아도 현장 조사는 꼭 해야 한다

가끔 초보자분들이 현장 조사 가는 것이 귀찮아서 인터넷만으로 조사하고 입찰하는 경우가 있다. 이것은 정말 잘못된 행동이다. 부동산은 몇만 원짜리가 아니다. 몇만 원, 몇십만 원짜리 옷을 사는데도 만져보고 눈으로 확인하고 사는데 하물며 몇천, 몇억 원짜리 집을 사는데 인터넷으로만 조사해서 입찰한다는 것은 말이 안 된다. 옷이야 인터넷으로 사서 마음에 안 들면 반품해도 되지만 부동산은 반품이란 것도 없다. 그러기 때문에 더욱더 현장 조사를 해야 한다.

현장 조사는 경매, 공매를 하는 데 있어서 기본이기 때문에 현장 조사를 빼먹지 말고 입찰하기를 바란다. 부동산을 낙찰받고 가끔 미납되는 사례들이 있는데 현장 조사를 하지 않고 낙찰 후 방문했는데 심각한 건물의 하자가 발견돼 미납하거나 매각불허가신청을 하는 경우도 많다. 그러니 현장 조사는 필수라고 생각해야 한다.

현장 조사 가기 전 챙겨야 할 것

권리분석과 인터넷으로 사전 조사를 마쳤으면 이제 본격적으로 현장 조사를 해야 한다. 하지만 현장 조사를 가기 전에 미리 무엇을 체크해야 하는지 확인하고 가야 한다. 그래야 빼먹지 않고 현장 조사를 갔을 때 꼼꼼히 체크할 수 있다.

현장 조사를 갈 때는 많이 걸어 다녀야 하기 때문에 편한 운동화를 신고 가는 것을 추천한다. 현장 조사를 가게 되면 주위 환경이나 시세 조사를 위해 여러 부동산을 방문해야 하고 또 입찰하기로 한 그 집 하나만 보는 것이 아니라 혹시 근처에 경매로 나온 집들이 있으면 현장 조사를 할 때 같이 조사하는 것이 좋다. 그리고 해당 물건이나 조사할 부동산에 대한 정보를 프린트해야 한다. 그래야 법원 정보가 정확한지 알 수가 있다.

현장 조사를 갈 때는 차를 가지고 가는 것보다 되도록 대중교통을 이용하는 것을 추천한다. 직접 정류장이나 지하철역에서 집까지 거리가 얼마 정도 되는지 걸어봐야 더 정확하게 알 수가 있다. 또 주변에 뭐가 있는지, 집까지 가는 길은 어떤지 언덕은 없는지 등을 알 수가 있다. 직접 현장 조사를 가게 되면 인터넷 지도에서 파악할 수 없는 것들을 알 수가 있다.

현장 조사는 탐정이 돼라

우편물, 계량기 확인부터 해라

해당 물건지에 도착하면 가장 먼저 해야 할 일은 우편물 확인이다. 우편함에 있는 우편물이 도움이 많이 된다. 만약 각종 공과금 고지서나 관리비 고지서가 있으면 미납금액도 알 수 있고, 독촉 고지서나 명세서 같은 것이 있으면 여러 상황을 짐작할 수가 있다. 우편물이 잔뜩 쌓여 있는 경우가 있는데 경매에 별로 신경을 안 쓰는 편이거나 집에 사람이 없는 경우가 많다. 한번은 집에 찾아갔는데 우편함에 여러 우편물과 각종 고지서가 잔뜩 쌓여있었는데 알고 봤더니 점유자는 짐만 놔두고 다른 곳에서 생활하고 있었던 적도 있다. 나중에 간신히 연락돼 짐만 챙겨간 경우도 있었다.

그리고 처음에 현장 조사를 하게 되면 꼭 전기계량기나 가스계량기가 계속 돌아가고 있는지 확인해야 한다. 계량기가 잘 돌아간다면 사람이 살고 있는 것이고 계량기가 멈춰있으면 집에 아무도 없는 경우가 많다. 그리고 그날까지 사용한 숫자를 꼭 적어놓는다. 그래서 만약 낙찰 후에 방문했을 때 첫 현장 조사랑 비교해서 얼마만큼 사용했는지를 본다. 왜냐하면, 사용량이 적으면 집에 아무도 안 살거나 다른 곳에서 생활하는 경우가 대부분이기 때문이다.

관리사무실은 꼭 방문해라

아파트나 상가 같은 경우는 관리사무실에 방문해서 관리비 체납액을 미리 확인해야 한다. 상가 같은 경우는 관리비가 비싸기 때문에 연체금액이 클 수도 있다. 관리사무실을 방문했을 때 관리인이 귀찮아하는 경우가 있는데 그럴 때는 이 부동산을 위해 방문한 사람이 많다는 뜻이다. 오히려 좋은 정보니 몇 명 정도가 방문했는지 물어보면 입찰자 수를 조금 예상할 수가 있다. 그것뿐만이 아니라 점유자나 임차인에 대한 의외의 정보도 얻을 수 있다.

전입세대열람하기

현재 그 집에 누가 살고 있는지를 정확하게 알게 위해서는 전입세대를 열람해야 한다. 열람하고 싶은 집이 경매로 나왔다는 관련 서류를 프린트한 후 전국 어느 주민센터든 방문해서 전입세대열람 신청을 하면 된다. 주민센터를 방문할 때는 본인 신분증도 꼭 갖고 가야 한다. 관련 서류는 아무거나 상관이 없다. 이 집이 경매 들어갔다는 것만 확인

주민등록 전입세대 열람 신청서

※ 뒤쪽의 유의사항을 읽고 작성하여 주시기 바랍니다. (앞쪽)

접수번호		접수일자		처리기간	즉시
개인 신청인 (위임한 사람)	성명		(서명 또는 인)	주민등록번호	
	주소			전화번호	
위임받은 사람 (신청인)	성명			주민등록번호	
	주소			전화번호	
법인 신청인	기관명			사업자등록번호	
	대표자		(서명 또는 인)	대표전화번호	
	소재지				
	방문자 성명		주민등록번호	직위	전화번호

열람대상 물건 소재지	
용도 및 목적 **경매목적**	증명자료

「주민등록법 시행규칙」 제14조제1항에 따라 주민등록 전입세대 열람을 신청합니다.

년 월 일

읍·면·동장 및 출장소장 귀하

위임장

「주민등록법 시행규칙」 제14조제1항에 따라 주민등록 전입세대 열람신청을 위와 같이 위임합니다.

년 월 일

위임한 사람 (서명 또는 인)

읍·면·동장 및 출장소장 귀하

첨부서류 (확인 후 돌려 드립니다)	1. 신청인(위임받은 사람)의 주민등록증 등 신분증명서 2. 위임한 사람의 주민등록증 등 신분증명서(담당 공무원이 위임장의 진위 여부 확인을 위하여 요청하는 경우) 3. 법인 방문자인 경우 사원증 또는 재직증명서 4. 신청자격 증명자료(행정정보 공동이용을 통하여 확인이 불가능한 경우)	수수료 1건1회 300원

행정정보공동이용 동의서

본인은 이 건 업무처리와 관련하여 담당 공무원이 「전자정부법」 제36조제1항에 따른 행정정보의 공동이용을 통하여 관할 행정청이 등기부등본 등으로 본인 소유여부 등을 확인하는 것에 동의합니다. ※ 동의하지 않는 경우에는 신청인이 직접 관련 서류를 제출하여야 합니다.

신청인(위임한 사람) (서명 또는 인)

210mm×297mm[백상지80g/㎡ 또는 중질지80g/㎡]

▶전입세대열람 신청서

해주면 된다.

유료 경매 사이트에는 전입세대열람 서류가 첨부돼있지만 보통 6개월 전의 서류기 때문에 그사이 변동이 있을 수 있다. 그리고 매각물건명세서에 점유자 정보가 있지만 그것 또한 6개월 전쯤의 조사서기 때문에 최근의 전입세대를 열람해서 비교해보는 것이 좋다.

현장 조사는 꼼꼼히 살펴봐야 한다

현장에 도착하면 건물의 노후 정도부터 봐야 한다. 나는 되도록 관리가 잘돼있거나 깨끗한 건물을 선호한다. 내가 살고 싶은 마음이 없으면 남도 살고 싶지 않기 때문이다. 반대로 내가 살고 싶어 하면 다른 사람도 살고 싶어 한다. 그러니 내가 살 집이다 생각하고 꼼꼼히 살펴봐야 한다. 집안 내부는 볼 수 없어도 건물 청소는 잘돼있는지 주차장은 어떤지(요즘은 주차가 안 되면 임차인 들이기가 쉽지 않다)를 확인해야 한다.

그리고 꼭 건물 안으로 들어가서 외벽이나 누수 흔적은 없는지를 확인하고 옥상의 방수공사는 잘돼있는지 확인해야 한다. 빌라나 아파트는 채광이나 방향까지 확인해야 한다. 같은 동이라도 방향에 따라서 햇빛이 잘 안 들어오는 경우가 있다.

부동산 중개업소 방문할 때는
이렇게 해라

부동산 중개업자도 경쟁자가 될 수 있다

초보자들은 시세 조사를 위해서 부동산 중개업소를 방문하는 것이 가장 떨린다고 한다. 사람을 만나서 이야기해야 하기 때문이다. 나도 처음에는 부동산 중개업소를 방문할 때 기분 나쁘게 대하는 사람들이 있어서 나올 때 언짢았던 기억이 있다. 한번은 이런 일도 있었다.

시세 조사를 위해 A중개업소를 방문했는데 경매 나온 그 집 시세를 잘 모른다고 하면서 이상하게 그 집에 대해서 부정적으로 이야기하는 것이었다. 관리도 잘 안 되고, 평수에 비해 방이 작다면서…… 그런가보다 하고 나와서 B중개업소에 갔더니 그 빌라는 ○○중개업소에서만 관리하기 때문에 물어본다고 했다. 사장님이 전화를 걸어서 물어보니 바로 나에게 부정적으로 이야기했던 A중개업소였다. 그러면서 나한테 시세를 가르쳐주지 말라면서 A중개업소 사장님도 그 물건에 입찰 들어간다고 했다는 것이다. 좋은 물건은 중개업자도 입찰할 수가 있다. 그래서 A중개업소에 시세를 물어봤을 때 내가 경쟁자일 수도 있으니 불친절하고 부정적으로 이야기했던 것이다. 물론 친절하고 좋은 중개업자 사장님도 많으니 오해는 없기를 바란다.

부동산 중개업자도 경쟁자가 될 수 있으니 조심해야 한다. 부동산 중개업자는 그 동네 시세와 그 집에 대해서 잘 알고 있기 때문에 가격이 괜찮으면 입찰할 가능성이 크다. 부동산 중개업소를 운영하면서 경매도 같이하는 분들이 요즘 많이 늘어났다.

부동산 중개업소 방문 요령

내가 중개업소를 방문할 때는 두 가지 방법을 준비한다. 솔직하게 이야기하는 방법과 집을 구하러 온 사람처럼 연기하는 것이다. 나도 처음에 시세 조사를 위해 부동산 중개업소 문 열고 들어가는 것이 뻘쭘하고 망설여졌만 몇 번 하다 보니 이것도 익숙해져 다음부터는 어느 곳이든 용감하게 들어가게 됐다. 사장님들께 물어볼 때 중요한 것은 그 사장님의 입장에서 이야기하는 것이다. 내가 중개업소 사장이라면 기분 안 나쁘게 어떻게 이야기를 하면 될까? 그러면 쉽게 답이 나온다.

1) 솔직하게 이야기할 때 나의 멘트

"사장님, 안녕하세요. 바쁘신데 죄송합니다. 다름이 아니라 집을 구하러 온 것은 아니고요. 제가 경매 투자자인데 이 근처에 경매 물건이 나와서 지나가다가 시세가 얼만지 좀 궁금해서 들렀어요. 일하시는데 죄송한데 이 집 시세 좀 가르쳐주세요. 사장님, 제가 나중에 낙찰받으면 사장님한테 꼭 내놓을게요."

이렇게 솔직하게 이야기하면 사장님도 싫어하지 않으신다. 그러면 반응은 둘 중 하나다. 흔쾌히 이야기해주거나 오늘 이것 때문에 사람들이 많이 방문해서 약간은 귀찮은 듯이 이야기해준다. 친절히 이야기해주면 이것저것 편하게 물어보고 약간 귀찮은 듯이 이야기를 하면 오히려 사장님의 편을 들어서 이야기하면 좋다

"아이고, 오늘 이것 때문에 사람들이 많이 물어봐서 일도 제대로 못 하셨겠네요. 바쁘신데 죄송해요. 그동안 사람들이 많이 왔다 갔나 봐요?"

"말도 마세요. 오늘 죄다 이것만 물어봐서 일도 못 하고 귀찮아 죽겠어."

"에휴, 이것 때문에 편히 쉬지도 못하고 힘드시겠어요."

이러면서 궁금한 것을 하나씩 물어보면 친절하게 잘 이야기해주셨다. 다른 사람들에게 이야기하지 않았던 좋은 정보와 근처 비슷한 집이 얼마에 나가고 월세를 얼마에 줬는지도 먼저 이야기하는 경우도 많았다.

"사장님, 경매 나와서 들렀는데 혹시 이 집 시세 얼마 정도 해요?"

이렇게 무턱대고 물어보는 것보다 처음에 공손하게 이야기를 하는 것이 좋다. 그리고 최소한 다섯 군데 정도는 가봐야 한다. 근처 다섯 군데 방문하는 데 걸리는 시간은 10~20분이면 끝난다. 그걸 귀찮아하면 안 된다. 한두 군데 시세 조사만으로는 정확하게 알 수가 없다. 현장 조사를 여러 번 할 게 아니기 때문에 처음 현장 조사를 할 때 확실히 한번에 끝내는 것이 좋다.

2) 이 동네로 이사하려고 하는데 얼마 정도 하나요?

약간의 연기가 필요하지만 이것도 쉽다. 그냥 편하게 집 구하러 왔다고 하면 된다. 직장 때문에 이 근처로 이사 올 것 같은데 현재 얼마 정도의 돈이 있고 현재 시세가 어떤지 물어보면 된다. 아파트 같은 경우는 그래도 쉽게 이야기가 되는데 빌라 같은 경우는 조금 디테일하게 물어봐야 한다. 엘리베이터는 있는지 지하철역이랑 가까운지 등 물어볼게 많다. 가끔은 사장님이랑 돌아다니면서 집을 구경할 때도 있는데 시간도 아깝고 약간 미안해서 나는 이 방법보다는 첫 번째 방법을 선호한다. 아파트 조사할 때는 이 방법이 괜찮은 것 같다. 세대수가 많다 보니 매물도 많고 시세가 얼마인지 정확하게 알 수 있기 때문이다.

현장 조사를 마치며 해야 할 일

현장 조사를 마쳤다고 끝이 아니다. 마지막으로 정리를 해야 한다. 열심히 현장 조사를 했는데 머릿속에만 남아 있고 기록되지 않으면 나중에 잊어버리게 된다. 현장 조사 갈 때 임장보고서 양식을 가지고 가면 현장 조사를 갔을 때 실수하지 않고 꼼꼼히 조사할 수 있다. 초보자 같은 경우는 필히 임장보고서를 갖고 가서 체크하기를 바란다. 그리고 현장 조사가 끝나면 집에 와서 꼭 오늘의 임장보고서를 작성하는 습관을 가지는 것이 좋다. 임장보고서가 쌓일수록 여러분의 실력 또한 늘고 있다는 증거기 때문이다.

현장 조사 체크 리스트

사건번호		입찰 일자/ 현장 조사 일자	
아파트, 빌라, 상가		면적	
주소			
현장 조사			
건축물 상태(노후도)		교통 환경(버스, 지하철역 거리)	
주차장		주변 환경(소음)	
관리비(미납)		엘리베이터 유무	
전기/ 가스계량기		채광	
균열, 누수 여부		편의시설	
유해시설(유흥가)		주변 교육 환경	
우편물		건물 청소 상태	
점유자	임차인/소유자	해당 층/ 총 층수	
시세 조사(공인중개사)			
매매가		급매가	
전세		월세	
개발 가능성			
메모(특이사항 및 느낀 점)			

제**5**단계

김코치가 가르쳐주는
입찰의 모든 것

할 수 없다고 생각하면 절대로 할 수 없다.
결국, 그런 생각으로는 어떤 일도 불가능하다.
- 데카르트 -

경매 절차를 이해해라

한눈에 보는 경매 진행 절차

이제 입찰에 참여하기 위해서는 법원에서 진행되는 경매 절차를 알아야 한다. 외울 필요는 전혀 없다. 그냥 이해하기만 하면 된다. 입찰자가 알아야 하는 것만 정리했다.

5. 매각결정기일

↓ 평균 7일(즉시항고)

6. 매각확정기일

↓ 평균 30일 이내(매각취소)

7. 대금 납부

↓ 인도명령 신청

8. 배당

1~3. 법원이 경매로 진행할 물건에 대해서 준비하는 절차다. 평균 4~6개월 정도 걸린 다는 것만 알고 있으면 된다. 이 기간 동안 우리가 할 것은 아무것도 없다.

4. 매각기일 날 법원에 가서 입찰하면 된다. 보통 매각기일 한 달 전부터 대법원 사이트 나 유료 사이트에서 사건 검색이 가능하다. 매각기일에 낙찰되면 보통 일주일 뒤에 매각허가결정이 난다.

5. 매각기일에 낙찰을 받고 매각허가결정이 나기 전에 법원은 지금까지 진행 절차상 문 제가 없었는지 한 번 더 확인하고 이해관계인도 만약 매각에 대한 이의가 있으면 매 각불허가 신청을 할 수 있다. 아무런 이의신청이 없을 경우 매각허가결정이 난다.

6. 매각허가결정이 나면 일주일 동안 한 번 더 이해관계인에게 매각결정에 대한 이의를 신청할 기회를 준다. 그 일주일 동안 이해관계인의 이의신청이 없을 경우에는 매각허 가확정이 난다. 낙찰자도 총 2주 동안 물건의 하자나 권리상 문제가 있는지 파악해서 이의신청을 할 수가 있다. 낙찰받고 매각허가확정일까지 가만히 기다리지 말고 혹시 모를 건물의 하자나 서류상 오류가 있으면 찾아서 이의신청을 하면 된다.

7. 매각허가확정 전까지 아무런 이의신청이 없으면 바로 잔금 납부기일이 정해지고 보 통 30일 정도의 잔금 납부시간이 주어진다. 잔금을 납부하면 비로소 소유주가 바뀌게 되고 잔금 납부 후 부동산 인도명령 신청이 가능하다. 만약 잔금 마련을 못 해서 미납 하게 되면 다음 매각기일 3일 전까지 잔금 납부를 하면 된다. 잔금 납부기일이 지났 다고 포기하지 말고 다음 매각일까지 한 달 정도의 시간이 더 있으니 그전까지 납부 하면 된다. 이때 잔금 납부기일이 지난 다음 납부를 하게 되면 연 20%의 이자도 같이 납부해야 한다.

8. 잔금 납부 후 배당일이 정해지는데 평균 20~30일 정도 걸린다. 배당일이 정해지면 배당일 날에 배당받고 모든 절차가 끝난다.

드디어 입찰하러 가는 날

입찰 전날 챙겨야 할 것

1) 보증금

그동안 물건 입찰을 위해 권리분석, 현장 조사 등을 모두 마쳤다. 이제는 입찰을 위해서 준비해야 할 게 있다. 입찰보증금을 준비해야 하는데 보통 최저매각대금의 10%다. 보증금은 전날에 미리 은행 가서 수표 1장으로 준비하는 것이 좋다. 당일 준비해도 괜찮지만 은행에 사람이 많거나 오전에 차가 막히거나 그럴 경우 법원에 늦을 수도 있다. 그리고 입찰일에는 여유 있게 도착하는 것이 좋다. 시간에 쫓기다 보면 입찰표 작성하는 데 실수를 하기 마련이다. 보통 10시부터 입찰을 시작해서 11시 10분쯤에 입찰을 마감한다. 법원마다 마감 시간이 조금씩 다르니 전날 미리 알아둬야 한다. 보증금은 현금으로 준비하는 것보다 수표 1장으로 준비하길 바란다. 입찰 봉투에 현금이 다 들어가지도 않고 실수로 보증금액이 모자라면 낙찰돼도 무효처리가 되기 때문이다. 만약 입찰에 떨어지면 바로 법원 내에 있는 은행에 가서 입금하면 된다. 법원 내부에는 대부분 신한은행이 있다.

2) 도장과 신분증

도장과 신분증은 필수다. 미리미리 전날에 챙겨 가야 한다. 도장은 아무 도장이나 상관없다. 만약 도장을 깜빡하고 안 들고 갔을 때는 법원 앞에서 막도장을 하나 만들어도 된다. 정말 시간이 없어서 급하면 손가락 직인으로 해도 인정해준다.

3) 입찰가 선정하기

입찰할 물건에 대해서 미리 입찰가를 정하고 가는 것이 좋다. 법원에서 입찰가를 정하게 되면 기준이 없다. 낙찰받고 싶어서 처음 생각했던 것보다 금액을 올려 적고 싶은 것이 사람 심리다. 그러다 보면 높게 올려 적는 경우도 있다. 또 그날따라 법원 가는 길이 막히고 법원에 도착해서 은행에서 수표로 바꾸는데 사람이 많으면 진짜로 초조해진다. 시간적 여유가 없으면 나도 모르게 급해지기 마련이다. 입찰가 선정은 현장분석과 시세분석을 토대로 전날에 최소 2개 정도 금액을 정하고 가야 한다.

나도 사실 입찰가격 정하는 것이 가장 어렵다. 이것은 답이 없기 때문이다. 치열한 눈치싸움이다. 그래서 가끔 전날에 입찰가격을 2~3개 정하고 그날 법원에서 사다리 타기 해서 걸리는 쪽에 입찰가격을 적기도 했다.

법원 출발하기 전에 꼭 확인해야 한다

법원에 출발하기 전에 유료 경매 사이트 말고 법원 경매정보에 들어가서 당일 물건이 취소나 변경이 있는지 확인해야 한다. 법원 경매정보에는 공시됐지만 유료 경매 사이트에는 공시가 안 된 경우가 있기 때문이다. 열심히 먼 거리를 운전해서 법원에 도착했는데 입찰이 연기되거나 취소되면 헛걸음할 수 있다. 만약 확인을 못 하고 출발했다면 법원에 도착해서 가장 먼저 입찰 게시판부터 확인해야 한다. 경매 법정 입구에 그날 경매 진행 물건이 붙어있으며 입찰 당일에 연기되거나 취소되는 경우 입찰 게시판에 공지하고 있다.

▶입찰 게시판

입찰표 작성 시
조심해야 할 사항

입찰표만큼은 세 번 확인해야 한다

경매 법정에 들어서면 집행관 앞에 입찰표와 보증금 봉투, 그리고 입찰 봉투 이렇게 3가지 서류가 있다. 그리고 양쪽에 보면 입찰표를 작성할 수 있는 입찰소가 있다. 나는 혹시 입찰표 작성에 실수할까 봐 입찰표를 한 장 더 가져온다. 입찰금액 표기를 잘못하면 고칠 수가 없기 때문이다. 입찰표 작성을 할 때는 꼭 입찰소 안에서 작성할 필요는 없다. 법원 내부 복도나 식당 등 조용한 곳에서 편하게 작성하면 된다.

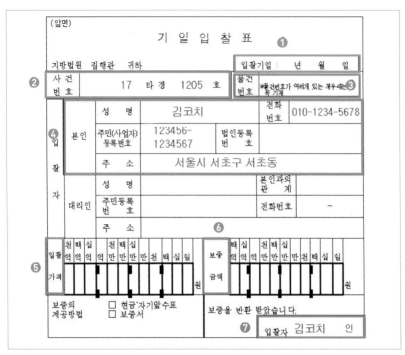

▶기일입찰표

1. **입찰기일** : 당일 날짜를 적으면 된다.

2. **사건번호** : 사건번호를 쓴다.

3. **물건번호** : 물건번호가 없으면 비워도 된다. 물건번호가 여러 개 있을 경우에는 꼭 기재해야 한다.

4. **본인** : 본인의 인적사항을 적는다.

5. **입찰가격** : 낙찰받고 싶은 입찰금액을 적는다.

6. **보증금액** : 입찰보증금액을 적는다. 5번이랑 6번을 헷갈려 적으면 안 된다.

7. **입찰자** : 입찰에 떨어지면 보증금 반환할 때 적으면 되는데 미리 적어도 상관이 없다. 여기에 서명하고 도장을 찍어야 보증금을 반환해준다. 미리 서명하고 도장을 찍으면 나중에 입찰에 떨어졌을 때 불필요하게 도장을 찍을 필요 없이 보증금을 바로 받을 수 있다.

입찰가격에 ‘0’ 하나 더 쓴 경우

입찰표 작성에서 가장 많이 하는 실수가 입찰가격에 ‘0’을 하나 더 붙이는 것이다. 입찰가격 1억 2,000만 원을 ‘0’ 하나 더 써 12억 원으로 적는 경우도 있고 5억 원을 50억 원으로 적는 경우도 있다. 경매입찰표에는 이 같은 실수를 방지하기 위해 입찰가격표에 ‘십억/백억/천억’ 등 단위별로 칸을 분리해놓았는데도 이런 일이 자주 발생한다. 거짓말 같은가? 이러한 실수의 주인공이 여러분이 아니라고 단정하지 말고 입찰표 작성할 때는 정말 꼼꼼하게 확인하길 바란다. 그리고 입찰표 작성

소재지	대구광역시 북구 ██████████████████			**도로명주소검색**			
물건종별	아파트	감정가	450,000,000원	오늘조회 : 1 2주누적 : 15 2주평균 : 1 **조회동향**			
				구분	입찰기일	최저매각가격	결과
대지권	30.408㎡(9.198평)	최저가	(70%) 315,000,000원	1차	2017-07-17	450,000,000원	유찰
				2차	2017-08-18	315,000,000원	낙찰
건물면적	112.11㎡(33.913평)	보증금	(20%) 63,000,000원	낙찰 4,410,100,000원(980.02%) / 20명 / 미납			
				3차	**2017-10-18**	**315,000,000원**	
매각물건	토지·건물 일괄매각	소유자	██	낙찰 : 455,555,555원 (101.23%)			
				(입찰4명, 낙찰:대구 ██████)			
개시결정	2017-01-31	채무자	(██████	차순위금액 447,105,555원)			
				매각결정기일 : 2017.10.25 - 매각허가결정			
사건명	임의경매	채권자	신한은행	대금지급기한 : 2017.11.22			
				대금납부 2017.11.20 / 배당기일 2017.12.22			

▶4억 4,100만 원에 ‘0’을 하나 더 써서 44억 1,000만 원에 낙찰.

소재지	인천광역시 남구 ██████████████████			**도로명주소검색**			
물건종별	다세대(빌라)	감정가	108,000,000원	오늘조회 : 1 2주누적 : 1 2주평균 : 0 **조회동향**			
				구분	입찰기일	최저매각가격	결과
대지권	38.65㎡(11.692평)	최저가	(70%) 75,600,000원	1차	2016-12-14	108,000,000원	낙찰
				낙찰 1,120,300,000원(1037.31%) / 1명 / 미납			
건물면적	50.6㎡(15.307평)	보증금	(20%) 15,120,000원	2차	2017-03-31	108,000,000원	유찰
				3차	**2017-05-04**	**75,600,000원**	
매각물건	토지·건물 일괄매각	소유자	██	낙찰 : 111,100,199원 (102.87%)			
				(입찰25명, 낙찰:인천 ██████)			
개시결정	2016-05-24	채무자	██	차순위금액 103,360,000원)			
				매각결정기일 : 2017.05.11 - 매각허가결정			
				대금지급기한 : 2017.06.19			
사건명	임의경매	채권자	속초시수협	대금납부 2017.06.14 / 배당기일 2017.07.20			
				배당종결 2017.07.20			

▶1억 1,200만 원에 ‘0’을 하나 더 써서 11억 2,000만 원에 낙찰.

할 때 금액을 잘못 적어서 두 줄을 긋거나 고치지 말고 새로운 입찰표에 꼭 쓰길 바란다. 입찰표 금액은 절대 수정이 안 된다.

입찰 봉투와 입찰보증금은 어떻게 작성하나?

입찰표 작성을 마쳤으면 이제는 입찰보증금 봉투 작성을 해야 한다. 입찰보증금은 현금보다는 수표 1장으로 준비하는 것이 좋다. 현금으로

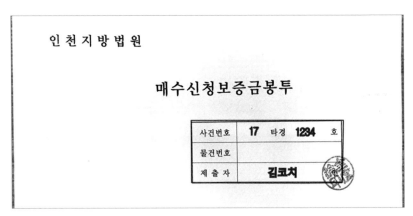

▶보증금 봉투 앞면

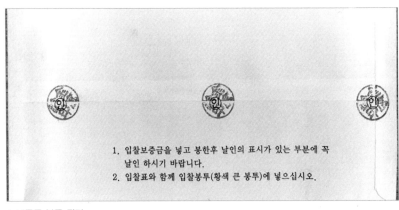

▶보증금 봉투 뒷면

준비하게 되면 입찰보증금 봉투에 다 안 들어갈 수도 있고 1,000원이라도 모자라면 무효처리 되기 때문이다. 보증금 봉투 앞면에 물건번호가 하나일 경우는 안 적어도 된다. 2개 이상일 때만 적으면 된다.

마지막으로 작성이 끝났으면 입찰 봉투와 보증금 봉투를 한 번 더 확인하고 도장이 모두 찍혀있거나 사건번호가 맞는지 확인 후 수취증을 받으면 된다. 수취증은 잘 보관해야 한다. 나중에 개찰 후 패찰했을 때 수취번호가 맞는지 확인 후 입찰 봉투를 다시 돌려주기 때문이다.

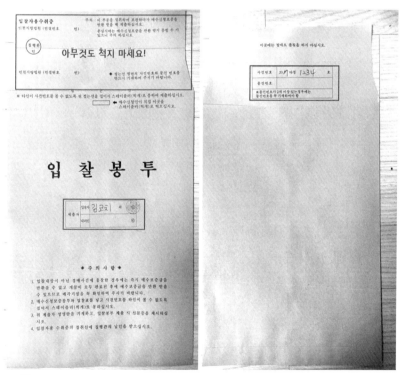

▶입찰 봉투 앞면　　　　　　　　　▶입찰 봉투 뒷면

▶입찰표 작성이 끝났으면 입찰 봉투 안에 입찰 　▶입찰 봉투를 가지고 집행관에게 간다.
보증금 봉투, 입찰표를 넣고 스테이플러를 찍
는다.

▶집행관이 수취증을 주면 잘 보관해야 한다.

▶입찰함에 입찰 봉투를 넣는다.

이렇게 하면 모든 절차가 끝난다. 한번 입찰 봉투를 입찰함에 넣으면 절대로 다시 못 꺼낸다는 점을 명심하기 바란다. 나중에 서류 한 장이 빠진 것을 알고 입찰 봉투를 다시 달라고 해도 돌려주지 않으니 주의해야 한다.

입찰 시 준비서류는 무엇인가?

입찰하러 갈 때는 본인이 가도 되지만 직장인이거나 본인이 입찰을 못 할 경우는 대리입찰이 가능하다. 대리입찰은 아무나 참여해도 상관없다. 가족도 되고 친구도 상관없다.

1) 개인 입찰

입찰자 본인이 입찰한다면 신분증, 도장, 입찰보증금 이렇게만 챙겨가면 된다. 신분증은 주민등록증, 운전면허증, 여권이 가능하다. 도장은 인감도장이 아닌 아무 도장이나 상관없다.

2) 대리입찰

법원에 입찰하러 못 갈 경우는 가족을 한 명 보내는 것이 가장 안전하다. 그것도 자주 대리입찰 해본 사람이 가는 것이 낫다. 예들 들어, 김코치를 대신해서 아버지가 입찰하는 경우를 설명하는 것이 가장 이해하기 쉬울 것 같다. 그렇게 되면 김코치는 입찰자 본인이고, 아버지는 대리인이 된다. 입찰자 본인의 인감증명서, 위임장, 인감도장, 보증금을 챙기고 대리인은 신분증과 도장(인감도장이 아닌 아무 도장이나 상관없다)을 챙기면 된다. 그리고 입찰표 뒷면에 있는 위임장을 적어주면 된다(대리인이 법원에서 적어도 된다. 요즘 법원에서는 위임장이 입찰표 뒷면 이 아닌 따로 비치된 경우가 있다. 법원마다 조금씩 다르니 확인해야 한다).

(앞면)

기일입찰표

지방법원 집행관 귀하   입찰기일 :   년   월   일

사건번호			2017 타경 1234 호		물건번호	※ 물건번호가 여러 개 있는 경우에는 꼭 기재
입찰자	본인	성 명	김코치 ㉘		전화번호	010 - 1234 - 5678
		주민(사업자) 등록번호	123456-1234567		법인등록 번 호	
		주 소	서울서 서초구 ○○○○ ○○○ ○○○			
	대리인	성 명	김감독 ㉘		본인과의 관 계	아버지
		주민등록 번 호	501234-1234567		전화번호	010 - 5678 - 6666
		주 소	서울시 동작구 ○○○○ ○○○ ○○○			

입찰 가격	천억	백억	십억	억	천만	백만	십만	만	천	백	십	일	원	보증 금액	백억	십억	억	천만	백만	십만	만	천	백	십	일	원

보증의 제공방법	☐ 현금 · 자기앞수표 ☐ 보증서	보증을 반환받았습니다. 입찰자 김감독 ㉘

위임장

대리인	성 명	김감독	직 업	없음
	주민등록번호	501234-1234567	전화번호	010-5678-6666
	주 소	서울시 동작구 ○○○○ ○○○ ○○○		

위 사람을 대리인으로 정하고 다음 사항을 위임함.

다 음

지방법원   2017   타경   1234   호 부동산

경매 사건에 관한 입찰행위 일체

본인1	성 명	김코치 (인감인)	직 업	회사원
	주민등록번호	123456-1234567	전 화 번 호	010-1234-5678
	주 소	서울서 서초구 ○○○○ ○○○ ○○○		
본인2	성 명	(인감인)	직 업	
	주민등록번호	-	전 화 번 호	
	주 소			
본인3	성 명	(인감인)	직 업	
	주민등록번호	-	전 화 번 호	
	주 소			

* 본인의 인감증명서 첨부
* 본인이 법인인 경우에는 주민등록번호란에 사업자등록번호를 기재

지방법원 귀중

입 찰 봉 투

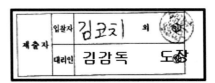

입찰자는 인감도장!
대리인은 아무도장 관계없음

◆ 주 의 사 항 ◆

1. 입찰대상이 아닌 경매사건에 응찰한 경우에는 즉시 매수보증금을
   반환을 수 없고 개찰이 모두 완료된 후에 매수보증금을 반환 받을
   수 있으므로 매각기일을 꼭 확인하여 주시기 바랍니다.
2. 매수신청보증봉투와 입찰표를 넣고 사건번호를 타인이 볼 수 없도록
   접어서 스테이플러(찍개)로 봉하십시오.
3. 위 제출자 성명란을 기재하고, 입찰봉투 제출 시 신분증을 제시하십
   시오.
4. 입찰자용 수취증의 절취선에 집행관의 날인을 받으십시오.

3) 공동입찰

스터디를 같이하시는 분들끼리 가끔 공동투자를 하는 경우가 있다. 그럴 경우는 공동으로 입찰해야 한다. 법원에 비치된 입찰서 외에 공동입찰신고서와 공동입찰자목록을 추가로 기재해야 한다. 하지만 공동입찰도 입찰자 모두 법원에 참석하는 경우가 있고 공동입찰자 중 한 명만 참석하는 경우도 있다.

(1) 공동입찰에 모두 법원에 참석할 경우

공동입찰자 모두 참석할 경우에는 간단하다. 각자 신분증과 도장을 갖고 가면 된다.

(2) 공동입찰자 중 한 명만 참석할 경우

김코치와 홍길동이 공동투자를 하려고 하는데 그중 김코치는 일 때문에 홍길동만 법원에 가서 입찰할 경우에는 입찰할 때 특히 주의해야 한다. 우선 필요한 것은 김코치 신분증, 인감증명서, 인감도장, 위임장이 필요하다. 홍길동은 신분증, 도장만 있으면 된다. 서류 작성은 다음을 참고하면 된다.

공동입찰신고서

지방법원 집행관 　　　귀하

사건번호 　2017　 타경 　1234　 호

물건번호

공동입찰자 　별지 목록과 같음

위 사건에 관하여 공동입찰을 신고합니다.

2017년 11월 17일

신청인 　김코치　 외 　1　 인(별지 목록 기재와 같음)

※ 1. 공동입찰을 하는 때에는 입찰표에 각자의 지분을 분명하게 표시하여야 합니다.

2. 별지 공동입찰자 목록과 사이에 공동입찰자 전원이 간인하십시오.

용지규격 210mm×297mm(A4용지)

공동입찰자목록

번호	성 명	주 소		지분
		주민등록번호	전화번호	
1	김코치 ㉑	서울시 서초구 ○○○○ ○○○ ○○○		1/2
		123456-1234567	010-1234-5678	
2	홍길동 ㉑	경기도 시흥시 ○○○○ ○○○ ○○○		1/2
		851234-2095415	010-2222-3333	
	㉑			
		-		
	㉑			
		-		
	㉑			
		-		
	㉑			
		-		
	㉑			
		-		
	㉑			
		-		
	㉑			
		-		
	㉑			
		-		

기일입찰표

지방법원 집행관 귀하   입찰기일 :   년   월   일

사건번호		2017 타경 1234 호		물건번호	※ 물건번호가 여러 개 있는 경우에는 꼭 기재
입찰자	본인	성 명	별지 목록 기재와 같음	전화번호	
		주민(사업자) 등록번호		법인등록 번 호	
		주 소			
	대리인	성 명	홍길동 ㉑	본인과의 관 계	지인
		주민등록 번 호	851234 – 2095415	전화번호	010 – 2222 – 3333
		주 소	경기도 시흥시 ○○○○ ○○○ ○○○		

입찰 가격	천억	백억	십억	억	천만	백만	십만	만	천	백	십	일	원	보증 금액	백억	십억	억	천만	백만	십만	만	천	백	십	일	원

보증의 제공방법	☐ 현금·자기앞수표 ☐ 보증서	보증을 반환받았습니다. 입찰자 홍길동 ㉑

위임장

대 리 인	성 명	홍길동	직 업	회사원
	주민등록번호	851234 - 2095415	전화번호	010 - 2222 - 3333
	주 소	경기도 시흥시 ○○○○ ○○○ ○○○		

위 사람을 대리인으로 정하고 다음 사항을 위임함.

다 음

지방법원   17   타경   1234   호 부동산

경매 사건에 관한 입찰행위 일체

본 인 1	성 명	김코치 (인감인)	직 업	회사원
	주민등록번호	123456 - 1234567	전 화 번 호	010 - 1234 - 5678
	주 소	서울서 서초구 ○○○○ ○○○ ○○○		
본 인 2	성 명	(인감인)	직 업	
	주민등록번호	-	전 화 번 호	
	주 소			
본 인 3	성 명	(인감인)	직 업	
	주민등록번호	-	전 화 번 호	
	주 소			

* 본인의 인감 증명서 첨부
* 본인이 법인인 경우에는 주민등록번호란에 사업자등록번호를 기재

지방법원 귀중

공동투자 시 이것만은
지켜야 한다

공동투자를 왜 하지?

스터디나 강의를 하다 보면 마음 맞는 사람들끼리 서로 공동투자를 하는 경우가 있다. 좋은 물건이 있는데 나 혼자 입찰하기에는 돈이 부족할 수도 있고, 공동투자를 하면 여러 물건에 입찰할 수가 있다. 그러다 보면 공부할 것도 많아지고 다양한 경험을 쌓게 된다. 초보자들은 처음에 혼자 하는 것보다는 마음 맞는 멤버 둘이나 세 명이 공동투자를 해보는 것도 추천한다. 물론 꼭 공동투자가 아니더라도 스터디를 같이 하게 되면 혼자 하는 것보다 처음에는 서로 의지가 되고 투자에 대해서 같이 이야기할 수 있다는 것이 좋다. 나도 처음에 경매를 배울 때 7명이 같이 스터디를 했는데 그때 공부하면서 실력이 많이 늘었다. 모르는 것은 서로 물어가면서 공부하고 좋은 투자정보가 있으면 같이 공유도 하게 됐다. 한 달에 두 번 스터디를 했는데 각자 한 개씩 물건분석을 해오면 마치 7개의 물건을 공부한 느낌이었다. 그리고 무엇보다 많은 경험을 쌓을 수가 있어서 가장 좋았다.

공동투자 시 주의해야 할 사항

이것만 주의하면 좋은 물건이 나왔을 때 서로 믿고 같이 공동투자를 할 수 있다. 가장 좋은 것은 나와 맞는 사람들끼리 투자하는 것이다. 한 명이 특별히 잘하거나 많이 알고 있는 것보다 서로 비슷한 실력에 비슷한 성향을 가진 사람들끼리 투자하는 것이 좋다. 왜냐하면, 잘하는 한 명이 이끌어가다 보면 다른 사람들은 끌려가게 되고 공동투자의 성격이 없어지기 때문이다. 공동투자는 말 그대로 공동으로 책임감 있게 역할을 분담해서 투자하는 것이다. 돈만 내고 아무것도 안 하는 것이 공동투자가 아니라 공동의 역할을 하는 것이 공동투자다.

그리고 가장 중요한 공동투자계약서다. 사람이 거짓말을 하는 것이 아니라 돈이 사람을 거짓말하게 만들기 때문이다. 거기다 공동투자를 위해서는 처음부터 정확하게 이야기를 나누지 않으면 나중에 말이 달라지는 경우가 있기 때문이다. 공동투자를 해서 수익이 많이 남은 경우도 많지만 입찰표에 '0' 하나 더 적어서 손해 본 사람들도 있었다. 만약 여러분이 공동투자를 했는데 입찰표에 '0'을 하나 더 적었다면 그건 누가 책임을 져야 할까? 그래서 처음부터 공동투자계약서를 작성해야 한다. 그래야 서로 믿고 오랫동안 투자를 할 수 있기 때문이다. 믿는 것은 믿는 것이고 계약서는 계약서다. 그런 것까지 꼭 작성해야 하냐며 계약서를 쓰기 싫다고 하는 사람이 있으면 그 사람과는 절대로 공동투자를 하면 안 된다. 나중에 문제가 생기면 혼자 살겠다고 발 빼는 경우가 있다.

공동투자 시 리스크를 줄이자

공동투자도 잘하면 성공적인 투자가 되지만 잘못될 경우 그 책임은 고스란히 각자가 져야 한다. 처음에 공동투자를 하기에 앞서 정확히 협의를 끝내야 한다. 그렇지 않으면 중간에 무책임하게 탈퇴하는 경우가 있기 때문이다.

- 처음부터 계약서를 작성하고 공증을 받아라.
- 명확한 수익배분을 해야 한다.
- 물건을 어떻게 처리할 건지(매도, 임대, 처분 시기) 처음부터 결정해야 한다.
- 투자가 잘못됐을 경우 어떻게 할지 결정해야 한다.
- 부동산을 보유하는 동안 세금(재산세, 종합소득세, 종부세 등) 및 각종 지출을 어떻게 할지 결정해야 한다.
- 공동명의의 주택도 개인당 1주택으로 간주된다는 것을 알아야 한다.
- 자금계획을 정확히 세워야 한다.
- 각자의 역할에 대해서 분담해야 한다. 그래야 책임감 있게 한다.
- 인원은 짝수보다는 홀수가 좋다. 3명, 5명 이렇게 추천한다.
- 인감도장은 본인이 직접 관리해야 한다.

본인 입찰, 대리입찰, 공동입찰 총정리

조금 복잡해 보일 수 있는 대리입찰과 공동입찰을 총정리했다.

1) 본인 입찰

- 입찰자 본인의 신분증, 도장

2) 대리입찰

- 입찰자 본인(위임자) : 인감증명서, 인감도장
- 대리인 : 신분증, 도장
- 필요 서류 : 위임장

3) 공동입찰(전원 참석할 경우)

- 공동입찰자 : 신분증, 도장
- 필요 서류 : 공동입찰신고서, 공동입찰자목록

4) 공동입찰(공동입찰자 중 1명만 참석할 경우)

- 참석자 : 신분증, 도장
- 불참석자 : 신분증, 인감증명서, 인감도장
- 필요 서류 : 위임장, 공동입찰신고서, 공동입찰자목록

※ 대리인이나 법원에 가서 직접 입찰에 참여하는 사람은 아무 도장이나 상 관없지만, 입찰에 참여하지 못하는 사람(위임하는 사람)은 반드시 인감도장 과 인감증명서가 필요하다.

제**6**단계

김코치가 가르쳐주는
낙찰 후의 모든 것

인생은 곱셈이다.

어떤 기회가 와도 내가 제로면 아무런 의미가 없다.

- 나카무라 미츠루 -

낙찰 후 준비해야 할 것

권리분석, 물건분석을 다시 확인해라

패찰했다면 입찰보증금만 받아오면 되지만 낙찰되면 앞으로 준비해야 할 일이 많다. 매각허가결정이 날 때까지 가만히 기다리면 안 된다. 명도와 대출을 준비해야 한다. 그리고 혹시 모를 물건의 하자나 권리상에 문제가 없는지 다시 한 번 확인해야 한다. 낙찰자에게는 매각허가결정까지 일주일 정도의 시간이 있다. 그리고 매각허가확정까지 또다시 일주일의 시간이 더 주어진다.

나는 낙찰을 받으면 해당 물건지로 바로 간다. 하루라도 빨리 점유자를 만나서 협상해야 하기 때문이다. 미뤄봤자 시간만 낭비다. 그래야 집 내부도 빨리 볼 수 있고 집 내부에 심각한 하자가 없는지 등을 알 수가 있다. 만약 심각한 하자를 발견하게 되면 바로 매각불허가신청을 해야 하기 때문이다. 그리고 첫 임차인과의 만남은 단순히 가볍게 이야기하는 정도가 좋다. 낙찰됐다는 것을 알리는 정도면 충분하다. 그리곤 집에 와서 권리분석을 다시 해야 한다. 간혹 낙찰받고 비로소 보이는 것들이 있기 때문이다. 점유자를 만나고 낙찰받은 물건의 하자나 권리상 문제를 발견하지 못했다면 이제는 대출과 명도를 준비해야 한다.

대출은 아는 만큼 보인다

낙찰받으면 이제 잔금을 준비해야 한다. 100% 본인 돈으로 하는 경우는 거의 없다. 혹시나 자기 돈으로 납부가 가능하더라도 어느 정도는 다음의 투자 기회비용을 위해서 조금이라도 대출받기를 권한다. 대출은 수익률과 바로 직결되기 때문에 매우 중요하다.

낙찰받으면 가장 먼저 축하해주는 사람이 대출 중개인이다. 그때 대출 중개인의 명함은 될 수 있으면 다 챙겨와서 정리하길 바란다. 나중에 어떻게 도움이 될지 모르기 때문이다. 우선 낙찰받은 물건에 대해서 대출금이 얼마까지 나오는지가 제일 중요하다. 그래야 본인이 얼마의 자금을 준비해야 하는지 알 수가 있다.

부동산 대출은 금융권마다 대출 조건이 모두 다르다. 심지어 같은 기○은행인데도 동네에 따라 금리와 한도가 다르다. 그리고 대출은 정부 정책에 따라서 많이 바뀐다. 2010~2012년에는 낙찰가의 80~90%까지 대출 가능했지만 지금은 낙찰가의 60~70% 정도까지 가능하다. 하지만 이것도 계속 정책이 바뀌니 잘 알아보고 입찰해야 한다.

대출을 알아볼 때는 대출금리, 중도상환수수료, 법무사비용 이렇게 알아보면 된다. 대출금리 같은 경우는 고정금리인지 변동금리인지에 따라서 대출이자가 달라진다. 보통 고정금리가 변동금리보다 0.2~0.5% 정도 비싸지만 나중에 금리가 오를 것을 대비하면 고정금리가 낫다. 금리가 계속 내려가고 있는 중이면 고정금리보단 변동금리가 낫다.

그리고 중도상환수수료는 계획을 잘 세워야 한다. 낙찰받은 물건을 어떻게 처리할 건지가 중요하다. 1년 이내에 팔 예정이면 중도상환수수료가 없는 상품을 선택해야 하지만 중도상환수수료가 없는 곳은 보통 이율이 0.5~1% 정도 더 높다. 2년 이상 보유할 예정이면 처음에 중도상환수수료가 높고 금리가 낮은 것을 선택하는 것이 좋다. 중도상환수수료도 슬라이스 방식이라고 해서 6개월마다 금리가 내려가는 경우가 많다.

대출 조건은 꼼꼼히 따져봐야 한다. 대출금액과 조건이 좋을수록 법무비가 조금 비싸다. 대출을 받으려면 법무사를 통해서 대출이 가능하다. 대출만 받고 법무사를 통하지 않고 본인이 직접 등기가 불가능하다. 서로 연결됐기 때문에 대출받으려면 어쩔 수 없다. 그리고 법무비가 과도할 경우는 무조건 비용조정을 해달라고 요구해야 한다. 법무비는 정확하게 정해진 것이 아니기 때문에 나 같은 경우는 좋게 이야기한다.

"사장님, 제가 지금까지 한두 건 낙찰받아서 대출 진행하는 것도 아니고 좋은 조건에 해주셔서 저도 어느 정도는 서로 좋은 게 좋다고 융통성 있게 이해하고 넘어가는데 이건 좀 법무비가 많은 것 같습니다. 너무 불필요한 비용이 추가가 많이 됐어요."

이렇게 이야기하면 법무사도 다시 법무비를 책정해서 보내준다. 다른 곳과 비교해서 법무비가 과도하다는 생각이 들면 이렇게 말이라도 해서 단돈 10만 원이라도 절약하길 바란다.

신용등급 관리를 철저히 해야 한다

대출 조건도 정말 좋고 대출금도 많이 나오는데 신용등급 때문에 대출이 안 나온다면 그것만큼 억울한 것이 없다. 대출의 시작은 신용등급부터라고 해도 지나치지 않다. 그만큼 중요하다. 나도 신용등급의 중요성을 모르고 살다가 경매를 시작하고 나서부터 신용등급의 중요성을 깨달았다. 만약 카드론, 현금서비스를 사용하고 있다면 자서(은행에 방문해서 대출 실행)하기 일주일 전에는 모두 갚아야 한다. 보통 현금서비스나 카드론 등 대출을 갚아도 그날 바로 신용등급이 올라가는 것이 아니라 2~3일 후에 반영되기 때문이다. 만약 오늘 대출금 갚고 오늘 자서하러 가면 신용등급은 그대로다.

대표적인 신용평가기관으로는 'NICE'와 'KCB'가 있다. 은행에 따라서 신용평가 선정 기관이 모두 다르기 때문에 두 곳 모두 신용등급 관리를 해야 한다. 2곳 모두 신용조회해서 신용등급이 낮은 등급으로 개인 신용을 평가하는 은행이 있고 한 군데만 정해서 평가하는 은행이 있다. 똑같은 신용평가 기관인데도 NICE가 좀 더 신용점수가 좋게 나오고 KCB가 조금 까다롭게 신용을 평가한다.

〈신용등급 점수별 등급표〉

등급	NICE 지키미	KCB 올크레딧	
1등급	900점～1,000점	942점～1,000점	
2등급	870점～899점	891점～941점	→ 우량 신용자
3등급	840점～869점	932점～890점	
4등급	805점～839점	768점～831점	
5등급	750점～804점	698점～767점	→ 보통 신용자
6등급	665점～749점	630점～697점	
7등급	600점～664점	530점～629점	
8등급	515점～599점	454점～529점	→ 저신용자
9등급	445점～514점	335점～453점	
10등급	0점～444점	0점～334점	

두 곳 모두 가입해서 신용등급관리를 잘하길 바란다. 1년에 회원비가 1만 5,000원 정도니 비싸지도 않다. 두 곳 모두 최소한 신용등급은 5등급까지 유지해야 한다. 그리고 '신용정보를 조회하면 신용등급이 떨어진다'고 생각할 수도 있는데 2011년에 제도가 바뀌어 신용조회기록이 신용평가에 반영되지 않는다.

- NICE 평가정보 : 나이스지키미(www.credit.co.kr)
- KCB 평가정보 : 올크레딧(www.allcredit.co.kr)

LTV, DTI, DSR 그리고 방빼기란 무엇인가?

부동산 기사나 대출을 알아보면 'LTV, DTI'라는 말을 자주 듣는다. 그냥 용어만 이해하고 있으면 된다.

1) LTV(Loan To Value)

LTV는 쉽게 말해서 집을 담보로 얼마까지 대출을 받을 수 있는가다. 만약 3억 원짜리 집의 LTV가 70%라면 최대 2억 1,000만 원까지 대출을 받을 수 있다. LTV가 50%라면 1억 5,000만 원까지 대출이 가능하다. LTV 비율이 높을수록 대출을 많이 받을 수 있고 비율이 낮으면 대출이 제한적이라는 의미다.

2) DTI(Debt To Income)

DTI란 연간 소득수준을 고려했을 때 얼마까지 대출 가능한가다. 예를 들어, 연봉이 5,000만 원이고 DTI가 60%라면 연간 원리금상환액이 3,000만 원을 넘지 않는 선에서 대출해주겠다는 말이다. 즉 연 총소득에서 매년 갚아야 하는 원금 및 이자가 차지하는 비율을 말한다. 그러므로 DTI가 낮을수록 대출 가능 금액은 줄어든다.

3) DSR(Debt Service Ratio)

DSR은 총부채를 고려했을 때 얼마까지 대출 가능한가다. DSR은 DTI보다 더 까다롭게 상환능력을 보겠다는 말이다. DTI는 원금과 이자만 계산하는 것과 달리 DSR은 신용대출, 카드대출, 자동차 할부금 등 주택담보대출 외에 다른 모든 금융권의 대출 원리금을 모두 반영한다.

4) 방빼기(방공제)

은행에서 상담하다 보면 방빼기를 생각 못 하는 경우가 있다. 그냥 쉽게 이해하면 된다. 집을 처음에 담보로 대출받을 때 임대차보호법에서 최우선변제금액을 뺀 금액을 대출해주는데 이것을 방빼기라고 한다(다만 모든 은행에서 방빼기를 하는 것은 아니다). 방빼기를 하는 이유는 최악의 경우 집이 경매로 넘어가면 말소기준이 1순위 근저당보다 임대차의 최우선변제금이 제일 먼저 우선해서 배당받아가므로 최우선금액만큼 은행에서 근저당의 전액을 회수하지 못하는 경우가 발생할 수도 있기 때문이다. 즉 은행에서 대출금을 못 갚을 경우, 손해를 방지하기 위해서 처음부터 대출금액에서 임대차 최우선변제금액만큼을 빼고 대출해주는 것을 '방빼기'라고 한다.

세금도 꼼꼼히 계산하고 전략을 짜야 한다

경매로 집을 사거나 팔 때 당연히 세금을 내야 한다. 세금이라고 정확하게 정해져 있는 것이 아니라 아는 만큼 절약할 수 있다. 그리고 언제 집을 사고, 언제 파느냐에 따라서 납부해야 할 세금도 달라진다. 절세와 탈세는 종이 한 장 차이다.

1) 경매로 집을 살 때

경매로 집을 낙찰받으면 취득세, 교육세, 농어촌특별세를 내야 한다. 부동산 종류에 따라서 낙찰금액의 1~4.6%의 취득세를 내야 한다. 대출받게 되면 법무사에서 세금 관련 납부할 금액을 모두 정리해서 보내준다. 현금이 없다면 카드로 납부할 수도 있다. 나도 낙찰받고 잔금이 모자라서 1,000만 원 정도 되는 취등록세를 카드로 납부했다. 물론 카드 한도가 남아 있어야 결제가 가능하다. 그리고 할부로도 가능하다. 법무사한테 취등록세를 카드납부로 원한다고 하면 된다.

〈부동산 취득세율〉

구분		면적	취득세	농특세	교육세	합계
주택	6억 원 이하	85㎡ 이하	1.00%	0.00%	0.10%	1.10%
		85㎡ 초과	1.00%	0.20%	0.10%	1.30%
	6억 원 초과~9억 원 이하	85㎡ 이하	2.00%	0.00%	0.20%	2.20%
		85㎡ 초과	2.00%	0.20%	0.20%	2.40%
	9억 원 초과	85㎡ 이하	3.00%	0.00%	0.30%	3.30%
		85㎡ 초과	3.00%	0.20%	0.30%	3.50%
주택 외(상가, 오피스텔 등)			4.00%	0.20%	0.40%	4.60%

2) 집을 팔 때 내는 양도소득세

부동산을 팔 때는 양도소득세를 납부해야 한다. 취득가액은 낙찰받은 금액이다. 즉 집을 낙찰받고 매도할 때 양도이익이 발생하면 세금을 내야 한다.

〈부동산 양도세율〉

과세 표준	세율	누진 공제
1,200만 원 이하	6%	–
4,600만 원 이하	15%	108만 원
8,800만 원 이하	24%	522만 원
1억 5,000만 원 이하	35%	1,490만 원

과세 표준	세율	누진 공제
3억 원 이하	38%	1,940만 원
5억 원 이하	40%	2,540만 원
5억 원 초과	42%	3,540만 원

집을 취득하고 1년 이내에 처분하는 경우에는 양도 차액 50%의 양도소득세를 내야 한다. 그리고 1년에서 2년 안에 집을 팔 경우에는 6~38%의 세율을 적용받는다. 양도소득세도 카드로 납부가 가능하다.

1가구에 2주택인 경우에는 두 채 중 먼저 파는 주택은 양도차익에 대해 양도소득세가 발생한다. 하지만 일시적인 1가구 2주택인 경우 비과세가 적용된다. 비과세 조건은 양도하는 주택 보유 기간이 2년이 넘어야 하며, 새로 주택을 취득한 날로부터 3년 이내에 종전 주택을 팔면 양도세가 과세되지 않는다. 양도소득세는 매각한 달의 말일로부터 2개월 내 신고 납부하면 된다. 1월에 팔았으면 3월 말일까지 양도소득세를 내면 된다(1월 1일에 집을 팔든 1월 30일에 팔든 2달 뒤인 3월 말까지 내면 된다).

그리고 양도세를 계산할 때는 필요경비를 제외한 금액을 내면 된다. 그래서 집수리를 위해 쓴 모든 영수증을 챙겨서 양도세 신고할 때 같이 청구하면 감면된다.

양도세 필요경비 인정하는 경우	양도세 필요경비 불인정하는 경우
취득세	도배, 장판 비용
법무사 수수료	싱크대, 주방기구 구입비용
새시 설치비용	대출금이자
발코니 개조, 확장 비용	명도비용

양도세 필요경비 인정하는 경우	양도세 필요경비 불인정하는 경우
난방시설 교체비용	페인트, 방수공사 비용
상하수도 배관공사비용	조명기구 구입비용
세무사 수수료	보일러 수리비용
중개사 수수료	
컨설팅비용	
불법건축물 철거비용	
해당 부동산 관련 소송비용	

제**7**단계

김코치가 가르쳐주는
명도의 모든 것

노력과 운이 맞아떨어지는 순간이 한 번은 꼭 온다.

- 미상 -

투자자는 시간이 돈이다

명도 절대 어렵지 않다

경매를 꺼려 하는 이유 중 하나로 점유자 내보내기가 힘들 것이라고 미리 짐작하는 분들이 있다. 나도 처음에 명도를 하기 전에는 비슷하게 생각했다. '내가 점유자를 잘 내보낼 수 있을까? 안 나가고 버티면 어떻게 하지?' 하지만 한 번 명도를 경험하고 나니 괜한 걱정을 했다는 사실을 알게 됐다. 모르니깐 어렵게 느껴지고 자기만의 상상에 빠지게 되는 것이다. 명도도 방법만 파악하면 된다. 내가 지금까지 수십 개를 낙찰받고 명도했지만 강제집행까지 간 경우는 2~3건밖에 되지 않는다. 그리고 명도도 하다 보면 요령이 생긴다. 칼은 낙찰자가 쥐고 있으니 상황에 따라서 적절하게 잘 대처하면 큰 어려움 없이 명도를 할 수 있다. 너무 처음부터 강하게 나가도 안 되고 또 점유자에 끌려다녀서도 안 된다. 명도도 하나의 전략이고 협상이다. 점유자가 무엇을 원하는지 잘 파악해서 대화와 법적인 압박을 통해 진행하면 된다. 하지만 무엇을 선택하든 점유자는 나갈 수밖에 없다. 결국, 명도는 낙찰자가 이길 수밖에 없는 게임이다. 어렵다고 생각하면 계속 어렵고 쉽다고 생각하면 한없이 쉬운 것이 명도다. 무엇보다 명도가 끝난 다음에 오는 달콤한 보상을 잊지 말라.

물건 선택 시 점유자를 선택할 수 있다

어떻게 점유자를 내보내야 할까? 투자자는 시간이 돈이다. 최대한 빨리 점유자를 내보내야 새로운 임차인을 들이거나 매도할 수가 있다. 그래서 나는 초보자 시절 물건을 고를 때 처음에 명도가 쉬워 보이는 것을 우선 투자 순위에 올렸다. 초보자들은 처음부터 머리 아프게 권리관계가 복잡하거나 점유자가 대항력이 있어 명도가 어려울 것 같은 물건은 패스하고 쉬운 물건에 집중하길 바란다. 매각물건명세서를 보면 점유자가 집주인인지 임차인인지를 알 수가 있다. 그리고 임차인 중에서도 전액 배당받는 임차인인지 전액 배당을 못 받는 임차인인지 대항력이 있는지 없는지를 파악한 후 입찰에 참여하면 좀 더 수월한 명도를 할 수가 있다.

점유자의 3가지 유형

점유자를 찾아가면 모든 점유자는 똑같은 것을 요구한다. 바로 돈이다. 점유자는 이사비나 합의금을 조금이라도 더 받기 위해서 버티고 낙찰자는 조금이라도 아끼기 위해서 협상을 한다. 결국, 점유자가 원하는 돈만 주면 명도는 정말 쉽게 마무리가 되는데 점유자가 무리한 이사비용을 요구하면 거기서부터 명도가 시작된다.

명도 대상자는 크게 4가지로 나눌 수 있다. 이 범위를 벗어나지 않으니 다음 유형을 잘 파악해서 명도를 잘 진행하길 바란다.

1) 점유자가 집주인일 경우

점유자가 집주인일 경우는 복불복이다. 집을 담보로 대출받았는데 대출금을 갚지 못해서 집이 경매로 나온 경우가 대부분이다. 한마디로 집주인이 망해서 집이 경매로 나온 경우다. 사업을 위해서 대출을 받았거나 부모가 자녀를 위해서 집을 담보로 대출해주는 경우도 있다. 점유자가 집주인인 경우는 낙찰받은 집 가격이 비싸다고 명도가 어렵고 가격이 싸다고 명도가 쉬운 것은 전혀 아니다. 집 가격은 명도하는 데 크게 차이가 나지 않는다. 오히려 비싼 집들이 명도가 더 쉬운 경우도 있다. 체면 때문인지 아니면 자기 집이 경매로 넘어갔다는 것을 알리기 싫어서인지 이사비를 크게 요구하지도 않았다.

점유자가 집주인이면 낙찰자에게 아무런 대항력이 없다. 잔금을 납부하면 바로 인도명령 대상자고 배당일까지 명도를 기다릴 필요가 없다. 잔금 납부 후 소유권이 넘어오면 불법점유자기 때문에 협상하기도 쉽다. 그렇다고 낙찰받고 나서 바로 처음부터 나가라고 하지 말고 이러한 것을 잘 설명한 후 대화로 잘 풀어나가길 바란다. 결국, 점유자가 집주인일 경우는 집 가격이 비싸든 싸든 관계없이 집주인에 따라 쉬울 수도 있고 조금 어려울 수도 있다.

2) 전액 배당받는 임차인

명도하기도 가장 쉽고 초보자가 접근하기에 쉬운 케이스다. 이런 집들은 그냥 이사 날짜와 대화만 잘하면 된다. 이사비를 요구하면 그에 따라서 조금 줘도 되고 대화로 잘 풀어나가면 된다. 전액 배당받는 세입자는 아무런 손해를 보지 않기 때문에 낙찰자에게도 크게 반감을 가지지 않는다. 만약 전액 배당받는데도 무리한 이사비를 요구한다면 강하게 나가야 한다.

"사장님, 사장님도 이사비용을 전액 배당받는 거 아시잖아요. 보증금에 손해 보는 것이 있습니까? 사장님이 입장 바꿔서 집주인이라고 생각해보세요. 세입자가 보증금 다 받고 나가는데 이사비까지 달라고 하면 어떻게 하시겠습니까? 어느 정도의 이사비를 주는 것은 맞습니다. 하지만 그것도 전세금 전액 못 받는 사람들한테 도의적으로 도와주라고 있는 거지 사장님처럼 전액 보증금 다 받는데 주라고 있는 것이 아닙니다."

3) 일부만 배당받는 임차인

전세금 중 일부만 배당받는 임차인은 보증금을 다 받지 못한 미련 때문에 낙찰자에게 그 돈을 조금이라도 더 받으려고 하는 경향이 있다. 이럴 때는 적절한 대화와 압박을 해야 한다. 스트레스 안 받으려고 임차인이 달라는 대로 무작정 이사비를 줄 수는 없다. 이사비를 줄 때도 기준이 있어야 한다. 평수에 따라서 얼마 정도의 이사비용을 계산한 후 적당한 선에서 합의하는 것이 좋다. 이런 경우 임차인이 배당을 받기 위해서는 낙찰자의 '명도확인서'가 필요한데 이걸 1차 무기로 사용해서 협상에 임하면 된다.

"사장님, 사장님이 배당받으려면 명도확인서가 필요한 거 아시죠? 명도확인서가 이사 나갔다는 것을 확인하고 주는 건데 이렇게 무리하게 이사비를 요구하시면 저희도 어쩔 수 없이 명도확인서를 드릴 수가 없어요."

명도의 주도권은 낙찰자가 끌고 가야 한다. 대화할 때도 상대방을 이해해줄 것은 이해해주고 내가 요구할 것은 요구해야 빠른 명도가 이뤄진다. 시간만 질질 끈다고 명도가 해결되는 것이 아니다.

4) 배당금을 전혀 못 받는 임차인

임차인 중 배당을 조금이라도 못 받고 나가는 경우는 거의 없다. 주택 임대차보호법에 의해서 최소한의 보증금이라도 받을 수 있기 때문이다. 하지만 말소기준보다 후순위면서 주임법이 정한 보증금액을 넘어설 경우는 보증금을 전혀 못 받고 나가야 될 수도 있다. 이럴 경우는 정확한 해법은 없다. 오직 임차인과의 대화로 풀어나가야 한다. 사정은 딱하지만 이것도 임차인이 무리한 요구를 하게 되면 강제집행 신청을 하는 것이 낫다.

나 같은 경우는 이럴 때 이사비를 강제집행비용에서 조금 더 주거나 강제집행비용 안에서 해결했다. 배당금을 전혀 못 받고 나가야 하는 임차인은 거의 없지만 이런 경우도 있으니 유의하길 바란다.

명도의 5가지 기술

첫 번째:상대방을 파악해라

경매는 해당 지역의 가까운 관할 법원에서 진행된다. 그래서 낙찰받은 다음에 바로 해당 물건지로 가는 것이 좋다. 본인 집에서 낙찰받은 물건이 거리가 가까우면 다음에 가도 상관없지만 거리가 멀다면 그날 방문해서 시간을 절약하는 것이 좋다. 점유자를 빨리 만나야 그다음 전략을 짤 수가 있다. 피한다고 해결될 문제가 아니다. 어차피 봐야 할 상대하면 하루라도 먼저 보는 것이 낫다. 어떤 점유자가 살고 있고 무슨 일을 하며 또 어떤 사연이 있는 집인지를 알게 된다면 앞으로 명도의 난이도를 대충 알 수 있기 때문이다. 상대방이 누군지 알아야 대화를 하든지 처음부터 법으로 진행하든지 할 수 있다. 무엇을 진행하든 처음이 중요하듯 점유자를 파악하는 것이 가장 중요하다. 상대방이 경매에 대해서 잘 모르고 있다면 상관없지만 만약 경매에 대해서 잘 알고 있다면 어떻게 할 것인가? 그러므로 상대에 맞게 전략을 짜야 내가 원하는 방향으로 끌고 갈 수 있다.

지금까지 내가 명도를 해본 결과 대부분 점유자와 1~2번 정도의 만남으로 거의 마무리가 됐다. 그다음부터는 문자나 전화로 주고받기 때문에 정말 어려운 점유자가 아니면 3번 이상 만난 적이 거의 없다. 만약 낙찰받은 당일에 점유자를 만나기가 꺼려진다면 최소한 명함이나 연락처를 문 앞에 붙이든지 해서 연락이 오게 해야 한다.

두 번째:대화로 풀어나가되 끌려다니지 마라

상대방을 파악했다면 이제부터 첫 대화가 중요하다. 낙찰자가 방문하면 문전박대를 당하는 경우도 있고 호의적으로 나오는 경우도 있다. 점유자가 호의적으로 나오면 다행이지만 처음에 불편해하거나 강하게 나오면 낙찰자도 대응을 해야 한다. 거기서 점유자에게 끌려가면 계속해서 끌려다니게 되고 점유자가 무리한 조건을 요구하게 된다.

우선 어떻게 나오든 낙찰자는 아직은 집주인이 아니지만 집주인이라는 생각으로 대화를 풀어나가야 한다. 처음부터 좋은 게 좋은 거라고 너무 친절하게 대할 필요도 없고 그렇다고 강하게 압박할 필요도 없다. 처음에는 조금 무겁게 다가가는 것이 좋다. 그리고 미리 만나기 전에 낙찰자라고 해서 만날 건지 아니면 나처럼 컨설팅회사 직원인 척 제3자로해서 만날 건지 정해야 한다. 가상의 인물을 내세워 공동투자를 했다고 해도 괜찮다. 낙찰자도 긴장되겠지만 점유자 또한 낙찰자가 누구인지 굉장히 궁금해한다는 사실을 알아야 한다. 낙찰자에 따라서 점유자의 요구 조건과 저항도 달라지기 때문이다.

첫 대화에는 말을 많이 하지 말고 그들의 말을 들으면서 계속 질문을 해라. 질문하다 보면 상대방에 대해서 많이 알게 되고 그다음을 어떻게 진행해야 할지 감이 온다. 그렇다고 강하게 압박하듯 물어보는 것이 아니라 편하게 대화하면서 자연스럽게 물어보는 것이 좋다. 다음과 같이 점유자의 유형에 따라서 대화할 때 질문이 달라져야 한다.

1) 점유자가 집주인일 경우

"사장님, 이제 낙찰됐으니 이사할 곳을 알아보셔야 합니다. 배당받는 것도 아니시라 잔금만 납부하면 소유권이 넘어오기 때문에 지금 당장은 아니지만 이사 준비를 하셔야 합니다. 혹시 이사 계획은 어떻게 세우고 계시나요?" → 이사를 이제부터 준비해야 한다는 생각을 들게 한다.

"사장님하고만 이야기하면 되나요? 아니면 다른 분도 같이 이야기해야 하나요?" → 다른 점유자나 조언자가 있는지 확인할 수 있다.

"집이 경매로 넘어가서 마음이 아프시겠어요. 어떻게 하다가 집이 경매로 넘어갔어요? → 경매로 넘어간 사연과 현재 상태를 알 수가 있다.

2) 전액 또는 일부만 배당받는 임차인일 경우

"사장님, 전세금 모두 배당(전세금 중 일부만)받는 것은 알고 계시죠? 앞으로 이사는 어떻게 하실 생각인가요? 아니면 혹시 재계약하시길 원하세요?"

"사장님이 배당금을 받으려면 명도확인서라는 것이 필요한 것은 알고 계시죠?"

"다른 분들은 안 계세요? 사장님이랑 이야기하면 되나요?"

이 정도만 물어봐도 앞으로 명도의 난이도를 판가름할 수가 있다. 첫 만남의 대화는 가벼우면서도 앞으로의 진행 상황을 이야기해줘야 한다. 그래야 점유자도 이사 계획을 세우기 때문이다.

3) 점유자가 무리한 요구를 할 때

만약 점유자가 첫 만남부터 이사비용이나 무리한 요구 조건을 해온다면 바로 이야기를 들어주는 것보다 다음과 같이 이야기하는 것이 좋다.

"제가 사실은 혼자 투자한 것이 아니라 다른 분과 같이 공동투자를 했는데 그분이 오늘 바빠서 같이 못 왔어요. 저 혼자 결정할 사항이 아니기 때문에 그분한테 물어봐야 합니다. 의논 후 다시 연락드리겠습니다."

혼자 낙찰받았을 경우 이렇게 가상의 제3자를 내세워라.

"회사에서 낙찰받기 때문에 저 혼자 결정할 사항이 아닙니다. 전 그냥 마무리만 하는 직원입니다. 회사에 보고 후 그것은 다음에 상의하시죠. 지금 바로 결정할 사항이 아닙니다. 아직 이사 준비도 안 하셨는데 처음부터 이사비를 요구하면 어떡하시나요?"

세 번째 : 압박해라(내용증명, 인도명령, 점유이전금지가처분)

점유자와 대화가 잘 진행되더라도 법적인 압박을 동시에 진행하는 것이 좋다. 이야기가 잘 진행되는 것은 진행되는 거고 혹시 모를 만일을 대비하는 것도 좋다. 대화가 잘 진행되다가도 서로 이사비 때문에 마지막에 틀어지는 경우도 있기 때문이다. 압박하기 전에 미리 점유자에게 이야기해놓으면 점유자도 이사 준비를 서두르고 또 낙찰자를 나쁜 사람으로 생각하지 않는다. 이럴 때는 가상의 제3자를 내세우는 것이 좋다.

"사장님, 회사 법무팀에서 며칠 후에 내용증명이 갈 겁니다. 회사에서는 모든 점유자에게 1차적으로 내용증명을 보냅니다. 제가 보내는 것이 아니니 오해하지 마시고요, 저랑 협의만 잘되면 내용증명은 신경 안 쓰셔도 됩니다. 그런데 회사도 1차 내용증명을 보내고도 별로 진전이 없으면 인도명령이나 강제집행을 신청하기 때문에 그때는 저도 도와드릴 수가 없어요. 회사는 기다려주지 않고 잘 안 되면 무조건 법대로 처리하거든요. 내용증명 잘 읽어보시고 궁금한 사항 연락 주세요. 그리고 이사 준비는 좀 알아보고 계시나요?"

"사장님, 같이 투자하시는 분이 사실은 법무사라서 며칠 후에 내용증명이 한 통 갈 겁니다. 저랑 협의만 잘되면 상관없는데 그분은 저랑 달라서 법으로 해결하려고 합니다……."

점유자를 압박하는 순서는 첫 번째로 내용증명을 보내고 두 번째로 인도명령을 신청하는 것이 좋다. 그리고 마지막으로 점유이전금지가처분을 신청한다면 더욱더 효과적이다. 왜냐하면, 점유이전금지가처분은 법원 집행관과 낙찰자가 집에 찾아가서 통지서를 직접 주기 때문이다. 그리고 만약 집안에 아무도 없다면 문을 강제로 열고 집안에 가장 잘 보이는 곳에 붙여놓기 때문에 상당한 압박 효과가 있다.

네 번째: 서로 승자가 되도록 해라

점유자와 대화를 하고 내용증명을 보내고 나면 이제부터 본격적인 협의를 하게 된다. 대부분은 내용증명을 받고 그다음 대화할 때 마무리되는 경우가 많았다. 명도도 심리전이다. 협상할 때는 서로 손해 봤다는 기분이 들게 하면 안 된다. 상대방을 이해하면서 조금 손해 보는 것은 상관없지만 상대방의 요구 조건을 다 들어주다 보면 나만 손해 본 느낌이 들기 때문이다.

점유자가 원하는 것은 두 가지, '시간'과 '돈'이다. 그리고 낙찰자가 원하는 것도 '시간'과 '돈'이다. 이사를 언제 나가느냐? 그리고 이사비용은 얼마를 주느냐? 거기서 힘 싸움이 시작된다. 나 같은 경우는 기준을 잡고 명도 협상을 하기 때문에 거기에 따라 움직인다. 이사 기간 같은 경우는 잔금 납부나 배당일을 기준으로 한다. 점유자가 집주인일 경우는 잔금 납부 후 한 달 안에 이사를 가게 하고, 점유자가 임차인일 경우는 배당을 받아야 이사 갈 수 있는 임차인이 있기 때문에 배당일을 기준으로 15일 시간을 준다. 낙찰일부터 배당일까지 보통 두 달간의 시간이 주어지기 때문에 그사이에 모든 협상을 진행한다.

이사비용은 정확하게 정해진 것은 아니다. 상대방에 따라서 이사비용이 달라진다. 그리고 평수도 중요하다. 강제집행비용은 한 평당 보통 7~8만 원 정도가 나오는데 30평 기준 200~250만 원 정도가 나온다. 15평 기준 100만 원 정도 예상되는데 이 비용에서 협의를 한다. 하지만 강제집행까지 하게 되면 돈은 돈대로 나가고 시간은 시간대로 낭비하기 때문에 손해가 크다. 그리고 정신적 스트레스까지 받는다.

점유자는 처음부터 이사비용을 많이 부르는 경향이 있다. 왜냐하면,

점유자도 낙찰자가 이사비용을 깎을 것을 예상하고 명도에 임하기 때문이다. 큰소리부터 치고 보자는 생각이다. 처음에 낙찰자가 들어주면 좋고 안 들어주면 그만이라고 생각한다. 낙찰자는 처음에는 반대로 최소한의 이사비용을 말해야 한다. 그러면서 상대방의 협조에 따라서 달라질 수 있다는 여지를 주면 된다. 그리고 낙찰자는 자기가 정한 최대한의 마지막 이사비용을 넘어가면 안 된다.

"사장님, 회사에서는 이사비용 책정이라고 정확하게 나와 있습니다. 이 경우를 벗어난 적이 거의 없었습니다. 제가 돈을 주는 것이 아니라 회사에서 주기 때문에 제가 낙찰자면 더 드리고 싶은데 어쩔 수가 없습니다. 하지만 만약 이사시기를 앞당기시면 제가 잘 보고해서 조금이라도 더 받을 수 있도록 약속하겠습니다. 이사비를 더 받으려면 명분이 있어야 하지 않습니까? 무턱대고 달라고 하면 사장님 같으면 주겠습니까?"

나는 이렇게 말하면서 조율한다. 내가 조금 손해를 보면서 양보할 경우에는 점유자가 정말 돈이 없는 사람이거나, 호의적으로 나오는 사람, 이사를 빨리 나가는 사람 등 점유자의 상황에 맞게 이사비용을 더 주거나 그렇게 한다. 자기만의 이사비용 기준을 세워야 나중에 손해를 보더라도 기분 좋게 손해를 볼 수 있다.

명도는 낙찰자도 부담스럽지만 점유자도 낙찰자를 부담스러워한다는 것을 알고 너무 급하게 서두를 필요 없다. 점유자랑 2~3번 정도 협의를 하다 보면 적정한 선에서 이사비용이 정해지고 서로 만족할만한 합의점을 찾게 된다.

다섯 번째: 최후의 수단 강제집행이 있다

강제집행하기 전에 점유자랑 잘 이야기가 돼 이사를 나가면 좋겠지만 사람 일이 마음대로 잘 안 되는 경우도 있다. 그렇다고 계속 대화만할 수는 없다. 몇 번의 대화 끝에 잘 안되면 낙찰자에게는 강제집행이라는 무기가 있다. 어떻게 그 카드를 쓰고 언제 쓰느냐가 중요하다. 강제집행이라는 압박을 이용해 쉽게 협상이 마무리되는 경우도 있다.

"제가 원하는 이사비용 안 주시면 절대 이사 안 나갑니다."

"그냥 다 필요 없고 법대로 하세요."

이럴 경우 나는 그냥 강제집행을 신청한다.

"사장님, 사장님이 이사비용을 받고 나가든 강제집행을 해서 나가든 전 직원이라서 아무런 관계가 없습니다. 어떻게 해서든 나가게만 하면 되거든요. 계속 이렇게 나오시면 결국 사장님만 손해입니다. 회사에서 강제집행을 신청하게 되면 요즘은 20일 정도 안에 강제철거가 이뤄집니다. 그러면 이사비용 한 푼도 못 받고 쫓겨나고 거기다가 그동안 무상거주하신 월세와 대출이자, 강제집행비용까지 사장님께 청구됩니다. 강제집행 당해보신 분들은 모두 후회하시더라고요. 어느 것이 사장님을 위해서 좋은 건지 천천히 생각해보세요. 조금이라도 이사비용을 받고 나가시는 것이 좋습니다. 나중에 후회하지 마시고 내일까지 생각해보시고 연락 주세요. 내일까지 연락 안 주시면 강제집행 신청하겠습니다."

이렇게 이야기하면 거의 대부분은 연락이 오고 명도가 마무리됐다. 점유자도 한 푼이라도 받아서 나가는 것이 유리하다는 것을 알고 있는데 순간의 감정 때문에 고집을 피우는 것이다. 강제집행만 잘 이용해도 점유자는 겁을 먹는다. 강제집행도 신청해놓고 중간에 취소할 수 있기 때문에 좋은 협상의 기술이 될 수 있다. 강제집행을 되도록 안 하면 좋겠지만 협상이 잘 안 되거나 점유자가 막무가내로 나오면 강제집행을 빨리 신청해야 한다. 그래야 더는 시간을 허비하지 않기 때문이다. 우선 신청해놓고 다시 협상 테이블에 앉으면 된다.

명도의 5가지 기술을 마무리하며

명도를 하다 보면 여러 유형의 점유자를 만나게 된다. 하지만 중간 과정이 어떻게 됐든 끝은 서로 따뜻하게 마무리가 됐다. 이사 나가는 날이면 점유자는 그동안 미안했다고 말하기도 하고 이사비를 많이 줘서 고맙다고 하는 분들도 많았다. 나도 이사비용을 더 못 챙겨줘서 미안하다고 하고 다른 데 이사 가서서 앞으로는 좋은 일만 있기를 바란다고 인사한다. 항상 마무리는 좋게 끝나는 경우가 대부분이었다.

나는 점유자의 입장에서 이해하려고 노력한다. 만약 내가 점유자라도 조금이라도 더 이사비용을 받기 위해서 그렇게 했을 것이다. 협의하는데 내가 조금 손해를 보더라도 정신적인 스트레스를 덜 받는 선에서 마무리한다. 점유자가 나가고 새로운 계약을 하게 되면 앞으로 더 많은 수익을 남길 수 있기 때문이다. 이사비용도 솔직히 적게는 몇십만 원 많게는 100~200만 원 때문에 서로 협상을 하는 것이다. 명도 때문에 스트레스받는 것보다 조금 더 이사비를 주고 빨리 내보내서 새로운 계약을 맺는 것이 더 나을 수도 있다.

하지만 이런 생각도 상대방에 따라서 조금 다르다. 이해를 하면서도 서로 지킬 것은 지켜가면서 협의를 해야 한다. 적절한 대화와 압박을 동시에 진행하는 것이 가장 좋다. 그리고 내가 먼저 서두르는 뉘앙스를 주면 안 된다. 상대방은 그것을 역이용할 수도 있기 때문이다. 급한 쪽이 항상 더 많은 것을 잃고 손해를 보기 때문이다. 강하게 나갈 때는 강하게 나가고 부드럽게 나갈 때는 또 부드럽게 이야기를 해야 한다. 이게 핵심이다. 그리고 최종협의가 이뤄지면 무조건 명도합의서를 작성해야 한다. 나중에 말이 달라지기 때문이다. 합의서를 작성할 때는 이사비용, 이사 날짜, 이사비용 지급 시기, 관리비, 공과금 등 자세히 모든 사항을 기록하는 것이 좋다.

낙찰받고 첫 만남부터 명도완료까지의 과정을 참고하길 바란다.

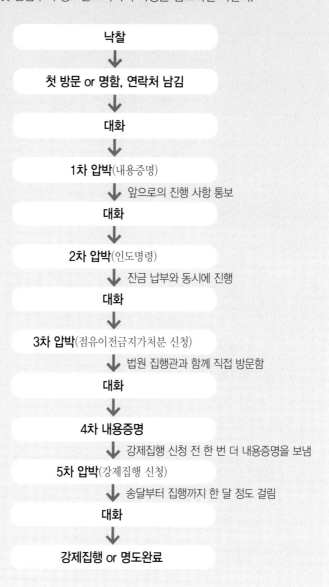

낙찰

↓

첫 방문 or 명함, 연락처 남김

↓

대화

↓

1차 압박(내용증명)

↓ 앞으로의 진행 사항 통보

대화

↓

2차 압박(인도명령)

↓ 잔금 납부와 동시에 진행

대화

↓

3차 압박(점유이전금지가처분 신청)

↓ 법원 집행관과 함께 직접 방문함

대화

↓

4차 내용증명

↓ 강제집행 신청 전 한 번 더 내용증명을 보냄

5차 압박(강제집행 신청)

↓ 송달부터 집행까지 한 달 정도 걸림

대화

↓

강제집행 or 명도완료

내용증명 한 통으로
끝낼 수 있다

내용증명은 무조건 보내야 한다

점유자와 협의가 잘 이뤄지고 있더라도 한 번은 꼭 내용증명을 보내야 한다. 내용증명은 법적인 효력은 전혀 없다. 단순히 심리적인 압박의 수단으로 사용한다. 낙찰자가 점유자를 신경 쓰는 만큼 점유자도 낙찰자가 신경 쓰인다. 글이 말보다 강하게 느껴지기 때문에 앞으로의 진행 사항을 전화나 만나서 하는 것보다 내용증명 한 통 보내는 것이 더욱 효과적이다. 말은 듣고 나면 잊어버릴 수도 있지만 글은 이성적일 때 보게 되고 또 계속해서 몇 번 읽을 수도 있기 때문에 효과적이다.

내용증명 보내는 방법은 간단하다. 정해진 양식도 없다. 처음에 한 번만 작성해놓고 계속 그것을 복사해서 쓰면 된다. 내용증명을 보내는 방법에는 직접 우체국에 방문해서 보내는 방법과 인터넷우체국에서 보내는 방법이 있다. 그리고 꼭 한 부를 더 작성해서 우표를 붙여 일반우편으로 보내는 것이 좋다. 왜냐하면, 집에 아무도 없으면 반송이 되기 때문이다. 일반우편은 우편함에 넣어두기 때문에 나중에 볼 수도 있다.

내용증명 보내는 방법

1) 우체국을 직접 방문하는 방법

우선 내용증명을 작성한다. 직접 손으로 쓰는 것이 아니라 공식문서기 때문에 A4 용지에 타이핑을 해야 한다. 똑같은 내용을 총 3부 복사해야 한다. 1부는 내용증명을 받는 사람에게 보내고, 1부는 우체국에서 보관하고, 나머지 1부는 다시 돌려준다. 3부 모두 갖고 가야 우체국에서 3부 모두 직인을 찍고 그중 한 부만 봉투에 넣어서 받는 사람에게 발송한다. 비용은 1부당 1,000원 정도 하기 때문에 비싸지 않다. 우체국 사이트에서 등기번호를 검색하면 송달 여부를 확인할 수 있다.

주의할 사항은 편지봉투에는 보내는 사람 및 받는 사람의 성명과 주소를 내용증명에 기재된 그것과 동일하게 기지해야 한다는 점이다. 봉투의 주소와 내용증명상의 주소가 다르면 수정해서 다시 보내야 한다.

2) 인터넷우체국을 통한 방법

요즘에는 우체국을 직접 방문하지 않고 인터넷으로도 내용증명을 보낼 수 있기 때문에 시간도 절약된다. 인터넷이 어렵게 느껴지는 분들은 직접 방문해서 신청하는 것을 추천한다.

▶인터넷우체국 사이트(www.epost.go.kr)

내용증명을 클릭하고 다음처럼 세부내용을 입력하면 된다.

내용증명 이렇게 보내라

첫 만남이 이뤄지고 대화가 이뤄질 때 내용증명을 한 통 보내는 것이 가장 좋다. 나는 보통 매각확정이 나고 1~2주 안으로 내용증명을 보낸다. 그때가 낙찰받고 보통 한 달이 지난 시점이기 때문이다. 잔금 납부 후 보내면 그때는 너무 늦다.

1) 내용증명 1- 첫 만남 후

1차 내용증명은 낙찰자가 법적인 우위에 있다는 것을 인지시키고 앞으로의 진행에 대해서 서술하는 것이 좋다. 만약 협의가 잘 이뤄지지 않을 경우 월세를 청구하고 강제집행을 통한 법적인 조치를 취할 예정이라고 압박하는 게 좋다.

내용증명
부동산에 대한 인도 요청

사건번호 : 17타경12345

성명 : 임차인

수신 : 서울시 도봉구 ○○로 12가길 1-2, ○○○아파트 123동 123호

성명 : 김코치

발신 : 서울시 서초구 ○○○○ ○○○ ○○○

> 〈부동산의 표시〉
> **서울시 도봉구 ○○로 12가길 1-2, ○○○아파트 123동 123호**

발신인은 상기 부동산에 관하여 2017.11.17. 경매로 낙찰을 받았으며 현재 매각결정이 결정된 상태입니다. 본인은 앞으로 상기 부동산에 관해 모든 법적인 절차를 대리인을 통해 아래와 같이 진행할 예정이오며 귀하와 원만한 협의를 원합니다.

– 아래 –

1. 본사는 귀하와 원만하게 명도 부분이 협의되길 원합니다.

2. 귀하는 위 물건에 보증금 40,000,000원 월세 40만 원의 임차임이지만 주택 임대보호법에 의거한 최우선변제에 따른 배당으로 인해 보증금 25,000,000원 배당받을 것으로 예상됩니다.

3. 귀하는 본인에게 위 부동산을 인도하여 주어야 하는 인도명령 대상자임을 알려드립니다. 그리고 낙찰받은 위 부동산에 곧 잔금 납부 후

곧바로 소유권을 이전할 예정입니다. 소유권을 이전하게 되면 귀하는 본인 부동산에 불법으로 무단 점유 및 거주를 하게 돼, 민법에 의거해 비용(월세)을 청구할 수 있음을 알려드립니다(대항력이 없는 임차인은 낙찰자에게 월임대료를 지급할 의무가 있습니다).

4. 귀하와 원만하게 합의가 이루어지지 않을 경우 본인의 소유권 이전일로부터 부동산을 인도할 때까지 무상으로 사용한 부분에 관하여 매월 사용료 130만 원(감정가 1%) 및 은행대출이자를 손해배당 및 부당이득으로 하는 압류 또는 소송을 제기할 것입니다.

5. 따라서 위 부동산을 인도해줄 것을 강력하게 요청하는 바입니다. 만약 협의가 잘 이루어지지 않을 경우 서울북부지방법원에 인도명령을 신청할 예정이며 인도명령 후에도 협의가 잘 이루어지지 않을 경우 즉시 인도명령에 의한 강제집행을 실행할 것입니다.

6. 귀하는 추후 배당기일이 잡히면 배당을 받기 위해서 명도확인서와 인감증명서가 필요합니다. 따라서 귀하와 원만한 협의를 원합니다.

7. 위 내용을 3일 안에 수신 후 연락이 없으면 협의할 뜻이 없는 것으로 간주하고 법적인 절차를 진행하도록 하겠습니다.

8. 마지막으로 위 내용은 귀하와 명도문제가 원만히 해결되지 않을 경우를 전제하여 말씀드린 것이므로 양해해주시기 바랍니다. 만약 중간에 원만한 합의가 이루어질 경우 모든 법적 절차는 취하될 것입니다.

　귀하와 모든 일이 원만하게 마무리되기를 원하며 연락 주시기 바랍니다. 감사합니다.

2017년 12월 20일
발신인 : 김코치　(인)

2) 내용증명 2- 잔금 납부 후

1차와 달리 2차 내용증명에는 단호하면서 강하게 서술해야 한다. 2 차 내용증명은 잔금 납부 후 바로 후 바로 보내는 것이 좋다. 보통 잔금 납부 후 한 달 후에 배당일이 잡히기 때문이다.

내용증명
부동산에 대한 인도 요청

사건번호 : 17타경12345

성명 : 임차인
수신 : 서울시 도봉구 ○○로 12가길 1-2, ○○○아파트 123동 123호

성명 : 김코치
발신 : 서울시 서초구 ○○○○ ○○○ ○○○

〈부동산의 표시〉
서울시 도봉구 ○○로 12가길 1-2, ○○○아파트 123동 123호

발신인은 상기 부동산에 관하여 2017.11.17. 경매로 낙찰을 받았으며 현재 잔금 납부가 완료돼 소유권이 넘어온 상태입니다. 하지만 귀하와 원만한 협의가 이루어지지 않아 아래와 같이 강제집행을 신청할 예정입니다.

– 아래 –

1. 본사는 귀하와 원만하게 명도가 협의되길 원합니다.
2. 상기 부동산은 2017년 12월 10일에 잔금 납부가 완료돼 2017년 12월 10일 소유권을 완전 취득하게 됐음을 알려드립니다.

---

3. 그동안 당사는 귀하와 원만한 협의를 위하여 최선을 다하였지만 협의점을 찾지 못하여 부득이하게 서울북부지방법원에 인도명령을 신청하였고 즉시 인도명령에 의한 강제집행을 실행할 예정입니다.

4. 아울러 소유권 이전일로부터 부동산을 인도할 때까지 불법점유에 따른 손해배상과 무상으로 사용한 부분에 관하여 매월 사용료 130만 원(감정가 1%) 및 은행대출이자를 손해배당 및 부당이득으로 하는 압류 또는 소송을 제기할 것입니다. 그리고 임대료, 강제집행비용 등을 귀하의 배당금에 압류할 것입니다. 그렇게 되면 귀하는 배당금을 받을 수가 없습니다.

5. 귀하가 배당일 날 배당을 받기 위해서는 명도확인서와 인감증명서가 필요한데, 그전까지 협의가 이루어지지 않을 경우 위 서류들을 드릴 수가 없는 것을 알려드립니다.

6. 당사는 귀하에게 그동안 충분한 시간을 주었지만 계속해서 협의가 잘 안 돼 금전적인 손해가 커 더 이상 귀하를 기다릴 수가 없어 지금부터 가능한 빠른 시일 안에 법적인 강제철거를 실시할 예정이오니 현명한 판단을 하시길 바랍니다. 그리고 강제집행을 하게 될 경우 모든 비용을 귀하에게 청구하여 배당금에 압류를 할 것입니다.

7. 마지막으로 신중히 판단하여 강제집행 전에 원만한 협의를 원하시면 3일 안에 연락 주시기 바랍니다. 3일 안에 아무런 연락이 없을 경우 협의할 뜻이 없는 것으로 간주하여 즉시 강제철거를 진행하도록 하겠습니다.

귀하와 모든 일이 원만하게 마무리되기를 원하며 연락 주시기 바랍니다. 감사합니다.

2017년 12월 20일
발신인 : 김코치 (인)

명도이행합의서는 꼭 작성해야 한다

점유자와 원만하게 협의가 끝났다면 반드시 명도이행합의서를 작성해야 한다. 작성하는 내용은 정해진 것이 아니다. 점유자와 협의한 사소한 것까지 적어놔야 나중에 분쟁의 여지가 생기지 않는다.

명도이행합의서

사건번호 : 17타경12345

(갑)소유자 :

생년월일 :

주소 :

(을)점유자 : ○○○

생년월일 :

주소 :

〈부동산의 표시〉
서울시 도봉구 ○○로 12가길 1-2, ○○○아파트 123동 123호

1. 을은 갑에게 ___년 __월 __일까지 위 부동산을 인도함과 동시에 퇴거를 원칙으로 하고 ___년 __월 __일 관리비 등 각종 공과금을 모두 정산한다. 정산하지 않을 경우 어떠한 형사상, 민사상 책임을 감수할 것을 약속한다.

2. 을은 갑에게 부동산 인도 시 깨끗이 정리하고, 잔존물(쓰레기)이 없도록 한다. 이사일 이후에 남은 잔존물은 폐기 처분하여도 민형사상 책임을 묻지 않기로 한다.

---

3. 을은 인도 전까지 부함물 또는 종물에 관하여 일체 파손하지 않으며 현재 상태로 그대로 유지하며 파손 시 모든 것을 책임진다.

4. 을은 위 부동산을 타인에게 이전하거나 점유이전을 하지 않는다.

5. 을이 ___년 __월 __일에 명도의무를 이행하지 않는다면 어떠한 민형사상 책임도 감수할 것을 약속하며 강제로 문을 열거나 주거침입 또는 위 부동산에 함께 주거해도 법적으로 문제를 제기하지 않는다.

6. 갑은 명도비용과 기타 모든 비용을 포함해서 총 (   ) 원을 을에게 지급하며, 갑의 이사비 지급과 을의 명도의무는 동시이행관계에 있다.

7. 갑과 을은 위의 합의 내용 중 하나라도 이행하지 못할 경우 피해보상금으로 금액 일천만 원을 지급한다.

2017. 12. 25

＊ 생년월일
소유자(갑)   (인)
연락처

＊ 생년월일
점유자(을)   (인)
연락처

명도확인서는 언제 줘야 할까요?

명도확인서는 임차인이 배당금을 수령하기 위해서 꼭 필요한 서류다. 반대로 낙찰자에게는 명도를 진행하는 데 있어 무기가 될 수 있다. 명도확인서라는 게 이사 나가는 것을 확인하고 줘야 하지만 만약 임차인이 사정이 어려워서 배당을 받아야지만 이사를 나갈 수 있다면 어떻게 할 것인가? 만약 사정이 어려워 임차인을 믿고 미리 명도확인서를 줬는데 배당받고 나중에 배 째라면서 보증금 전액을 못 받아서 돈이 없어 이사 못 나간다고 하면 어떻게 할 것인가? 명도확인서를 미리 주기도 애매하고 안 주자니 돈이 없어서 이사 못 나간다고 하는 상황에 놓일 수가 있다. 이럴 경우 이렇게 부득이하게 임차인이 배당받기 전에 명도확인서를 요구한다면 두 가지 방법이 있다.

첫째, 점유자가 명도확인서를 먼저 요구하는 경우에는 이사 갈 집 계약서를 요구하는 것이다. 이사 갈 곳이 정해지면 명도확인서를 준다고 하면 된다. 그리고 계약서에 나와 있는 부동산에 전화해서 정말로 계약을 했는지 물어보고 가계약금 지불이 됐는지까지 확인해야 한다. 계약금 없이 계약이 이뤄졌다면 나중에 이사를 안 할 수도 있기 때문이다. 나 같은 경우는 명도확인서를 줄 때는 무조건 집 계약을 전제조건으로 명도확인서를 준다.

두 번째는 명도이행합의서를 작성해야 한다. 이행합의서를 작성하면 점유자에게 큰 압박이 될 수가 있고, 배당만 받고 이사를 안 나갈 경우 이행합의서에 따라 조치를 취하면 된다. 그리고 추후 분쟁이 생겼을 때도 이행합의서가 있다면 유리한 입장이 된다.

명도확인서

사건번호 :
이름(임차인) :
주소 :

위 사건에서 위 임차인은 임차보증금에 따른 배당금을 받기 위해 매수인에게 목적 부동산을 명도하였음을 확인합니다.
첨부서류 : 매수인 명도확인용 인감증명서 1통

년 월 일

매수인 : _____(인)

연락처(☎) : _____

_____ 지방법원 _____ 귀중

인도명령부터
강제집행 신청까지

인도명령 신청은 잔금 납부와 동시에 해야 한다

낙찰자는 잔금 납부와 동시에 해당 부동산의 소유권을 취득하게 된다. 하지만 소유권만 넘어왔을 뿐이지, 부동산의 점유를 넘겨받은 것은 아니다. 점유를 넘겨받기 위해서는 여러 가지 방법이 있지만 그중 하나가 바로 인도명령이다.

인도명령이란, 법원이 점유자에게 부동산을 낙찰자(소유자)에게 넘기라는 행정명령을 말한다. 이러한 인도명령 신청은 잔금 납부와 동시에 진행하는 것이 좋다. 인도명령을 신청할 수 있는 기간은 잔금 납부 후 6개월 이내에 가능하다. 6개월이 넘어가서 인도명령을 신청하면 받아주지 않기 때문에 그때는 명도소송을 진행해야 한다. 그리고 인도명령을 신청하게 되면 점유자에게 송달돼 심리적 압박과 동시에 나중에 강제집행을 신청할 때 인도명령부터 신청해야 하는데 만약 인도명령이 신청됐다면 시간을 절약할 수 있다. 요즘에는 잔금 납부할 때 법무사에서 무료 서비스로 인도명령을 신청해주기 때문에 꼭 요청하길 바란다.

이러한 인도명령은 낙찰자에게 대항력이 없는 점유자(채무자, 임차인, 집주인)에게만 신청이 가능하며, 매수인에게 대항력을 가진 임차인이나 유치권 같은 특수한 경우에는 잘 허용되지 않는다. 인도명령 신청 후 보통 일주일 안에 점유자에게 송달된다.

부동산 인도명령 신청

사건번호
신청인(매수인) :
주소 :
피신청인(임차인) :
주소 :

위 사건에 관하여 매수인은 _____에 매각대금을 완납한 후 채무자에게 별지 입찰 부동산의 인도를 청구하였으나 채무자가 불응하고 있으므로, 귀원 소속 집행관으로 하여금 채무자의 위 부동산에 대한 점유를 풀고 이를 매수인에게 인도하도록 하는 명령을 발령하여 주시기 바랍니다.

년   월   일

매수인 : _____(인)

연락처(☎) : _____

_____지방법원 _____귀중

☞**유의사항**

1) 매수인은 대금완납 후 6개월 내에 채무자, 소유자 또는 압류효력 발생 후 점유를 시작한 부동산 점유자에 대해 부동산을 매수인에게 인도할 것을 법원에 신청할 수 있다.

2) 신청서에는 1,000원의 인지를 붙이고 1통을 매각 법원에 제출하며 인도명령 정본 송달료(2회분)를 납부해야 한다.

점유이전금지가처분은 반드시 해라

법원에서 부동산 인도명령이 떨어지면 점유자에게 일주일 후에 송달된다. 점유자에게 송달 후 원만하게 합의가 이뤄지면 아무런 문제가 없지만 그 후에도 집을 비워주지 않거나 명도 협상이 잘 안 될 경우에는 강제집행을 준비해야 한다. 꼭 강제집행을 하지 않더라도 점유이전금지가처분은 인도명령과 달리 법원 집행관과 증인 2명을 데리고 해당 부동산에 직접 가서 전달하기 때문에 상당한 압박 효과가 있다. 그리고 만약 집에 아무도 없다면 문을 개폐하고 집으로 들어가서 잘 보이는 곳에 붙여놓기 때문에 심리적인 압박이 된다.

하지만 무엇보다도 점유이전금지가처분을 신청하는 이유는 나중에 강제집행이나 명도소송을 위해서 점유자가 타인에게 점유를 이전하지 못하게 하는 효과가 있다. 즉 강제집행이나 명도소송을 하는 과정에서

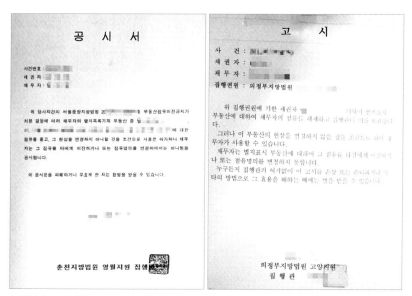

▶점유이전금지가천분 공시

점유자가 바뀌게 되면 점유자에게 강제집행을 할 수 없어 새로운 점유자에 대해 처음부터 다시 부동산 인도명령을 신청해야 하기 때문에 이를 사전에 막을 수가 있다.

부동산 점유이전금지가처분 신청

신청인 : 김코치
주소 : 서울시 서초구
연락처 : 010-1234-5678

피신청인 : 홍길동
주소 : 인천시 서구
송달 장소 : 임대차 목적지

목적물의 표시 : 별지 목록 기재와 같습니다.
목적물의 가액 : 금 _____원 (별지 목적물가액계산표 참조)

신청 취지

1. 피신청인은 별지 목록 기재 부동산 점유를 풀고 이를 채권자가 위임하는 집행관에게 그 보관을 명한다.
2. 집행관은 현상을 변경하지 아니할 것을 조건으로 하여 채무자에게 사용을 허가할 수 있다.
3. 피신청인은 그 점유를 타인에게 이전하거나 또는 점유 명의를 변경하여서는 안 된다.
4. 집행관은 위 취지를 공시하기 위하여 적당한 방법을 취하여야 한다.
라는 결정을 구합니다.

신청 이유

1. 신청인은 별지기재 부동산을 귀원으로부터 2016년 4월 1일에 낙찰받아, 2016년 5월 10일에 경락잔금 전부를 완납한 소유자입니다.
2. 피신청인은 위 별지기재 부동산에 대하여 전부를 점유하고 있는 점유자입니다.
3. 그러나 신청인은 위 부동산의 소유자로서 피신청인에게 건물의 인도를 요구하였으나 이에 불응하고 있습니다.
4. 따라서 신청인은 피신청인을 상대로 건물명도의 본안소송을 준비하고 있는데 언제 제3자에게 점유를 이전할지 모르고, 만약 피신청인이 점유를 변경한다면 신청인이 승소판결을 얻는다고 해도 집행불능에 이를 우려가 있으므로 본 신청에 이른 것입니다.
5. 본 명령 신청에 대한 담보의 제공을 민사집행법 제19조 제3항, 민사소송법 제122조에 의하여 채권자가 보증보험사와 지급보증위탁계약을 체결한 문서를 제공할 것을 신청하오니 허가하여 주시기 바랍니다.

소명 방법

1. 소갑제 1호증   부동산등기사항증명서
1. 소갑제 2호증   부동산매각허가결정문
1. 소갑제 3호증   전입세대열람내역
1. 소갑제 4호증   공시지가확인원

첨부 서류

1. 위 소명서류   각 1통
1. 송달료납부서   1통

2017. 11. 17.

신청인 김코치

서울중앙지방법원   귀중

드디어 부동산 강제집행이다

점유자랑 원만한 합의가 이뤄지면 다행이지만 부동산 인도명령결정문이 송달됐는데도 점유자가 부동산을 낙찰자에게 인도하지 않고 계속해서 협의가 안 될 경우 낙찰자는 어쩔 수 없이 강제집행을 할 수밖에 없다. 강제집행을 하기 위해서는 인도명령결정문과 송달증명원이 있어야 한다.

해당 법원에 송달증명서와 인도명령결정문을 가지고 가서 민사집행과에 강제집행을 신청한 다음 집행비용을 납부하면 일주일 이내에 강제집행 예고를 하게 된다. 강제집행 예고는 강제집행을 하기 전에 마지막 협상 카드로 이용할 수 있다.

강제집행 예고 날짜가 정해지면 법원 집행관과 낙찰자 그리고 증인 2명, 열쇠수리공과 함께 방문한다. 만약 집에 아무도 없으면 강제로 문을 열고 부동산 인도 강제집행 예고장을 집안에 붙이고 나온다. 강제집행 예고부터 실제 집행까지는 보통 10일 정도의 시간이 주어지는데 이때 점유자랑 최대한 협의를 한 번 더할 수 있다. 만약 점유자랑 합의가 이뤄진다면 강제집행을 취소하고 예납금을 다시 받을 수 있다. 그런데 강제집행 예고 후에도 협의가 안 되면 강제집행을 반드시 해야 한다.

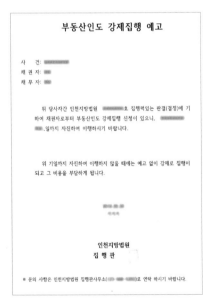

▶부동산 인도 강제집행 예고

강제집행 당일에는 집행관과 낙찰자, 증인 2명, 열쇠수리공 그리고 짐을 옮길 인부들이 신속하고 빠르게 강제집행을 진행한다.

지금까지 수십 건의 명도를 진행하면서 강제집행까지 가는 경우는 2건밖에 없었다. 모두 그전에 명도가 원만하게 해결돼 부동산을 인도받았다. 하지만 내가 아무리 협의를 하려고 해도 점유자가 무리한 요구를 하거나 계속 버티면 어쩔 수 없이 강제집행을 신청해야 한다.

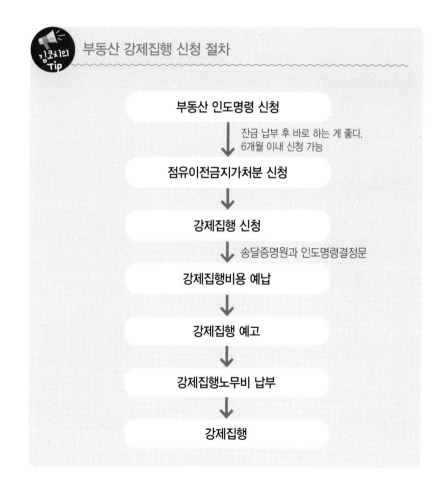

김코치의 Tip

부동산 강제집행 신청 절차

부동산 인도명령 신청

잔금 납부 후 바로 하는 게 좋다.
6개월 이내 신청 가능

점유이전금지가처분 신청

강제집행 신청

송달증명원과 인도명령결정문

강제집행비용 예납

강제집행 예고

강제집행노무비 납부

강제집행

지속 가능한 '플러스알파'가 필요하다

여기가 모든 것이 시작된 곳이다.
모든 것은 바로 여기에서,
바로 오늘, 지금부터 시작된다.
-데이비드 니콜스 -

인생에는 설렘과 플러스알파가 필요하다

많은 사람들이 경매가 돈이 된다는 것을 알고 첫 시작은 '설렘'으로 시작한다. 그리고 누구나 처음에는 열정적이고 열심히 시간과 노력을 투자한다. 설렘이란 것은 좋은 것이다. 무엇인가를 시작하게 만드는 원동력이 되기 때문이다. 하지만 그 '설렘'만으로는 부족하다. 그 설렘을 오랫동안 지속시키기 위해서는 '플러스알파'가 필요하다. 부자가 되기 위한 긴 경주를 하기 위해서는 초반에는 설렘이 앞에서 끌어주고 뒤에서는 자기만의 플러스알파가 밀어줘야지만 비로소 내가 원하는 곳까지 갈 수 있다. 꼭 경매만 한정돼 이야기하는 것이 아니다. 본인이 원하는 공부를 하든 사업을 하든 모든 분야에 꼭 필요한 것이다.

사랑하는 사람을 처음 만날 때는 설렘으로 만나지만 1, 2년 혹은 결혼하고 나면 그땐 설렘이 아닌 다른 무언가 때문에 그 사람을 사랑하는 것과 비슷하다. 생각해보라. 졸업생이나 취업준비생들이 간절하게 원하는 직장만 들어가면 야근도 기꺼이 하고 정말 누구보다 열심히 일한다고 한다. 하지만 막상 원하는 직장에 들어가서 몇 달 혹은 1, 2년 뒤면 그 설렘과 열정은 점점 사라지고 지루함과 내가 지금 잘하고 있는지 고민이 되기 시작한다.

　나도 그랬다. 처음에 경매를 시작할 때는 내 인생의 로또를 찾은 것마냥 무척이나 설렜지만 그 설렘도 몇 달을 가지 못했다. 처음에만 설렜던 것이다. 하지만 설렘이 사라져 갈 때쯤 나는 그 설렘을 대신하고 지속시켜줄 플러스알파를 찾게 됐다. 그것이 중간에 포기하지 않고 앞으로 계속 나아갈 수 있게 만든 원동력이 됐다. 그 플러스알파라는 게 대단할 필요도 없다. 지금 생각해보니 나에게는 그 플러스알파가 간절함이나 책임감일 수도 있었고 아니면 더 이상 가난하게 살고 싶지 않다는 나만의 꿈 때문이지 않았나 싶다.

　이처럼 설렘을 지속하기 위해서는 플러스알파가 있어야 한다. 나는 여러분들이 자기만의 플러스알파를 꼭 가졌으면 좋겠다. 그것이 책임감이든 간절한 꿈이든 아니면 나를 지탱하는 가족이든 아무런 상관없다. 만약 '설렘'과 '그 무엇'을 가지고 있다면 당신은 어떤 일을 하든 분명히 성공할 수 있다.

김코치 경매 카페

　나는 전문 강사도 아니고 교수도 아니고 유명한 부동산 전문가도 아니다. 오히려 이런 타이틀이 부담스러울 때가 있다. 그냥 여러분보다 조금 더 경매 투자를 오래 하고 경매로 돈을 조금 벌었다는 것밖에 없다. 경매를 처음 하거나 1, 2년 하다 보면 외로울 때가 있다. 처음 시작할 때는 무엇부터 해야 할지 몰라서 외롭고 1, 2년 경매 투자를 하다 보면 주위에 말 못하는 것도 많고 이해하고 들어줄 사람이 없어서 외로울 때가 있다.

　처음에 내가 경매를 시작할 때 무엇을 어떻게 공부해야 할지 방법을 모르거나 실수를 해서 시간 낭비할 때도 있었다. 만약 내가 경매를 처음 시작했을 때 나를 이끌어주고 멘토 같은 조언을 구할 사람이 있었으면 조금 더 빨리 성공했거나 시행착오 없이 돈을 벌었을 수도 있었다는 생각이 든다. 무엇을 시작하든 그게 참 아쉬운 거 같다.

　어느 한 분야에서 나보다 먼저 성공한 사람의 뒤를 그대로 배우고 따라간다면 만약 성공한 사람이 5년 만에 성공했다면 배우는 입장에서는 최소한 1, 2년은 단축시킬 수 있지 않을까 하는 생각이 든다. 왜냐하면 5년 동안 경험한 것 중 그 사람이 실수한 것은 버리고 잘되고 필요한 케이스 위주로 배우고 따라 하기 때문이다. 그만큼 실수를 줄이고 시간 단축이 가능하다. 성공한 사람들의 이야기나 책들이 베스트셀러가 되는 이유 중 하나인 거 같다. 그만큼 간접경험도 자신에게 가치 있고 좋은 자산이 되기 때문이다.

　경매를 하다 보면 지칠 때도 있고 쉬고 싶을 때도 있다. 내가 그랬다.

경매에 대해서 이해 못 하는 사람들이랑 이야기하면 답답해지고 괜히 말했나 후회할 때도 있었다. 책을 쓰면서 우리들만의 '따뜻한 경매 소통의 집'이 있었으면 좋겠다는 생각이 들었다. 책으로만 끝낼 게 아니라 내가 할 수 있는 책임감과 사명감 안에서 인터넷 카페를 만들고 싶었다. 그래서 '김코치 경매'라는 네이버 카페를 만들게 됐다.

카페 안에서 서로 도와주고 경매나 재테크에 대한 좋은 정보나 경험담도 공유하고 혼자가 아닌 마음 맞는 사람들과 함께 만들어가며 부자가 돼가는 것을 그리고 싶었다. 회원들끼리 서로 격려해주고 축하해주고 응원해주는 것이 나중에는 모두 자기 자신한테 다 돌아와서 경매하는 데 있어 가장 큰 동기부여가 될 수도 있다. 혼자서는 절대 멀리 갈 수가 없다. 빨리 갈 수도 없다. 처음에는 혼자 하는 것이 빠를 수도 있겠지만 조금 지나고 나면 지쳐서 따라잡히고 만다. 경매로 부자 되는 길은 3개월, 6개월짜리 단기 코스가 아니다.

'김코치 경매'라는 카페에 가입해서 경매 정보와 재테크 정보도 얻고 또한 많은 좋은 사람들과 인연을 맺어서 여러분들이 원하는 경제적인 자유를 얻기를 희망한다. 함께 나누다 보면 자기에게도 그 행운이 반드시 온다는 것을 믿는다.

그리고 부족하지만 김코치가 회원들이 부자가 되는 것을 목표로 강의를 하고 있으니 관심 있는 분은 가입해도 좋을 것 같다. 요즘은 온라인과 오프라인에서 정말 좋은 강의도 많고 도움되는 강의도 많으니 본인에게 필요한 강의를 찾아서 들으면 투자하는 데 많은 도움이 될 것이다.

'김코치 경매' 강의는 경제적인 자유를 얻는 회원이 많이 나올 수 있도록 하는 것이 1차적인 목표다. 그래야 내가 원하는 더불어 따뜻한 사회를 함께 만들어 나갈 수 있기 때문이다. 그리고 경매, 부동산 강의뿐만 아니라 행복한 삶을 위해 인문학, 소통 관련 다른 훌륭한 분들을 초빙해 여러 좋은 강의도 하고 있으니 때로는 지치거나 위로받고 싶을 때 여러분들에게 조금이나마 도움이 됐으면 좋겠다.

결국, 경매를 하는 이유나 돈을 버는 최종 목적도 행복한 삶을 위해서고 그 행복한 삶을 위해 '김코치 경매'가 하나의 중간 다리 역할을 할 수 있으면 좋겠다는 것이 나의 작은 바람이다. 그래서 전문가도 아닌 교수도 아닌 단순히 '김코치'로 불리고 싶고 내가 만나는 모든 사람의 삶에 조금이라도 가치를 더하고 싶은 마음뿐이다.

김코치에게 궁금하거나 도움이 필요하면 언제든지 '김코치 경매' 카페에 문의하길 바란다.

김코치 경매가 필요한 분

- 부동산 경매를 처음 배우시는 분
- 부동산 경매를 배우다가 중간에 그만두신 분
- 부동산 경매로 경제적인 자유를 얻고 싶으신 분
- 경매를 혼자 하기 힘들거나 소통이 필요하신 분
- 인생의 터닝포인트나 변화가 필요하신 분

김코치 경매 정규 커리큘럼

- 경매 기초반
- 실전 낙찰반
- 특수 물건반
- 상가 투자반
- 토지 투자반
- 김코치 경매부자팀(1년)
- 김코치 스터디(6개월)

《김코치 경매》를 마치며

내가 책을 쓰기로 결정한 이유는 단 한 가지였다. 지금까지 내가 받았던 삶의 은혜와 감동을 단 한 명이라도 같이 나누고 싶다는 이유 때문이었다. 그렇지 않으면 몇 달 동안 스트레스받으면서 책을 쓸 이유도 없고, 유명해지고 싶은 욕심도 전혀 없다. 무엇보다 솔직히 나의 이야기를 다른 사람들한테 한다는 것이 부끄러웠다. 부족한 것도 많았지만 용기가 서지 않았다. 그냥 내 일만 잘하고 조용히 살고 싶단 생각이었다.

하지만 마흔 살이 돼 인생을 되돌아보니 그게 아니란 것을 조금씩 알게 됐다. 내가 생각하는 인생의 방향을 나 혼자가 아닌 다른 누군가와 함께 나누고 실천한다면 그것 또한 내가 원하는 삶의 모습이란 생각이 들었다. 그래서 부족하지만 용기를 내어 책을 쓰기로 했다. 누군가와 함께 나누고 그 사람들이 행복한 제2의 인생을 살 수 있도록 하나의 다리 역할을 하는 것이 내가 원하는 삶의 방향 중 하나였기 때문이다. 그것만으로도 충분하다.

되돌아보면 힘들게 인생을 살아왔고 행복한 추억보다 우울하고 슬픈 추억으로 가득 찼는데 애써 일부러 기쁨과 행복으로 계속 덮고 있었다. 나에게는 약으로는 치료할 수 없는 삶에 대한 결핍이 마음 깊은 곳에 자리 잡고 있다는 것을 알게 됐다. 결핍뿐만이 아니라 삶에 대한 사랑도 있다는 것을 알게 됐다. 그것을 알고 있기 때문에 다른 사람들과 더 나누고 싶다는 생각이 강한지 모르겠다.

어쩌면 이 책을 읽고 있는 여러분들이 나보다 나이가 많을 수도 있고 적을 수도 있다. 많이 살지는 않았지만 지금까지 살아오면서 깨달은 것이 하나 있다. 그것은 인생은 아무리 힘들어도 살아볼 가치가 있고 좋은 사람들도 정말 많다는 것이다. 단지 내가 그것을 모르고 만날 준비가 안 돼있었기 때문에 몰랐던 것뿐이었다. 일이 잘 안 풀릴 때는 내 인생이 참 보잘것없다고 생각할 때도 있었고 어두운 긴 터널을 지나가고 있는 느낌마저 들 때도 있었지만 이 모든 것을 참고 이겨내고 앞으로 나아갈 수 있었던 것은 '나 자신에 대한 소중함과 믿음' 때문이었다. 돈으로부터 자유로워지고 싶고 어려운 과거로부터 자유로워지고 싶어서 부동산 경매를 시작했지만 지금은 내가 배운 작은 지식으로 조금이라도 다른 사람들을 도울 수 있다는 것에 감사한다. 또 함께할 수 있다는 것에 행복하다.

무엇을 하든 3년만 그 일을 꾸준히 사랑하면 반드시 이룰 수 있다고 믿는다. 그 일을 좋아하는 것이 아니라 사랑해야 한다. 나에게는 그것이 바로 부동산 경매였다. 정말로 3년만 경매를 미친 듯이 사랑하면 여러분도 부자가 될 수 있다. 여러분이 경매를 시작하거나 새로운 것을 시작하는 데 있어 이 책이 하나의 중간 다리가 됐으면 좋겠다.

부동산 투자로 월 500만 원만 벌었으면 하는 분들도 있고 월 1,000만 원을 벌어도 부족하다고 생각하는 사람이 있다. 부자의 기준이 각자 다르지만 돈으로부터의 자유가 바로 부자가 아닌가 싶다. 아무것도 가진 것 없는 김코치도 했으니 여러분도 반드시 부자가 될 수 있다고 확신한다. 그리고 이 책을 읽는 모든 분들이 꼭 부자가 되기를 진심으로 바란다. 부자가 되기에 늦은 때란 절대 없다. 중요한 건 당신이 어떻게 시작했는지가 아니라 어떻게 끝내는가다. 그러니 지금부터 시작하자!

김코치

본 책의 내용에 대해 의견이나 질문이 있으면
전화(02)3604-565, 이메일 dodreamedia@naver.com을 이용해주십시오.
의견을 적극 수렴하겠습니다.

당신도 부자가 될 수 있다
김코치 경매

제1판 1쇄 인쇄 | 2018년 3월 23일
제1판 1쇄 발행 | 2018년 3월 30일

지은이 | 김코치(김도윤)
펴낸이 | 한경준
펴낸곳 | 한국경제신문 *i*
기획제작 | ㈜두드림미디어

주소 | 서울특별시 중구 청파로 463
기획출판팀 | 02-3604-565
영업마케팅팀 | 02-3604-595, 583   FAX | 02-3604-599
E-mail | dodreamedia@naver.com
등록 | 제 2-315(1967. 5. 15)

ISBN 978-89-475-4309-5 03320